天皇との絆で訪ねる古代史
―日本古代のLGBTQ!?―

難波 美緒

はじめに：日本古代史の史料のＬＧＢＴＱ？

日本古代における男同士の絆（ホモソーシャルな関係やホモソーシャリティとも呼ばれる）にはどんな実例があるのだろう。二十歳位のころからずっと気になってきたテーマである。このテーマは男色《なんしょく》に繋がりがちなこともあり、なかなか研究と言う観点で進めるのは難しかった。もっと固いテーマを選べば、きっともっと楽に学位の取得などもできたのではないかと思ったことは数え切れない。それでもこれを明らかにすることが、生きているうちにやりたいことでもある！と当時人生初めての浪人経験をし、精神的にどん底であった私は思ったのだった。その時はこの年まで生きているなんて思いもしなかった位、先が見えない状態でもあった。

同時に研究テーマ以外の知見も色々増やしていたこともあり、なんとか細々と研究の世界でアルバイトを続け、非常勤講師や任期付研究員などとして食いつないできた。今は日本歴史文化ジェンダー研究所を立ち上げてはみたが、収入は雇用保険や、教えるアルバイトが良い所で、任期付研究員時代の貯金を切り崩して生活している。こんなことで、この先、大学で食べられるだけの仕事を得られるのだろうかという将来への不安から、精神的に不安定になることもあり、このストレスで人生縮めているなと思うこともまままある。ようやくありつけた仕事も、研究関係ではあるが、組織としての働き方を求められることで、思うようにならないことが多かったから、他人の進路として勧めたいと思ったことはまだないのが、本心だ。

とりあえず、奈良に住んで三年、京都に住んで一年、これまで『日本書紀《にほんしょき》』や『続日本紀《しょくにほんぎ》』をはじめとして、史料でしか読んだことがないあれやこれやの逸話の比定地がかなりの勢いで奈良に集まっていることに思い至り、あちこち巡り歩いてきた。

あれやこれや、でまとめてしまったが、その逸話というのは、もちろんＢＬを想像させるような「男同士の絆（ホモソーシャリティとも表現される）」の物語である。

歴史は固い学問なイメージがやはりある。しかし、紐解いていくと驚くほど、人間臭いエピソードが描かれていることも多い。これまで私がこっそりと楽しんできた、論文にはなりがたい逸話の数々を紹介できたらと思っている。

本書の構成は、飛鳥《あすか》編とその後（藤原京《ふじわらきょう》編・平城宮《へいじょうきゅう》編・平城京《へいじょうきょう》編・平安京《へいあんきょう》編）で少し異なっている。これは飛鳥編までは天皇の代替わりごとに宮が転々としていたものが、藤原京から都が造られるようになり、天皇が変わっても場所が変わらなくなったため、場所での区分が取り入れられている。これは実際に読んで行きたくなった時に少しでも便利なように考えたものだ。飛鳥は多くの天皇の宮ともなっているが、よく見ると桜井や巻向《まきむく》に宮のあった天皇もいるし、現在の近鉄奈良の側や、大阪・京都のあたりに宮を構えたとされる天皇もいる。もし、本書の逸話《エピソード》に興味を持ったら、ぜひ現地を訪れて、地形観察などもしてもらえたら、一層歴史を身近に感じられて楽しいと思っている。

本書を通して、「歴史がこんなに楽しかったなんて！」と思ってもらいたいし、歴史の本を読みつつ「ものの見方を広げる」ことができる本にしたい。このため、副題に「古代のＬＧＢＴＱ」という言葉を据えた。紹介する絆全てが性愛を伴うＬＧＢＴＱではないが、この史料はこういう視点でも読めるのか！いう気付きも得てもらいたい。

【本書の工夫点】

本書の工夫点をまとめておきたい。

①日本古代史の研究者としてのこだわり

歴史学は史料に基づくことが基本だ。このため、本書で書いていることは確実に出典の史料を辿れるようにした。項目ごとに、読みたい史料としてまとめてある。私の紹介文で気になった内容があったら、それが本当かどうかは、ぜひ原典を辿ってほしい。また、日本古代史や日本文化に関する色々な知識も詰め込んでみた。なお、歴史学の論文を書く際には、先行研究の引用が大変大切なことだが、読みやすさを重視して、本文ではあえて一切の研究者名を省略する方針をとった。また、目次をはじめとして各所に天皇の宮や、内裏の位置も追記している。現地を訪ねることを大切に考えているためだ。（もし将来、再び教える立場になれたら、史料読解だけなく、現地探訪を授業に取り入れたいものだが、そんな日が来るのかは現時点では分からない。）

②イラストへのこだわり

表紙の絵のこだわりは、まず背景の虹色（彩雲で表現）だ。更に、七章構成のそれぞれの章の表紙に赤・橙・黄・黄緑・緑・青・紫を配する。これはレインボーカラーをイメージカラーとするＬＧＢＴＱを象徴したものだ。この希望をかなえてくれた日本橋出版の大島拓哉氏には大いに感謝している。

もちろん、時代的な歴史考証にもこだわった。本書の表紙の絵は、平安時代初期の天皇と公家の装束をかなり忠実に再現した。衣の襲《かさね》や配色についてはもちろん有職故実《ゆうそくこじつ》を参考にし、天皇は御下直衣《おさげのうし》に垂纓《すいえい》の冠、桜襲《さくらがさね》のように下襲は赤で、直衣には、天皇の衣の色である白を選んだ。手前の笛方は黒の束帯に赤の下襲、垂纓《すいえい》の冠で、龍笛《りゅうてき》を吹く。紋様《もんよう》も桜の季節や、高位の武官に相応《ふさわ》しいものとリクエストをしている。特に冠《かんむり》は、平安初期は奈良時代の同じ形式で、百年程するとまた違う形に変化する。持ち物を出土している檜扇《ひおうぎ》にしてもいる。場所は神泉苑《しんせんえん》あたりが適当ではないかと妄想もしている。

各章の表紙についても記しておく。まず、七色《レインボーカラー》の背景にあしらった紋様は菱紋様《ひしもんよう》・青海波《せいがいは》紋様・麻の葉《あさのは》紋様・市松《いちまつ》紋様・鱗《うろこ》紋様・有職《ゆうそく》紋様（菊菱丸《きくびしのまる》・藤丸《ふじのまる》）だが、それぞれの時代に既に何らかの歴史資料（土器や絵画資料等）に存在している模様でもある。（有職紋様も存在した可能性が高いが、平安時代の実物を欠く。）

第一章の表紙は、垂仁《すいにん》天皇と田道間守《たじまもり》をイメージした。非時香果《ときじくのかくのこのみ》（橘）を求めに行った逸話で有名だ。帰国後に死後の垂仁天皇（幽霊）が田道間守の元にやってきているシーンが最適だろうか。古墳時代の服制は詳らかではないが、衣の色は濃い青を選び、重臣であることを示している。冠位十二階でいうと、上から二番目の「仁」が青に当たる。天皇は白い衣を選んだが、勾玉《まがたま》などは古墳より出土しているものを参考にしているので、場合によっては死者の衣である可能性もある。なお、角髪《みずら》も埴輪《はにわ》の髪型を参考にしている。

第二章の表紙は、柿本人麻呂《かきのもとのひとまろ》をイメージした。若き日の主君と考えられる草壁皇子《くさかべのみこ》が早世した後に、皇子を悼む歌を大量に読むシーンである。草壁皇子に仕えたと思われる若き日の柿本人麻呂の官位は初位か八位程度だろうから、縹色の官服を選んだ。なお、奈良時代の官服は袖が大変長く、手が出ない。帯が布製なのは、石帯《せきたい》をつけるほどの官位ではないとの想定からだ。

第三章の表紙は、藤原京に遷都《せんと》した持統《じとう》天皇をイメージしたものだ。高松塚古墳壁画の女官の三色の裳を参考にしている。天皇の衣服は白が基本であるが、持統天皇の夫の天武天皇のイメージカラーは赤である。また夫への愛情を示す史料も見られるので、白を基調とした上で差し色として赤を各所に取り入れている。

第四章の表紙は、平城京に遷都した元明《げんめい》天皇をイメージしたものだ。天皇の服は白ということを基調として、正倉院宝物等にみられる奈良時代の冠残欠を参考にした冠を着けている。平城宮天平祭でも元明天皇の遷都の詔の場面は（奈文研関係者による監修で）再現されているので、そちらも参考にしている。

第五章の表紙は、大伴旅人《おおとものたびと》と沙弥満誓《しゃみまんせい》をイメージしたものだ。旅人の官服の色はかなり高位の深緋だ。この歌が詠まれたのは、旅人が二度目の大宰府赴任より帰還する際なので、実際に深緋を着られる官位だった。僧侶（満誓）の衣は高位の僧侶でないため、おそらく糞掃衣《ふんぞうえ》という質素な黒か黄褐色の衣だろう。ただ実際は、満誓は元官人（俗名は笠麻呂）で、美濃国司として木曽路《きそじ》の開削者としての経歴もあるため、もっと年輩と思われる。

第六章の表紙は、弘仁十年から十二年頃に嵯峨天皇に学問を勧められる小野篁《おののたかむら》をイメージしたものだ。陸奥国司として派遣された父についていったため、かなりの腕白であり、帰京後も学問をしないことを嵯峨天皇に指摘され、学問に励むようになったという逸話のシーンだ。読んでいる書は漢詩（嵯峨天皇の御製も多く残る）で、狩りにも携帯可能なサイズの文机《ふづくえ》に載せて眺めている様子である。なお、この弘仁十年から十二年頃、嵯峨天皇は何度も狩猟や漢詩の宴をした記録がある。嵯峨天皇の衣は表が黄色で裏が青の黄菊《きぎく》の 襲《かさね》、小野篁の衣は瑠璃《るり》色の表に淡青を裏にした秘色《ひいろ》と呼ばれる襲色目にした。

第七章の表紙は、淳和《じゅんな》天皇と藤原吉野《よしの》をイメージしたものだ。おそらく乳母子《めのとご》として共に育てられたと考えられており、兄弟のような親しさがあったことが想定される。天皇は御下直衣《おさげのうし》に垂纓《すいえい》の冠、桜襲《さくらがさね》のように下襲は赤で、直衣には天皇の衣の色である白を選んだ。また、藤原吉野の衣の色は、下襲は同じ赤の上に緑を着ることで、忍《しのぶ》の襲とも呼ばれる襲色目になっている。おそらくは思いがけず、遠近江《とうとうみ》の国司に任命された藤原吉野の経歴に丁度良いと考えて選んだ。襲の名前は後世の史料に見られる名前のため、平安初期の名前ということはできないが、菊・秘・忍など、ホモソーシャルな関係性をイメージさせるような漢字を使用した名前を採用した。

本書の表紙・挿絵は甲斐千鶴さんというイラストレーターさんにお願いした。ならまち村という今はない奈良のギャラリーで二〇一九年秋に作品展示会に出展されていた作品を見かけてから、いつか本の表紙をお願いしたいと思ってきた。上記のようなマニアックなコダワリに紋様などの素敵な装飾を加えて、夢を叶えてくださった甲斐さんには心から御礼申し上げたい。

③「ＬＧＢＴＱ」という言葉について

この十年でかなり一般的な知識となったＬＧＢＴＱという言葉だが、日本古代史の研究には適用されてきていないので、解説も付しておきたい。ＬＧＢＴＱの最後の「Ｑ」は、「クエスチョニング（色々な可能性を考えたけど分からない）」ことを指す。ＬＧＢＴＱは虹（レインボーカラー）をトレードマークとするが、この五文字は多様な性的嗜好の一部を抜き出した表現に過ぎないからだ。レズビアン（Lesbian）・ゲイ（Gay）・バイセクシュアル（Bisexual）・トランスジェンダー（Transgender）の頭文字を取り出してＬＧＢＴとした言葉の方が有名だったが、ＬＧＢは性的嗜好《しこう》なのに、ＴＱは性自認を示す意味ではごっちゃになった表現ともいえる。全ての人に当事者意識を持ってもらうためにＳＯＧＩ（Sexual Orientation & Gender Identity）という、「性的指向と性自認」など訳される言葉もある。体・心・性的嗜好を個人差として意識しやすくするための考え方だ。一般的に普通とされてきた男女のＳＯＧＩを表現するなら、「ヘテロセクシュアル・シスジェンダー」となる。元々男性として生まれたが、性自認が女性で、女性を愛する人物は「ホモセクシュアル・トランスジェンダー」と表現できる。これらは（基本的に誰かひとりに対する恋愛感情や性欲を持つことが前提になっているが、）性欲がないということや、滅多に性欲を感じないこと、対して同時に複数に性欲を持つ状態も定義されており、アセクシュアル（ノンセクシュアル）やデミセクシュアル、ポリアモリー等々、非常に多様な括りがある。恋愛と性愛をそれぞれ表現して、「ロマンティック・デミセクシュアル（恋愛感情は持つが、滅多に性的関係を希望しない）」とか「アロマンティック・アセクシュアル（恋愛感情も性欲も持たない）」とかいうこともある。

　体・心・性的嗜好に加えて服装などで「表現する性別」も区分けして考える捉え方もなされるようになってきている。『とりかへばや』の主人公たちや、『ベルサイユのばら』の主人公オスカルではないが、異性装を指して、「トランスヴェスタイト」や「クロスドレッサー」なんて呼び方もある。余興としてでも、生まれた性別とは異なる服装をまとったことがある経験がある人はそれなりにいるのではないだろうか。（私も博物館での体験で、古代の貴族男性の服装とされる狩衣《かりぎぬ》や直衣《のうし》を着せてもらったことがある。）意外と性別の枠は強固なものではなく、それなりに扮《ふん》せるものだ。

　更に、性愛に至らずとも、同性に対して魅力的であると感じたことのある人は多いという。師弟関係や友情なども含めれば、そういった親しみの感情を他者に持たない人間の方が少ないだろう。それらを「ホモソーシャル（ホモソーシャリティ）」という括《くく》りで呼ぶことも、最近は増えてきている。もちろん、弊害《へいがい》も指摘されるが、日本古代については、まずはそういった関係性の括り出しから、はじめなければならない段階だ。

　以上のように、性自認や性的嗜好・表現する性（服装）など、きちんと定義されずに異端とされてきたものや、関係性に段々名付けが行われてきているようになっている。これらの名付けは社会学の取り扱い範囲になるが、社会学は前近代を対象としない。むしろ実験によって、新しい研究資料を作り出して研究が進展していく。しかし、名付けの定義を頭に浮かべながら、日本古代の史料を読んでいくと、当てはまる事例がたくさんある。本書では平安初期までを見渡して、この天皇はこういった臣下や親族とこのように親しい関係だったと表現される事例を紹介したい。一番多いのは「ホモソーシャルやホモソーシャリティ」と呼ばれる「性的関係ではない（同性、特に男同士の）社会的関係・親密な関係」になる。元々は、返り点が必要な漢文なので、分かりやすいように翻訳はしているが、私自身が作ったフィクションではない。史料を読んで浮かんだ妄想は妄想と明記するため、こんな内容が書いてあるということには、一定の信憑《しんぴょう》性があるということは付け加えたい。

目次

目次

第五章　平城京編

第六章　平安京編①

第七章　平安京編②

おわりに

第一章　飛鳥編　①

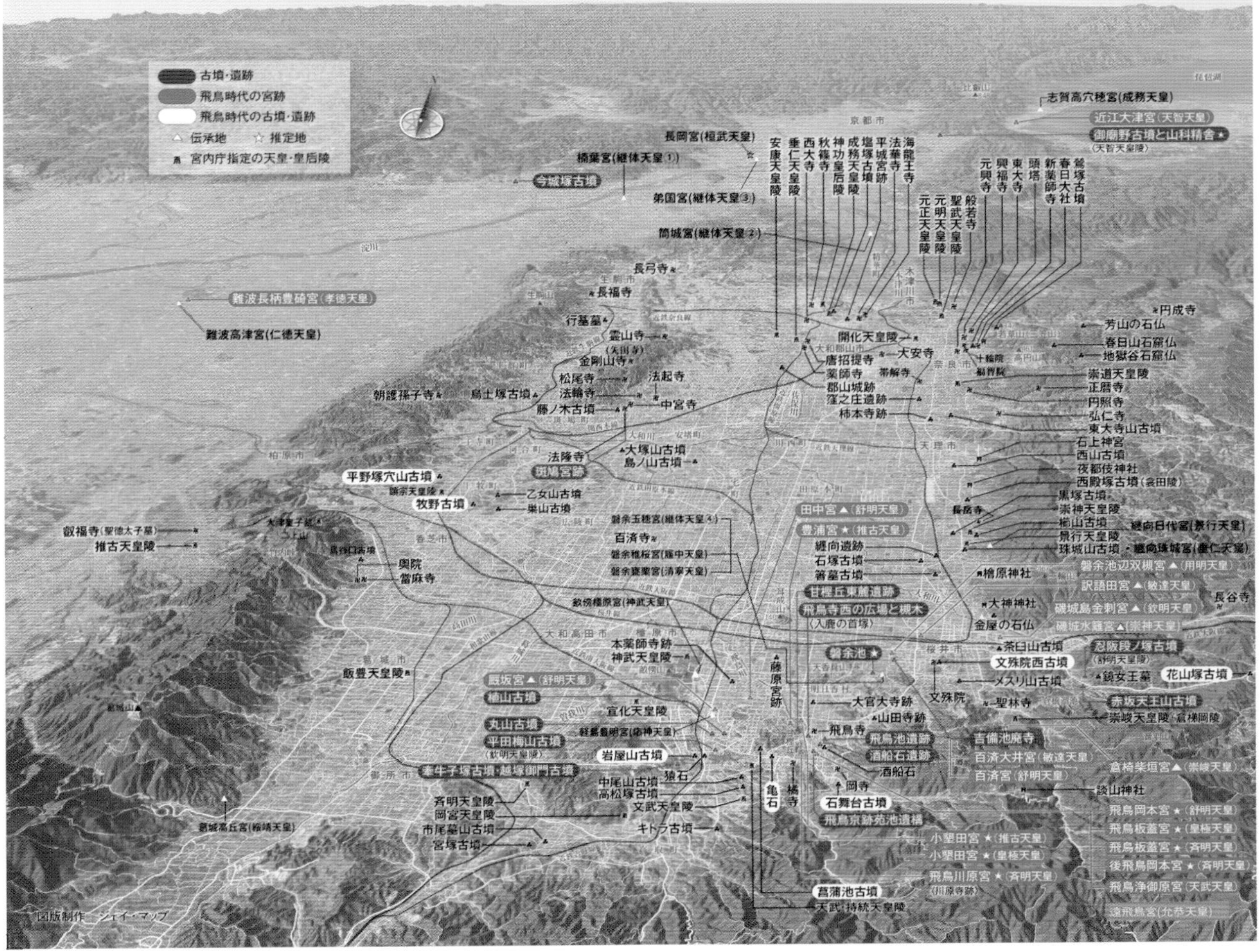
古墳・遺跡
飛鳥時代の宮跡
飛鳥時代の古墳・遺跡
△伝承地　☆推定地
宮内庁指定の天皇・皇后陵
志賀高穴穂宮(成務天皇)
近江大津宮(天智天皇)
御廟野古墳と山科精舎
(天智天皇陵)
京都市
長岡宮(桓武天皇)
樟葉宮(継体天皇①)
弟国宮(継体天皇③)
筒城宮(継体天皇②)
今城塚古墳
淀川
難波長柄豊碕宮(孝徳天皇)
難波高津宮(仁徳天皇)
安康天皇陵
垂仁天皇陵
西大寺
秋篠寺
神功皇后陵
成務天皇陵
塩塚古墳
平城宮跡
法華寺
海龍王寺
元正天皇陵
元明天皇陵
聖武天皇陵
般若寺
元興寺
興福寺
東大寺
頭塔
新薬師寺
春日大社
鶯塚古墳
長弓寺
長福寺
行基墓
霊山寺
(大田寺)
金剛山寺
松尾寺
法輪寺
法起寺
中宮寺
朝護孫子寺
烏土塚古墳
藤ノ木古墳
開化天皇陵
唐招提寺
大安寺
薬師寺
郡山城跡
窪之庄遺跡
柿本寺跡
帯解寺
円成寺
芳山の石仏
春日山石窟仏
地獄谷石窟仏
崇道天皇陵
正暦寺
円照寺
弘仁寺
東大寺山古墳
石上神宮
西山古墳
夜都伎神社
西殿塚古墳(衾田陵)
黒塚古墳
崇神天皇陵
櫛山古墳
景行天皇陵
纒向日代宮(景行天皇)
珠城山古墳・纒向珠城宮(垂仁天皇)
長岳寺
法隆寺
斑鳩宮跡
大塚山古墳
島ノ山古墳
平野塚穴山古墳
顕宗天皇陵
牧野古墳
乙女山古墳
巣山古墳
叡福寺(聖徳太子墓)
推古天皇陵
奥院
當麻寺
磐余玉穂宮(継体天皇④)
百済寺
磐余稚桜宮(履中天皇)
磐余甕栗宮(清寧天皇)
田中宮(舒明天皇)
豊浦宮(推古天皇)
纒向遺跡
石塚古墳
箸墓古墳
甘樫丘東麓遺跡
飛鳥寺西の広場と槻木
(入鹿の首塚)
檜原神社
大神神社
金屋の石仏
磐余池辺双槻宮(用明天皇)
訳語田宮(敏達天皇)
磯城島金刺宮(欽明天皇)
磯城水籬宮(崇神天皇)
長谷寺
畝傍橿原宮(神武天皇)
大和高田市
本薬師寺跡
神武天皇陵
磐余池
藤原宮跡
茶臼山古墳
文殊院西古墳
忍阪段ノ塚古墳
(舒明天皇陵)
鏡女王墓
花山塚古墳
メスリ山古墳
文殊院
聖林寺
赤坂天王山古墳
崇峻天皇陵・倉梯岡陵
飯豊天皇陵
厩坂宮(舒明天皇)
植山古墳
宣化天皇陵
丸山古墳
軽曲峡宮(懿徳天皇)
平田梅山古墳
(欽明天皇陵)
岩屋山古墳
猿石
大官大寺跡
山田寺跡
飛鳥寺
飛鳥池遺跡
酒船石遺跡
酒船石
吉備池廃寺
百済大井宮(敏達天皇)
百済宮(舒明天皇)
倉梯柴垣宮(崇峻天皇)
談山神社
牽牛子塚古墳・越塚御門古墳
斉明天皇陵
岡宮天皇陵
市尾墓山古墳
宮塚古墳
中尾山古墳
高松塚古墳
文武天皇陵
キトラ古墳
亀石
橘寺
岡寺
石舞台古墳
飛鳥京跡苑池遺構
飛鳥岡本宮(舒明天皇)
飛鳥板蓋宮(皇極天皇)
飛鳥板蓋宮(斉明天皇)
後飛鳥岡本宮(斉明天皇)
飛鳥浄御原宮(天武天皇)
遠飛鳥宮(允恭天皇)
小墾田宮(推古天皇)
小墾田宮(皇極天皇)
飛鳥川原宮(斉明天皇)
(川原寺跡)
菖蒲池古墳
天武・持統天皇陵
葛城高丘宮(綏靖天皇)
図版制作　ジェイ・マップ

第Ⅰ・Ⅱ章を飛鳥編とした。その理由は、天皇の宮（居所）が主に飛鳥にあったと考えられているからだ。正確には、現在の奈良・大阪・滋賀に点在する。この時期、天皇の宮は代替わりごとに変化したと考えられている。前頁（第一章表紙裏）の地図は、飛鳥周辺の宮と天皇陵の位置について、一目で分かるようにまとめたものになる。地図からも、飛鳥を中心に奈良・大阪・滋賀辺りが天皇の宮であることが明らかだ。地図には陵と比定されているものの位置もある。（本書で取り上げるものが中心なので、網羅はしていない。）

行きにくい場所も多いが、基本的に『日本書紀』等に天皇の宮の名前が記されており、その名前に近い地名が現在も残る場所が比定地とされる傾向がある。比定地というのは、明治時代の学者が（当時の最新の知識を根拠に）場所を推定して、その跡地が整備されたものだ。宮跡は一人の天皇で数か所に及ぶ例もあり、多くは石碑が建てられている。陵墓は、大概は一ヵ所だが、たまに火葬塚と別の比定地があるなど、複数あることもある。また、多くは宮内庁の管理下にあり、拝所以外は、立入禁止とされている陵墓も多い。近年、研究目的の発掘調査は行われる例が少数ながらある。その結果として天皇陵の造営年代も明らかになり、比定された天皇が埋葬されたと考えるには無理がある例も多い。そのため、例え、比定地とされていたとしても、研究面からはそのまま信じない方が無難ではある。考古学のプロによる個別の古墳の発掘調査の成果が学術的には一番信頼がおける。ただ、発掘調査にかかる時間と費用（一般に公開される現地見学会までに数カ月～数年）、事前の許可手続きの煩雑さ（前述のように宮内庁の比定地の古墳は立入禁止が原則）などがあり、その間にも、開発に伴う発掘調査で仕事は尽きない（しかし、予算は減るばかりなので、人件費を増やせない）状況から、例えば、「飛鳥時代の天皇陵」に絞った発掘調査は「遅々として進まない」印象を受ける。もちろん、発掘調査を仕事とする人々によって、毎日進んではいるのだが、かれらは他の時代（旧石器～近代）の遺跡も調査して、発掘後は遺物整理をし、報告書を書かなければいけない。また、遺跡の担当する主体の縄張り（担当場所）のようなものもあり、それらが事前許可手続きの一部にもなる。もちろん、調査援助要請や、合同での調査もあり、仲が悪いとかそういった話ではないが、調整に時間がかかるのは仕方がない。

とはいうものの、せめてもう少しナントカならないものか…とは、飛鳥時代に関わる知識を持つ人なら誰もが思うだろうし、私もそう思ってはいる。でも結局は使い切れない位多くのお金を持てる人が、経済面を担保するのが現実的かもしれない。理系の研究者も多くが提言しているが、日本の研究予算は（国立の研究所などは）毎年一％が減らされると決まってから、二十年、それまでの八割になっている。（私のように人生の半分の時間（十八年）を研究関連の知識の習得に費やしても、）生活の担保もない状態で、研究の道に進みたいと明言できる人材も減るのが当然だろう。もし万が一、使い道のないお金のある、歴史に興味のある人がいたら、研究に資するなんて使い道を提案したいところだ。

天皇の名前についても、解説をしておく。第一章から、「〇〇天皇」と項目タイトルをつけているが、これは平安時代初期に淡海三船《おうみのみふね》という学者が諡号《しごう》という、死後の諡《おくりな》をつけたものだ。生前の天皇の名前は『日本書紀』等の天皇の記載の冒頭に記されている。ただ、現代の読みとは異なり、かなり読みにくい。特殊読みもあるので、意味を類推しながらでなければ、なかなか読むのが難しい。また、一般的には諡号が有名なため、本書では諡号で統一した。六国史を読んでいると、諡号の意味もその天皇の人生を二文字で表そうと、淡海三船《おうみのみふね》が頑張ったのだなと納得する漢字が使われていることも多い。

以下では神武天皇から紹介していくが、あくまでも「親密な人間関係」の記述がある天皇だけを「網羅的に」取り上げたもので、全ての天皇を紹介してはいない。

1・実は宮崎出身！　神武《じんむ》天皇

@畝傍橿原宮《うねびかしはらのみや》（奈良県橿原市畝傍町）

✿寵《ちょう》した人物：
・物部《もののべ》氏の先祖（長髄彦《ながすねびこ》の親族）
・道臣命《みちのおみのみこと》（大伴氏の先祖）

神武天皇に縁のある土地は多い。実は神武天皇は今の宮崎県の生まれなのだ。四十五歳で東征《とうせい》して、広島↓岡山↓大阪↓和歌山↓奈良と勢力を広げてきたとか。百二十七歳まで生きたことになっているから、今の四十五歳と感覚は異なるだろうが。（ただ、この年齢の数え方にも諸説あって、今の半年を一年と数えたので、半分程度なのではという説もある。）

そういう訳で、少なくとも宮崎・広島・岡山・大阪・和歌山・奈良には、ゆかりの神社がある訳だ。なお、熊野経由で奈良には南から攻め入ったらしい。

宮崎は都城の都城《みやこのじょう》歴史資料館のある城山《しろやま》公園に狭野《さの》神社という神社があり、神武天皇が東征の前にいた場所という。高千穂《たかちほ》宮にいたとされるが、今の高千穂峡ではなく、宮崎県内でもかなり南にある都城が高千穂宮であったというのだ。ここから東征して、最終的には橿原に畝傍橿原宮を立てたとか。宮崎は強く神話をアピールしており、西都原《さいとばる》古墳群の周辺では、瓊瓊杵尊《ににぎのみこと》と木花咲耶姫《このはなさくやひめ》や、狭保彦《さほひこ》と狭保姫《さほひめ》の逸話なんかもゆかりの地としている。

奈良の掖上《わきがみ》には、水平社をたてた人々の出身であるということで、水平社博物館という博物館がある。この博物館の裏山にあたる本馬山《ほんまやま》は神武天皇が登って国見をしたという「掖上の嗛間《ほほま》の丘」である伝説があるという。水平社博物館の近くには神武天皇社があり、宮崎での妻であった女性（吾平津《あひらつ》媛命）も祀られている。この女性は奈良に来てから別の女性（三輪の大物主神《おおものぬしのかみ》の娘、媛蹈鞴五十鈴姫命《ひめたたらいすずひめのみこと》）を正妃に迎えたため、この地に侘《わ》び住まいしたという。このため夫婦を呪うので、婚姻の行列はこの神社の前を避けるとか何とか。ちょっと怖い逸話のある神社もある。

明治時代に橿原神宮を建てる際に、本当のゆかりの地はこの地であったものを、今の橿原神宮のある三キロほど北東方向に移動することになったとも。

奈良の中に他にも神武天皇の関係地は存在していて、富雄《とみお》という土地は、東征の際に光るトビが神武天皇の弓の上に止まり光を放ったことで、苦戦していた長髄彦《ながすねびこ》に勝利できたことから、名前が付けられたという。鳥の鵄《とび》が鳥見《とみ》になり、富雄《とみお》に転じたというのだ。二〇二三年に富雄丸山古墳から、盾形銅鏡《たてがたどうきょう》なる遺物が出土した。形は長方形で上の二つの角がカーブしてかけたような形で、なんとなくローマ風でもある。相手に向ける側が鏡だったということは、光が当たったら反射して、敵が眩しさでやられてしまうのではないか！それが神武天皇の勝因だったのでは？なんて妄想がつい浮かぶ。少年愛で有名なローマと同時代にローマ風の遺物が発見されたということは、偽物でなければ、少年愛のような文化も伝わっていたのではと思いたくもなる。（但し、これを学術論文にするのはかなり難しい。）

『日本書紀』神武天皇即位前紀戊午《ぼご》年十二月丙申《へいしん》条にある、神武天皇が物部の遠祖でもある、饒速日命《にぎはやひのみこと》を誉めて寵した記事は、天皇が誰かを「寵《ちょう》」したとある記録の最初にもなる。神武天皇が苦戦を強いられた長髄彦は妹を饒速日命《にぎはやひのみこと》に嫁がせており、神として崇《あが》めてもいたが、

狭野神社

熊野神社八咫烏みくじ

結局戦闘を停止できずに饒速日命に殺される。饒速日命はその後神武天皇に仕えることになるが、実はこの饒速日命は、神武天皇の曽祖父にあたる瓊瓊杵尊《ににぎのみこと》に先立って地上に派遣されたとされる天照大神の子孫の一人である。神武天皇もまた天照大神の子孫（天照大神の孫の瓊瓊杵尊《ににぎのみこと》の曾孫《ひまご》）ということになるので、実は遠縁の親戚同士にもなる。

他にも東征で八咫烏《やたがらす》を放つなどの功績があった道臣命も神武天皇に「以寵異之」と特別に寵されたと記述される。大伴氏の先祖ともされるが、敵を謀って酒宴を設け、酔わせたところを襲って殲滅《せんめつ》させるというような、ちょっとだましの手口のような勝利の記述がされる人物でもある。

それにしても、神武天皇はトビやらカラスやら、鳥に縁が深い逸話が多い。

読みたい史料

- 『日本書紀』神武天皇即位前紀戊午年《そくいぜんきぼご》十二月丙申条《へいしん》（四日）
- 『日本書紀』神武天皇二年二月乙巳条《いっし》（二日）

2・元祖ファザコン⁉　綏靖《すいぜい》天皇

@葛城高丘宮《かつらぎのたかおかのみや》（奈良県御所《ごせ》市森脇）

関係の深い人物：神武天皇（父）

神武天皇は即位後七十六年で崩御した。これもまた長い治世である。半分でも長い。崩御後、後継者争いが起きた。それを制したのが、綏靖《すいぜい》天皇である。

元々神武天皇の三番目の子供であった綏靖天皇は、父親の死を悲しみ慕うことを止めることがなかったとか。死後、葬儀のことにかかりきりであった。

その間、庶子の兄手研耳命《たぎしみみのみこと》が政治を執っていたのだが、心根が正しくなかったため、次男（神八井耳命《かむやいみみのみこと》）と三男（綏靖天皇）が打ち取ることを決め、弓を準備したとある。しかし、次男は殺害の瞬間に怖気づいてしまい、長男を殺害したのは三男の綏靖天皇だった。このため次男は自分の勇気のなさを恥ずかしく思い、天皇には綏靖天皇が相応しいと発言したとか。結局、父親の死を一番悲しんでいた綏靖天皇が即位したという書かれ方になっている。

この綏靖天皇から八代は『日本書紀』での書かれ方が大変簡略なものであるため、「欠史八代《けっしはちだい》」などという表現もされる。確かに初代の神武天皇に比べて記述の短さは驚くほど短いが、跡継ぎが初代神武天皇との絆を強調される息子であったなんて表現がこんな簡略化された部分にも残されているのだと思うとワクワクする。

読みたい史料

・『日本書紀』綏靖《すいぜい》天皇即位前紀《そくいぜんき》

3・夢のお告げで神を祀った　崇神《すじん》天皇
@磯城瑞籬宮《しきのみずかきのみや》（奈良県桜井市金屋《かなや》）

✿「愛」した人物：垂仁《すいにん》天皇

崇神天皇は、子の垂仁天皇を愛して、常に近くに置いた。息子の垂仁天皇は、見た目も優れ、態度もなかなかのイケメンであったとある。跡継ぎを可愛がって側に置き、皇位継承争いなども起きずにスムーズに即位したようだ。垂仁天皇もまた、自身の皇后の狭穂姫が産んだ長男を愛して、常に近くに置いた。ただ、この長男は大人になっても話さなかったという。

崇神天皇の宮は奈良県桜井市金屋にある磯城瑞籬宮《しきのみずかきのみや》だ。ここは欽明《きんめい》天皇の宮跡（大和川沿いの仏教伝来の碑）から自転車で五分ほどの距離で、山の辺の道を少し逸《そ》れた場所にある。今は神社になっている。木が鬱蒼《うっそう》と茂っていて、昼間でも少々暗い。神社境内は平地であるが、ゆるやかな傾斜地を平らにならして造成した感じである。おそらくここで、崇神天皇と若き日の垂仁天皇は暮らしていたのだろう。（垂仁天皇は磯城瑞籬宮《しきのみずかきのみや》で生まれたとある）

崇神天皇には三輪山の逸話が多いが、この宮の位置を考えると納得がいく。この宮の位置は大神《おおみわ》神社の南三百メートルほどの場所だ。在位中に疫病が流行したので三輪山の神を祭祀したとか、三輪君《みわのきみ》の始祖とする大田田根子《おおたたねこ》に三輪の大物主神《おおものぬしのかみ》を祀らせたとか、倭直《やまとのあたえ》の祖とする長尾《ながお》市に大和の大国魂神《おおくにたまのかみ》を祭らせたとか、そんな記載が『日本書紀』に書かれている。

面白いのは、夢で見たために、これらの神を祀ることにしたという記述が何度も出てくることだ。結構な夢占い信奉者《しんぽうしゃ》な面があった天皇なのだろうか。いや、夢の重要さが今より大きいのだ。加えて、天皇という祝《ほうり》（神職）の末裔《まつえい》という存在の夢だから、より特別な扱いをされるのだ。崇神という名前も「神を崇める」意味になるため、これらの逸話から、淡海三船《おうみのみふね》（平安時代初期の学者）が付けたのだろう。

箸墓《はしはか》古墳という古墳は倭迹迹日百襲姫命《やまとととひももそひめのみこと》の墓と宮内庁によって比定されているが、この百襲姫《ももそ》は崇神天皇の時代の巫女であり、神にのりうつられてお告げをもたらした記述もある。極めつけは夫としたのが大物主神《おおものぬしのかみ》という神様であったことだろうか。『日本書紀』に書かれている逸話は、夜しか来ず正体が分からないため、訊ねたところ、明朝には笥《け》の中にいることにするが、私の姿を見て驚かないようにと答えた。朝に櫛笥《くしげ》を見たところ、美麗な子蛇がいたため、驚いて叫んだところ、大物主神は恥じてたちまち人の形になって三輪山に去って行ったという。百襲姫は驚いてドスンと座ったところ、運悪く箸の上であり、おそらくは内臓を負傷して、それが原因で亡くなったという。伝説の地名からは現在の箸墓古墳のあたりと考えられるので、ここと比定されたのだろう。箸墓古墳は、卑弥呼の墓という説もあるが、一番美麗な形の前方後円墳で、現在地形図から型を書きおこして作られた古墳グッズも一番整った形をしている。ちなみに箸墓古墳と大神神社は直線距離で一キロ程度とかなり近い。なお、この逸話は『古事記』では正体不明の夫の帰りがけに、赤い糸を衣の裾につけて、それを辿ったところ、三輪山の神であったという話にある。

崇神天皇は日本征討も頑張っていた。吉備国《きびのくに》（今の岡山県）に吉備津彦《きびつひこ》を征討に遣わすのをはじめとして各地に征討軍を派遣したのも崇神天皇の時である。吉備国はこの時に平定されたが、まだ九州は勢力下ではなかったということだろう。（この後、景行天皇の息子のヤマトタケルが九州の熊襲《くまそ》征討を行ったことになっている。）

読みたい史料

・『日本書紀』垂仁《すいにん》天皇即位前紀《そくいぜんき》

4・臣下が後追い自殺！　垂仁《すいにん》天皇

@纏向珠城宮《まきむくたまきのみや》（奈良県桜井市穴師・箸墓《はしはか》古墳の東北）

✿寵した人物：田道間守《たじまもり》

垂仁天皇は、『古事記』や『日本書紀』で第十一代天皇とされる。住んでいた所は纏向珠城宮《まきむくたまきのみや》といい、現在のＪＲ巻向駅の東側、箸墓《はしはか》古墳の東北にある。珠城山《たまきやま》古墳の西側が宮跡と比定されている。ここは相撲発祥の地でもあるとされる。他にも、有名な逸話が結構ある天皇なのだが、まずは男同士の絆に関わる逸話を紹介する。この垂仁天皇は葬られた陵墓が現在の尼ヶ辻《あまがつじ》の駅の西側にある宝来山《ほうらいやま》古墳とされている。この古墳は大きな周濠に囲まれているのだが、そこに小島が一つ存在する。その小島は考古学的には陪塚《ばいちょう》と呼ばれる小さな古墳で、大きな古墳の周りに付随するように作られたものだ。日本で一番大きいとされる大仙《だいせん》古墳（仁徳《にんとく》天皇陵）には十個以上の陪塚がある。付随するような造れ方から、大きい古墳の人物の死去に際し、親しい人間が後追いしたのではないかという考え方もある。垂仁天皇陵の陪塚に眠るとされるのが、田道間守《たじまもり》である。当て字であるが但馬国守の前身のような名前であり、おそらく本拠地も但馬（兵庫県）だっただろう。この田道間守、垂仁天皇に不老不死の薬を持ち帰るように海外に派遣される。十年以上の月日を経て、ようやく持ち帰った時には既に主の垂仁天皇は崩御しており、それを悲しんだ田道間守は激しく悲しんで、天皇が死んでしまったからには自分は生きている価値はないと言って、天皇陵に行って自死してしまったという。それを聞いた人は皆悲しんだという。自死するほどに愛した天皇の墓の側に葬ってあげようと考えられて、天皇陵の陪塚に葬られたのかもしれない。こんなＢＬめいた、「きゅん」とする逸話が国の正史の『日本書紀』にあるのだから、歴史はやめられない。

この時持ち帰った薬というのが、「非時香菓《ときじくのかくのこのみ》」と呼ばれ、田道間守が持ち帰ったために「たちばな（橘）」と呼ばれるようになったともいわれる。発音すると確かに「たじま」とも近い音である。今の蜜柑は橘が改良されたものとか。金柑なら風邪予防に効果があるとされるし、老年の天皇の寿命を延ばすのに一役買う可能性もあったかもしれない。この逸話から田道間守の墓は、蜜柑農家と製菓業者の信仰の対象になってもいるとか。橘寺には田道間守のお守りまで売っている。そしてこの田道間守の殉死伝説は文部省唱歌にもあるとか。

「1　香りも高い橘を　積んだお船が今帰る　君の仰せをかしこみて　万里の海をまっしぐら　今帰る　田道間守　田道間守
2　おはさぬ君のみささぎに　泣いて帰らぬ真心よ　遠い国から積んで来た　花橘の香と共に　名は香る　田道間守　田道間守」

…なかなか泣かせる歌詞である。殉死を扱った内容だから、戦後は唄えなくなったのだろうが、天皇との絆の形成が文部省唱歌にまでなっているとは…。

田道間守の逸話を想起しながら垂仁天皇陵周辺を歩くのも一興だ。近鉄の尼ヶ辻で下車して五分の距離である。訪れた時は日暮れであったが、周濠に前方後円墳の形が美しく映る。水鏡と夕日のバックが垂仁天皇陵と田道間守の小島という状況は、一層の感動を呼ぶ。…楽な方法として車窓から眺める手もある。近鉄で大和西大寺から南下すると、尼ヶ辻という駅を過ぎたあたりで、垂仁天皇陵（宝来山古墳）は大変よく見えるので、気にしてみてほしい。

基本的に飛鳥から藤原京、平城京と都は北上するが、その前は天皇ごとにあちらこちら奈良盆地の中を転々としており、それは飛鳥より北にあるということも

陵と田道間守の墓

往々にしてあったということだろう。ちなみに宮跡は地名に名前が残ることによっている。明治時代に定められた比定地なので、正確性は高くないとされるが、半分程度は当たっているかもしれない。

読みたい史料

- 『日本書紀』垂仁天皇二年二月己卯《きぼう》条（九日）
- 『日本書紀』垂仁天皇八八年七月戊午《ぼご》条（十日）
- 『日本書紀』景行天皇元年三月条＝垂仁天皇九十年の翌年

コラム１・殉死の代わりに埴輪

ちなみに垂仁天皇は埴輪《はにわ》の発祥の物語でも有名で、天皇陵に生きた人を（強制的に）埋める代わりに埴輪を埋めるように指示した天皇でもある。野見宿祢《のみのすくね》という土師《はじ》氏の祖先の提案によるものらしい。野見宿祢は相撲で当麻蹴速《たいまのけはや》に勝った人物でもあるため、垂仁天皇の宮はおそらく相撲《すもう》発祥の地にもなる（現在の相撲神社も近いが別の場所）。もちろん負けた当麻も関連地で、そこには相撲博物館もあるのだが…。殉死は強制的なものも含むことになっているが、やはり絆を感じるのは自発的なものだけだろう。

コラム2・田道間守のおじいちゃん

垂仁天皇は田道間守の祖父清彦との逸話もある。清彦が出石《いずし》神社（兵庫県）の宝物を献上した際に刀だけ懐《ふところ》に隠していたのを、「寵《めぐ》もう」として近くに呼び寄せたために見つけてしまい、垂仁天皇は清彦に理由を問いただす。清彦は隠せないと知って刀も献上する。刀は倉庫に収納されたのに不思議なチカラで消え失せ、一時清彦の元に現れ、その後淡路島に現れたという。この宝物献上を機として孫の清彦は垂仁天皇の後を追ってしまうまでの縁を天皇と築いたことは興味深い。

コラム3・垂仁天皇の正妻

垂仁天皇には正妻として狭穂姫《さほひめ》がいた。彼女は兄に唆されて、兄の起こした謀反に加わる。天皇を暗殺しようとするものの、膝枕をしていた天皇の顔の上に涙が落ちて気が付かれ断念する。その後、燃え盛る火の中で、譽津別命《ほむつわけのみこと》を産み、養育を垂仁天皇に任せる。宮崎の西都原《さいとばる》古墳群には狭穂姫と兄狭穂彦の墓とされる二つ並んだ巨大な前方後円墳がある。今は史跡公園として整備され野原が広がる横に、森にしか見えない大きさの塚がある。かなり大きな勢力の豪族の墓だったことが間近で見ると実感される。ちなみに、譽津別命は母親の代わりに池に浮かべた小舟で養育され、大きくなっても口がきけなかったが、白鳥をみて初めて口をうごかしたなんてことも『日本書紀』に書かれている。

5・ヤマトタケルのお父さん！　景行天皇《けいこうてんのう》

@纒向日代宮《まきむくひしろのみや》（奈良県桜井市穴師）

✿寵した人物：
日本武尊《やまとたけるのみこと》（九州・熊襲《くまそ》）、
皇子稚足彦尊《わかたらしひこ》・武内宿祢《たけうちのすくね》

景行天皇は、あの有名なヤマトタケル（日本武尊）の父親である。その宮はJR巻向駅から東にかなり登っていった場所にある。前項の垂仁天皇の宮跡の比定地（纏向珠城宮）よりかなり登った場所とされ、標高がかなり高い。いざ、宮跡の比定地《ひていち》に立って振り返ると、「倭《やまと》は　国の真秀《まほ》ろば　たたなづく　青垣　山籠《ごも》れる　倭《やまと》しうるはし」との歌のとおり、ゆるやかな段々畑を見下ろす田園風景が広がり、大変に美しい。三六〇度カメラでもないと表しにくいが、遠くが広く見渡せる。この歌を初めて聞いたのは、高校の修学旅行で奈良に来た時だから、かなり有名なのは確かだ。『日本書紀』では景行天皇が詠んだということになっているが、『古事記』ではヤマトタケルが辞世として詠んだということになっている。景行天皇の宮に息子のヤマトタケルも住んでいただろうから、いずれにせよこの美しい景色は見ていたのだろう。

ヤマトタケルは父の景行天皇に命じられて日本各地を平定しにまわるが、その過程では異性装の逸話もある。九州の熊襲攻略の際、髪を解いて乙女の姿で女人の中に混じっていたところ、熊襲の川上梟師《たける》に美しいと隣の席に座らされ、酒を飲まされて「戯《たわぶ》れ弄《まさぐ》」られた。宴がひと段落して人影がまばらになった頃合いで酔った川上梟師の胸を刺し貫いたなんて言う逸話もある。川上梟師のしたことは、明らかに接触を伴うセクハラで、その後の殺害はその報復なのだろうか。確かに痴漢というかボディタッチを含むセクハラをされた際に、相手に対して殺意すら覚えるというのはよく分かる。ボディタッチまでされても、性別が分からないレベルの美しい顔立ちであったという期待はやはりルッキズム（見た目偏重）として反省すべきことなのだろう。そもそも川上梟師がゲイだったのかもしれないし、いわゆる男《おとこ》の娘《こ》（女装男子）を好むタイプだったのかもしれない。

九州の熊襲を平定するとすぐ後に東国の平定を命じられる。その際には、嵐に苦しめられ、妃の弟橘姫《おとたちばなひめ》の入水《じゅすい》自殺に助けられるなんていう悲しいエピソードもある。この逸話は荻原規子の小説『白鳥異伝』などでも扱われており、弟橘姫が死なない点で、救いがある解釈になっているのが良い。ちなみにヤマトタケルも死なない（歴史に残る天皇の皇子という立場でなくなる）。

『日本書紀』では、ヤマトタケルは、平定の任務が終わった直後、都に帰る直前に、三十歳で亡くなってしまう。景行天皇はその死を非常に悲しむが、結局景行天皇の後を継ぐことになったのは、皇子の稚足彦《わかたらしひこ》尊で、後に成務《せいむ》天皇と呼ばれる。（ただ、成務天皇の後を継いだのは、ヤマトタケルの息子で仲哀天皇である。）一番はヤマトタケルだったにしても、景行天皇は他にも皇子も多くいた。では、どうして稚足彦尊が後継者となったのか。『日本書紀』によれば、正月の宴会の際の稚足彦尊の行動が大きかったようだ。稚足彦尊は従者の武内宿祢と共に、宴会中に門を護っていた。宴会という気が緩む際においても外敵への警戒を怠らない姿勢に感じ入った景行天皇は、稚足彦尊を特別に「寵」したというのだ。おそらくこれがきっかけで後継者の有力候補となったのだろう。武内宿祢は何代にもわたって天皇家に仕えたとして出てくる側近の名前で、石清水《いわしみず》八幡宮の宮司は武内宿祢が祖であるという。超絶長生きしたというよりは、代々襲名した可能性が高いが、伝説の時代の天皇の側近として気になる存在でもある。

読みたい史料

- 『日本書紀』景行《けいこう》天皇二八年二月乙丑《いっちゅう》朔《ついたち》条（一日）
- 『日本書紀』景行天皇四〇年是歳《このとし》条
- 『日本書紀』景行天皇五三年八月丁卯《ていぼう》朔《ついたち》条（一日）
- 『日本書紀』景行天皇五一年正月戊子《ぼし》条（七日）

6・同じ誕生日の家臣がいた！ 成務《せいむ》天皇

@志賀高穴穂宮《しがのたかあなほのみや》（滋賀県大津市穴太《あのう》）

✿寵した人物：武内宿祢《たけうちのすくね》

成務天皇は前項の稚足彦尊《わかたらしひこ》の即位後の名前である。宴会の際に武内宿祢と一緒に飲まないで門を護っていた人物である。なぜ武内宿祢と一緒に門を護っていたかという話をしておきたい。それは単純かもしれないが天皇と一人の臣下の子供の誕生日が同じ日だったことなのだという。同じ日に生まれた子供を主君の子供に仕えさせ、共に成長し、一緒に門まで守るようになったということだろう。どちらも権勢を誇る家柄であるので、乳兄弟といった関係まではないかもしれないが、同年である親しさだけでなく、誕生日が同じことによる親近感から、行動を共にすることも多かったのだろう。なお、武内宿祢は、余りに長年にわたって活躍したと名前が見えることもあって、今の歌舞伎役者に代表されるように襲名していたとも考えられている。

成務天皇の宮跡は滋賀県大津市の穴太《あのう》という場所に比定されている。ここは後に天智天皇が近江大津宮を造った場所にも近いが、比叡山の滋賀県側の登り口にも近い。現地には、高穴穂《たかあなほ》神社という神社があり、なんと東郷平八郎書の「高穴穂宮趾」という石碑がある（東郷平八郎は日本海海戦でロシアに勝利した海軍大将）。本殿の近くには陸軍大臣の戦利品として奉献された砲弾まで据え付けられている。成務天皇は、六十一年の治世の間、琵琶湖の西岸のこの場所に宮を置いたとされる。正確には前代の景行天皇の晩年から、次代の仲哀天皇の初期までの期間となる。中世には、穴太積みという石垣積みの専門集団である穴太衆が活躍した土地でもあり、神社にも穴太積みが実物と共に紹介されている。

成務天皇陵は、奈良市山陵町にある狭城盾列池後陵《さきのたたなみのいけじりのみささぎ》である。大和西大寺駅から一駅北に平城《へいじょう》という駅があり、その近くにある。神功皇后陵と考えられて祭祀が行われていた時期があったという。またこれまでに三回も盗掘された記録が残っており、これによって形が崩れ、特殊な形となっている。実際に現地に行ってみると、歴史の道の散歩コースの中ほどにあって、拝所の後ろは称徳天皇陵が迫っている。前も後ろも横も古墳という、古墳好きにはたまらない一角だ。

成務天皇の後はヤマトタケルの息子の仲哀天皇である。仲哀天皇は十二年間皇太子をしていた期間があるから、やはりヤマトタケルは英雄かつ生還していたら天皇だったのだろう。仲哀天皇は父のヤマトタケルをしのぶ心が一日も収まらないために、陵の周囲の池に白鳥を飼うように命じている。ヤマトタケルは死後に白鳥となった伝説があり、陵も伊勢・奈良・大阪と三つもあるが、この時は死後大分経つので、大阪の羽曳野の陵の話だろう。

高穴穂宮跡碑

読みたい史料

・『日本書紀』仲哀天皇元年十一月乙酉《いつゆう》朔《ついたち》条（一日）
・『日本書紀』成務天皇三年正月己卯《きぼう》条（七日）

番外・男色《なんしょく》の初見《しょけん》とされてきた？ 小竹祝《しののはふり》と天野祝《あまののはふり》 ―阿豆那比《あずなひ》の罪とは（和歌山）

✿関係の深い人物：
小竹祝《しののはふり》＆天野祝《あまののはふり》

小竹祝&天野祝と聞いても知らない人が多いと思うが、「阿豆那比の罪」は男色の初見として聞いたこともある人もいるかもしれない。私の「アヅナヒ」との出会いは、高校の頃に読んだ長野まゆみの小説で、「花のもとにて」という小説（『よろづ春夏冬中』の一話）の中に「なあ、アヅナヒって言葉を知ってるか」という問いかけが家庭教師から生徒にされる場面だったと思う。当時は意味をそこまで気にしもしなかったが、元々は、『日本書紀』神功《じんぐう》皇后　摂政元年二月条に「阿豆那比《あずなひ》の罪」はある。

神功皇后は夫の仲哀天皇と共に三韓征伐に出かけたが、途中で夫が神の怒りに触れて亡くなってしまう。神功皇后は妊娠中であったが、勝利して帰るまで生まれるなと念じて征討に赴き勝利した。帰国後に九州付近で出産したのが後の応神天皇になるが、本拠地は夫の兄弟によって占拠されてしまっていた。これは取り返さねばというのが忍熊王《おしくまおう》征討の逸話になる。紀伊から上陸して、紀の川を遡り、五条市あたりを通って、今の橿原《かしはら》市あたりまで、北に攻め登るルートで、和歌山の粉河寺《こかわでら》や高野山《こうやさん》の麓《ふもと》も通る。その途中にある場所での逸話である。

高野山に登る前に立ち寄る慣習があったという丹生都比売《にうつひめ》神社という神社がある。天照大神《あまてらすおおみかみ》の妹という、丹生都比売大神の御子、高野御子大神《たかのみこのおおかみ》は、密教の根本道場《こんぽんどうじょう》の地を求めていた弘法大師の前に、黒と白の犬を連れた狩人に化身して現れ、高野山へと導いたとされる。ここの地名が天野《あまの》盆地なのである。現代でも車でないと到達することは難しい場所だ。山の中腹にぽっかり開いた盆地があり、稲がたわわに実っている。桃源郷《とうげんきょう》ってこういう感じかもしれないと訪れた時に思った。

さて、この天野が天野祝のいたところなのだ。祝《はふり》とは古代の神職の呼び方である。天野あたりの神社の神官という意味が天野祝で、小竹あたりの神社の神官が小竹祝となる。紀の川の対岸に「小竹」ではないが、「志野」神社という小さな神社もある。但し、征討帰還中の神功皇后が滞在した宮という伝承の神社だ。

『日本書紀』には、小竹祝が病死した際に、天野祝が私達は善友であったと嘆き悲しみ、後追い自殺した。そこで遺体を同穴に埋めたら、昼が夜のように暗くなってしまったという。そこに神功皇后の征討軍が到着し、昼でも夜のような暗さである理由を調べさせた。その結果、それは「阿豆那比の罪」といい、「二社祝者、共合葬歟」が起きたために暗くなったのだという。この「二社祝者、共合葬歟」が何かを考察する論文を、まさか自分が書くことになるとは思わなかった。論文の結論として、「阿豆那比の罪」は男色の罪ではないとした。また、男色の罪説は江戸時代末期から岡部東平という学者が言い出した説ということも書いた。それで、それらが一九七〇年以前の強い同性愛タブー視によって、『国史大事典』までも「性的タブー」なんて記載されることになったのだろう。でも、二人の関係は「善友《うるはしきとも》」で「交友《うるはしきとも》」なのである。後追い自殺するほどの「うるはしきとも」とはいったいなんだろうか。『恋する日本史』（吉川弘文館、二〇二一）内「古代史はＬＧＢＴを語れるか」では「善友《うるはしきとも》」・「交友《うるはしきとも》」とは、「現代的な意味での友情と同性愛が、混然一体となった表現として用いられていたのかもしれない。」と評する。確かに今でも「友情と恋情の違いとは何か」なんていうことを、さっと説明できる人は少ないかもしれない。考えれば考えるほど、深い友情と恋情は似たものなのではないかと思えてくる。相手を大切に思い、それに沿った行動することは両者の共通点なのかもしれない。

ＬＧＢＴは実は略語で、その後ろにＱＡをはじめとして色々附属する言葉の最初を取り集めたものという。円周率の3・14…が無限に続くことにも似た話であるが、セクシュアリティの多様性は本当に数え切れないほどである。クエスチョニング（Ｑ）やアセクシュアル（Ａ）だけでなく、デミセクシュアル（Ｄ）なんて言葉もある。一人の人が別の人間にどういう感情や欲求を持つのかを区分している訳だが…『日本書紀』の記述からはそこまでは読み取れない。ただ、「善友」や「交友」という関係であった天野祝と小竹祝がおり、彼らの親しい関係性が『日本書紀』に残っているということは、ちょっとすごいことかもしれない。

神功皇后は、結局だまし討ちのようにして忍熊王を倒す（軍備解除を呼びかけ、忍熊王が応じたところに、隠しておいた武器を取り出して攻めた）のだが、その忍熊王は追い詰められて入水《じゅすい》自殺する。その際、側にいた従者に、共に死のうと詠《よ》みかけた歌がまるで恋人にでも読みかけたような内容で、これまたキュンとする。

「いざ吾君《あぎ》　五十狭茅《いさち》宿祢《すくね》　たまきはる　内《うち》の朝臣《あそ》が　頭槌《くぶつち》の　痛手《いたて》負はずは　鳰鳥《にほどり》の　潜《かづき》せな」

（訳：さあ、わが君、五十狭茅《いさち》宿祢よ。武内宿祢の手痛い攻撃の痛手を負わずに、鳰鳥《にほどり》（カイツブリ）のように水に潜って死のう。）

読みたい史料

・『日本書紀』神功《じんぐう》皇后 摂政《せっしょう》元年二月条・三月庚子《こうし》条（五日）

読みたい本

・日本歴史編集委員会『恋する日本史』（吉川弘文館、二〇二一）内「古代史はLGBTを語れるか」
・長野まゆみ『よろづ春夏冬中』内「花のもとにて」

7・戦の神としてあちこちで祀られている！　応神《おうじん》天皇

@軽島豊明宮《かるしまのとよあきらのみや》（軽島明宮、奈良県橿原市大軽《おおかる》町）
&難波大隅宮（大阪府大阪市東淀川区大隅）

✿寵した人物：御友別《みともわけ》・菟道稚皇子《うじのわきいらつこ》

応神《おうじん》天皇は、第十五代目の天皇で、神功皇后が征討から帰国した後、忍熊王《おしくまおう》らを征討する直前に九州で産んだ皇子である。神功皇后三年に立太子したものの、六十九年間も神功皇后が称制《しょうせい》していたので、即位もかなりの年だったと考えられる。その後四十一年間在位し百十歳で崩御したとされる。今の一年は当時の二年相当なら、三十代半ばでの即位&五十五歳での崩御になるだろうか。そもそも父親が仲哀天皇なのか疑いたくなるが…。

この応神天皇の宮は、軽島豊明宮《かるしまのとよあきらのみや》という橿原神宮《かしはらじんぐう》前駅から東南東《とうなんとう》に少し行ったところになる。大軽《おおかる》町にある、小高い丘になっている所で、住宅地に囲まれて、春日神社と法輪寺があるあたりだ。春日神社には、宮跡の碑が建てられている。神社の隣の法輪寺は軽寺《かるでら》という寺の跡地でもある。僧旻《そうみん》と共に国博士《くにのはかせ》となった高向玄理《たかむこのくろまろ》が建てた寺が軽寺で、高向玄理は「賀留之大臣《かるのおとど》」とも呼ばれたらしい。寺の敷地は地域の集会所にもなっている。

「軽」は孝徳天皇や文武天皇などの名前でもあるが、木梨軽皇子《きなしのかるのみこ》と軽大娘《かるのおおいらつめ》皇女という、応神天皇の曾孫《ひまご》にあたる同母兄妹が、同母であるのに恋に落ちてしまい、軽大娘皇女が伊予に流されたなんていう逸話もある。木梨軽皇子は相当顔立ちが整っていたようで、見る人がみな自然と好きになったとかなんとか。軽大娘《かるのおおいらつめ》皇女も衣通郎女《そとおりのいらつめ》というのが別名で、衣越しにその美しさが透けているというネーミングである。かなり美麗な兄妹であったのだろう。おそらく四名ともなにかしら「軽」の地に縁があるための名前と考えられる。

さて、西日本の統一はこの頃までにされたようで、応神天皇は国内旅行に出かけている。淡路島から今の岡山県に移動した時に御友別《みともわけ》という人物がやってきた。「謹惶《かしこまりつかえまつる》侍奉之状。而有悦情《よろこびたまふみこころ》」と、このことを喜んで、応神天皇は御友別とその親族に吉備の土地を与えている。

応神天皇は末っ子の菟道稚皇子《うじのわきいらつこ》を寵愛して皇太子とした。末っ子を跡継ぎにしたい応神天皇は、兄二人に「上の子と下の子とどちらが可愛いか」を尋ねたという下りがあるが、既に天皇の意向は決定しており、兄らは皇太子の補佐とされた。ほどなく応神天皇は崩御する。

応神天皇陵として比定されている陵墓は、世界遺産にもなった百舌鳥《もず》・古市《ふるいち》古墳群の、古市古墳群内で最大の規模の古墳である。陪塚《ばいちょう》も4つはあり、宮内庁の管理事務所まで隣にあるのだ。実はホンダワケノミコトとして、神功皇后と共に神社に祀られていることも多い。

王仁《わに》・阿知使主《あちのおみ》・弓月君《ゆずきのきみ》などは、古代に帰化した渡来人として有名だが、彼らはこの応神天皇の時代に渡来したとされる。

読みたい史料

- 『日本書紀』応神《おうじん》天皇二二年九月丙戌《へいじゅつ》条（六日）・庚寅《こういん》条（十日）
- 『日本書紀』仁徳《にんとく》天皇即位前紀《そくいぜんき》

8・名前が雀？　仁徳《にんとく》天皇

＠難波高津宮《たかつのみや》（大阪府大阪市天王寺区餌差町《えさしまち》か大阪市中央区法円坂《ほうえんざか》）

✿寵した人物：
菟道稚皇子《うじのわきいらつこ》・木菟宿祢《つくのすくね》

仁徳天皇陵（大仙《だいせん》古墳）を聞いたことがない人はいないのではないだろうか。大阪の堺にある日本最大の古墳である。ここの被葬者（埋葬された人物）として比定《ひてい》されているのが仁徳天皇である。前項でも書いたが、世界遺産となった百舌鳥《もず》・古市《ふるいち》古墳群の内、百舌鳥古墳群の最大の古墳にもあたる。隣の一回り小さい古墳は、息子で次代を継いだ履中《りちゅう》天皇の陵とされている。

前項の通り、仁徳天皇の父の応神天皇は末っ子の菟道稚郎子《うじのわきいらつこ》を寵愛して皇太子とした。しかし菟道稚郎子は結局即位せず、皇太子の補佐とされた大鷦鷯尊《おおさざきのみこと》が皇位を継ぐ。その過程がなんだか兄弟愛に溢れる描写なのだ。いや、兄弟愛以上の何かを感じる関係性があるような…というのは妄想だが、菟道稚郎子と大鷦鷯尊は、他の兄弟よりも良かったようだ。

父の応神天皇は末っ子の菟道稚郎子を後継者としていた。しかし実際に応神天皇が崩御すると、長男の大山守命《おおやまもりのみこと》は菟道稚郎子から皇位を奪おうとした。それを知った菟道稚郎子は大山守命をだまして川で溺死させたが、大鷦鷯尊に皇位を譲ろうとする。ここから菟道稚郎子と大鷦鷯尊の三年間もの皇位の譲り合いが起き、天皇に献上すべき貢ぎ物の届け先はどちらの住まいが適切か、貢ぎ物を持ってきた海人がたらい回しにされて困り果てる逸話もある（生ものは腐る…ということだ）。菟道稚郎子は名前の通り菟道（宇治）に縁があり、菟道稚郎子の墓の比定地も宇治にある。兎の神社として有名な宇治神社・宇治上神社も菟道稚郎子が迷った際に兎に導かれてこの地に住んだという逸話《エピソード》があり、菟道稚郎子の離宮「桐原日桁宮《きりはらのひけたのみや》」ともされる。宇治上神社は現存最古の神社建築として建築史では超有名である。本殿は一間社流造《いっけんしゃながれづくり》という建築形式で、小さな神社三つが一つの覆い屋で覆われて一つの建物に見えるという特徴がある。

驚いたことに、皇太子とされていたはずの菟道稚郎子は自ら死を選ぶのだが、自殺の知らせを聞いた大鷦鷯尊は菟道稚郎子のもとにかけつけ、遺体にまたがって泣き叫ぶ。すると一時蘇生して、大鷦鷯尊が即位するようにとの遺言を残して菟道稚郎子は亡くなってしまう。大鷦鷯尊は大変悲しむが、結局即位することとなった。ここの描写の熱さはなんといっても倒れた弟に乗りかかって、名前を呼ぶ大鷦鷯尊だろう。菟道稚郎子は記録に残る妻子もいなかった。そのあたりも少々の妄想をしたくなる。

大鷦鷯尊《おおさざきのみこと》には木菟宿祢《つくのすくね》という親しい家臣がいた。この二人は同日に生まれたが、大鷦鷯尊と木菟宿祢の産所に、それぞれ瑞鳥があった。鷦鷯《さざき》はミソサザイという鳥（スズメの仲間一種）の名前で、木菟《つく》はフクロウのことであるが、ミソサザイが木菟宿祢の産所に、フクロウが大鷦鷯尊の産所に現れた。この話から、親同士（応神天皇と武内宿祢）の取り決めで、名を交換して大鷦鷯尊と木菟宿祢としたという。スズメとフクロウが名前ってどうなんだろうか…という気もするが、縄文時代は野生の動物を神と考える文化も存在したそうなので、その系譜なのかもしれない。武内宿祢は何代にもわたって天皇家に仕えたと考えられる人物で、襲名《しゅうめい》の可能性が高い。この木菟宿祢は平群臣《へぐりのおみ》の始祖《しそ》となった人物で、実は応神天皇の時の新羅征討にも功績があった内の一人でもある。

仁徳天皇の宮は難波高津宮という。現在難波宮として史跡保存されている場所の西南二km弱の所、高津《こうづ》高校の敷地の中に高津宮址《たかつのみやあと》の石碑がある。大阪城の西南三km位でもある。石碑から西に少し歩くと東高津宮《ひがしこうづぐう》、更に西に進み、坂を下る途中に高津宮《こうづぐう》がある。仁徳庭園や、仁徳天皇が国見をした絵馬も掲げられる絵馬殿まである比較的大きな神社である。これら点在するいくつかが、それぞれ宮であったなら、かなりの規模になるが、それもありえないことではない。…都の形成まではいかずとも、それぞれ少し離れた離宮や別邸があったのかもしれない。

「難波津《なにわづ》に　咲くやこの花　冬ごもり　今を春辺（はるべ）と　咲くやこの花」という歌は、百人一首の競技かるたの冒頭によみあげられる歌として知る人もいるかもしれない。この歌は紀貫之《きのつらゆき》の書いた『古今和歌集《こきんわかしゅう》』仮名序《かなじょ》では、王仁《わに》が大鷦鷯尊《おおさざきのみこと》に献上した歌とある。『日本書紀』にはそういった記載はないが、この歌は、山田寺の土器や、習書木簡《しゅうしょもっかん》などに墨書される例があり、かなり古くから一般に暗唱され親しまれていたと考えられている。筆者としては大変親しみを覚える歌でもある。もし、『古今和歌集』の記載が正しければ、この歌は上記の高津宮《こうづぐう》で献上されたのかもしれない。高津宮《こうづぐう》にはこの歌の歌碑まである。ただ、『古今和歌集』が編纂《へんさん》されたのは平安時代中期の十世紀頃であるので、七世紀とは結構タイムラグもある。

即位前紀の冒頭には、大鷦鷯尊もイケメンであったとの描写があるが、きっと菟道稚郎子はそれを凌《しの》ぐ美しさがあったのでは…と妄想してみるのも面白い。

宇治神社

読みたい史料

・『日本書紀』仁徳《にんとく》天皇即位前紀《そくいぜんき》
・『日本書紀』仁徳天皇元年正月己卯《きぼう》条（三日）

9・弟ラブ♥！　履中天皇《りちゅう》

＠磐余稚桜宮《いわれわかさくらのみや》（奈良県桜井市谷か桜井市池之内）

✿寵した人物：
瑞歯別皇子《みずしわけ》（後の反正天皇《はんぜい》、同母弟）

履中天皇は、仁徳天皇の息子で後継者でもある。父仁徳天皇（大鷦鷯天皇《おおさざき》）の崩御後、即位前に仲《なかの》皇子が反乱を起こした。仲皇子をその近習である曽婆訶理《そばかり》（隼人《はやと》）を利用して誅殺したのが、同母弟の瑞歯別皇子（後の反正天皇）である。自らの即位の手助けをしたことが理由で、弟王を「敦く寵」し、村と屯倉《みやけ》を賜った。

仲皇子は履中天皇を殺そうとまでしており、その危機一髪の時に、即位前の皇太子（履中天皇）を助け出した人物の一人として、木菟宿祢《つくのすくね》（木菟はコノハズクのズクからツクなのか、フクロウとされる）の名が見える。父仁徳天皇（大鷦鷯《おおさざき》天皇）と名前を交換したとして紹介した人物だ。

履中天皇は、倭の五王の一人（倭王讃《さん》）に比定され、実在したとされる。宮は磐余稚桜宮《いわれわかさくらのみや》とあり、今のＪＲ桜井駅から南に三百五十ｍほどのあたりにある若桜神社の手前あたりとされる。後に用明天皇が宮を置いた場所は現在の石寸山口神社《いしきやまぐちじんじゃ》の付近と推定されるが、その場所の二百ｍ東でもある。（但し、間に土舞台と呼ばれる高台がある。）また、聖徳太子が若い頃に住んだ邸と推定される上の宮《うえのみや》遺跡も南に五百ｍ程度の場所である。

履中天皇は、大津皇子の辞世の歌で有名な磐余池を造ったとされる。磐余池跡は、現在も田畑となっているものの、かつて池だった地形は如実に分かる。この磐余市磯《しき》池で船遊びをしている時に、杯《さかずき》に季節はずれの桜の花びらが舞い落ちたことから、宮名を磐余稚桜宮としたとされる。磐余池跡近くの稚桜神社も履中天皇の宮跡の候補の一つだ。鳥居から社まで登っていくと、全国各地の神々が勧請されている。飛鳥坐《あすかいます》神社に似た地形だ。高台にあった宮だったイメージが湧きやすい。この説話を元に桜を等弥《とみ》郷の清水の湧き出る泉のほとりに植えたという伝説があり、これが「桜の井戸」、すなわち現在の桜井市の地名の起こりとされている。雅な逸話である。
治世では初めて諸国に国史《ふみひと》を置き、四方の志《ふみ》（＝国内情勢に関する報告書）を編纂《へんさん》させ、また、蔵職《くらのつかさ》を建て、蔵部《くらひとべ》を定めたとか。風土記《ふどき》の前身にあたるものの編纂を命じたり、物品保管の専従《せんじゅう》者を設置したりしたということだろう。

比定される陵は父仁徳天皇陵の隣にある履中《りちゅう》天皇陵で、百舌鳥《もず》・古市《ふるいち》古墳群の百舌鳥古墳群で二番目に大きい前方後円墳である。整備された眺望《ちょうぼう》所から形をなんとなく知ることができる。この仁徳天皇陵と履中天皇陵は、海岸線のすぐ近くに造営されたことが分かっている。外国からの使節に偉容《いよう》を見せつけるためと考えられている。現在は堺《さかい》の街の中、それなりに内陸にあるように見えるが、地形の変化や改造によるものだ。

履中天皇の後継者となったのは、同母弟で反乱した仲皇子を殺害した瑞歯別《みずしわけ》皇子である。実は兄弟継承《けいしょう》はこれが初めてとされる。

読みたい史料

・『日本書紀』履中《りちゅう》天皇即位前紀《そくいぜんき》

10・姉妹を同時に娶った酷い奴？　允恭天皇《いんぎょう》

@遠飛鳥宮《とおつあすかのみや》（奈良県高市郡明日香村飛鳥《あすか》）

✿寵した人物：烏賊津使主《いかつおみ》

允恭天皇は、衣通姫《そとおりひめ》の伝説が有名だろうか。衣通姫は、允恭天皇の妻の一人で、衣を通り抜けて光っているほど美しいと噂がある女性であったが、允恭天皇の即位を強く後押しした皇后忍坂大中姫《おしさかのおおなかつひめ》の妹であった。

当初は姉と同じ人に嫁ぐことを理由に拒否したが、允恭天皇が遣わした烏賊津使主《いかつおみ》が承諾してもらえるまではこの場を動きません！と庭に伏して動かなくなってしまった。懐に糒《ほしいい》を隠し持っていたが、これでは天皇の家臣が死んでしまう…とついに入内《じゅだい》を承諾した。烏賊津使主《いかつおみ》は確かに允恭天皇に都合良く動いて「寵」されたのではあるが、皇后忍坂大中姫や衣通姫《そとおりひめ》の気持ちを考えなさ過ぎているのではないだろうか。允恭天皇は飛鳥に宮があったと考えられているが、衣通姫《そとおりひめ》は姉に遠慮して今の大阪府泉佐野市とされる茅渟宮《ちぬのみや》に住んだというし、『日本書紀』はこんなところにも、ちょいちょい男尊女卑《だんそんじょひ》思想が紛れ込んでいる気がする。天皇という権力者の妻になって、経済的に恵まれた暮らしはできたのかもしれないが…。ちなみに『古事記』の方が男尊女卑は弱めな表現であるという研究もされるようになって来ている。酷い奴？と書いたが、性的嗜好の内、ポリアモリーという嗜好が天皇など有力男性の常識とされていたのが、前近代の価値観でもある。同じ父母から生まれた姉妹を一人の天皇が妻とする例は、実は珍しくない。後述する天武天皇も、鸕野讃良皇女（持統天皇）とその姉の太田皇女を共に妻としている（太田皇女が若死にしたため、妹の鸕野讃良皇女が皇后となり、後に即位までした）。

また、前述の応神天皇宮跡の軽に関係するとした木梨軽皇子と同母妹の軽大娘《かるのおおいらつめ》皇女もこの允恭天皇の子供である。木梨軽皇子《きなしのかるのみこ》は非常に美しく、立太子されていたが、妹と通じた事件によって、後継者とはならず、木梨軽皇子の弟が安康《あんこう》天皇として即位した。

允恭天皇の宮は、遠飛鳥宮とされている。今の奈良県高市郡明日香村《あすかむら》飛鳥《あすか》あたりとされるが、石碑などは不明である。飛鳥はこの後、推古天皇をはじめとする多くの天皇の宮となったことが明らかであるので、允恭天皇の宮は有名ではない。個人的には紹介しても良いと思うが、有名度に対する予算の関係もあるだろうか。

允恭天皇陵は、世界遺産の百舌鳥《もず》・古市古墳群の内の古市古墳群の一つである。応神天皇陵の北北東に位置する前方後円墳で惣社南《そうじゃみなみ》という交差点の少し南側に入口がある。拝所までかなりの歩行距離があり、拝所付近は住宅が建て込んでおり、近くに入口はない。仲哀天皇陵が同じ位の大きさで、応神天皇陵ほどではないが、かなり大きな古墳である。

読みたい史料

・『日本書紀』允恭天皇七年十二月壬戌《じんじゅつ》朔《ついたち》条（一日）

11・残酷な割に臣下が後追い自殺！　雄略《ゆうりゃく》天皇

@泊瀬朝倉宮《はつせあさくらのみや》（奈良県桜井市岩坂か桜井市池之内）

✿寵した人物：
史部の身狭村主青《むさのすぐりあお》・
桧隈民使博徳《ひのくまたみのつかいはかとこ》、
秦造酒《はたのつくりさけ》（秦酒公《はたのさけのきみ》）、隼人《はやと》

雄略天皇は名前の通り、武力をもってかなりの親族を制圧し、天皇となった。その中には狩に誘い出して射殺すというような、だまし討ちのようなものもあり、なかなか酷《ひど》い。誤って人を殺すこともあり、荒々しい天皇であると言われたとか。

雄略天皇の宮とされる泊瀬朝倉宮《はつせあさくらのみや》は、奈良県桜井市岩坂か桜井市池之内とされる。現在は白山比咩《はくさんひめ》神社とされている。神社の東側に沿うように堀のような水路があり、もしこれが古代からあったなら、宮を囲んで敵に備えるための堀であったかもしれない。

そんな雄略天皇であるが、「寵」した人物もいたという。それが史部の身狭村主青《むさのすぐりあお》・桧隈民使博徳《ひのくまたみのつかいはかとこ》の二人で、呉への使いとして二度派遣されている。彼らは朝鮮系漢人の渡来人と推定されている。また同じ渡来人の秦造酒《はたのつくりさけ》（秦酒公《はたのさけのきみ》）も「愛寵」して、それまで秦の民がバラバラで秦氏として統一することが許されていなかったものを、特別に許したという。

雄略天皇が崩御した際の逸話を紹介しよう。これが雄略天皇の逸話《いつわ》で一番「男同士の絆」で萌えられる話だが、雄略天皇が崩御した際に仕えていた隼人が「哀号《かなしみおら》」び、食べ物を与えても食べずに七日後に死んだという。このため、陵の北に塚を造って礼を尽くして墓としたという。雄略天皇陵は古市古墳群の中に比定地がある。そしてその北側になんと隼人塚古墳というものまであるのだ。雄略天皇陵は広めの周濠に囲まれ、その北側二十m程度であろうか。なんと塚よりも高い民家に九十五%囲まれてしまって、遠景から確認できない。どころか、民家の間をすり抜けて入っていかねば辿り着くことができない。しかし、確かにいまも宮内庁が管理している。石碑が立てられ、柵で囲われている。…入口はもはや近所の人に聞くしかないだろう。しかし、確かに殉死までするほどの絆をもった隼人《はやと》がいたのである。絶食した事実からはその殉死《じゅんし》が自発的であったことが分かる。この隼人塚にキュンとする人もそれなりに多いのではないだろうか。

こうしてみていると、雄略天皇は『宋書《そうじょ》』に登場する倭の五王の一人「武」に推定される、つまり外国に名が知られた王であるだけあって、外国に通じている感じがする。寵愛したのも渡来人であるし、殉死したのも隼人の一人である。隼人は今の南九州で勢力を持っていた人々で、景行天皇の皇子のヤマトタケルミコトが征討したことになっている「熊襲《くまそ》」が「隼人」なのではないかともされる。隼人は奈良時代に反乱を起こして制圧されたと『続日本紀』にあるが、異なる民族である感覚があったのは確かだろう。今でも南九州の博物館（例えば、宮崎の西都原《さいとばる》考古博物館や、鹿児島のCocco《ここ》はしむれ等）では隼人びいきといって過言ではない展示がかなり多い。

読みたい史料

- 『日本書紀』雄略《ゆうりゃく》天皇二年十月是月《このつき》条
- 『日本書紀』雄略天皇十五年是年《このとし》条
- 『日本書紀』清寧《せいねい》天皇元年十月辛丑《しんちゅう》条（九日）

12・元祖アルビノ？　清寧《せいねい》天皇

@磐余甕栗宮《いわれみかぐりのみや》（奈良県橿原市東池尻町）

✿寵した人物：
弘計王《おけ》（顕宗《けんそう》天皇）・億計王《おけ》（仁賢《にんけん》天皇）

清寧天皇は、跡継ぎがいなかった。和風諡号《しごう》（和風の名前）に「白髪」と入っているのは、生まれつき白髪だったためのようだ。今でいうアルビノだったということだろうか。子供がいないため、自身の名を残そうと「白髪」を含んだ名称を土地に命名したとか。

清寧天皇は、雄略天皇の子で雄略天皇崩御の前年に皇太子に定められた。ただ、即位前には異母兄弟の星川皇子の反乱もあったらしい。

反乱を鎮めたものの跡継ぎがいなかったため、ハトコにあたる二人のオケの皇子（億計《おけ》&弘計《おけ》、後の仁賢天皇・顕宗天皇）が見つかった時には大変喜んだ。二人の皇子を殊に「寵《めぐ》」んだという表現が使われている。

とはいえ、清寧天皇の父親の雄略天皇は、この二人の皇子の父である市辺押磐皇子《いちのへのおしはのみこ》を狩に誘い出して射殺している。皇子が殺されて悲しむ舎人の佐伯部仲子《さえきべなかちこ》も共に殺害し同じ穴に埋めたという。理由は自身が即位するためだった。二人の皇子は難が及ぶのを避けるために播磨の国に身を隠すことになったのだ。身を隠していた皇子たちの所在が分かったことを喜び、跡継ぎに定めるというのはやはり珍しいことだろう。この話には少し続きがあるので、次項でまた扱いたい。

なお、彼らの姉妹に飯豊皇女《いいどよのひめみこ》という女性がいる。彼女はもしかしたらアセクシュアルの初見かもしれない。女の道を知った（男性と一度セックスをしたの意）が、もう二度としたくないという意図を表明したなんて『日本書紀』に書かれているのだ。近年話題の『夫のチンポが入らない』でも扱われるが、身長と同じで身体の大きさには個人差が大きい。また、性的な物事は漫画やＡＶ（アダルトビデオ）で学んだという人も多いと思うが、そういったコンテンツは誤ったイメージを植え付ける根源になっていることも多い。全ての人が性的接触を望んでいるという誤った思い込みは早急に改められてほしいと考えている。

清寧天皇は、まだ若いのに五年の治世のみで崩御したという。清寧天皇陵として比定されているのは、古市古墳群の最南端にある古墳である。

跡を継いだのは、上記の二人のオケの皇子（億計&弘計）なのだが、この二人は皇位を譲り合っていて、すぐには即位しなかったらしい。その間に誰が政治をとっていたかというと、彼らの姉妹の飯豊皇女ということになっているのだ。実質的に支配していたのが女性であった期間がここにもあるということは、意識しておいて良いだろう。

なお、譲り合っていた兄弟は弟が先に即位して仁賢《にんけん》天皇となり、弟の死後に兄が顕宗《けんそう》天皇として即位した。弟の方が政治力に優れていたからというのが理由だそうで、顕宗天皇の跡は仁賢天皇の子供が継ぐことになった。これが武烈天皇というのだが、残虐な行いが多いことで有名で、結果的に再び子孫を残さなかった。無意味に人を殺したり、残虐に殺したりした天皇は子孫が続かないような傾向はあると思う。

読みたい史料

・『日本書紀』顕宗《けんそう》天皇二年八月己未《きび》朔条（一日）

13・本家を顕す？　顕宗《けんそう》天皇

@近飛鳥八釣宮《ちかつあすかやつりのみや》（奈良県高市郡明日香村八釣か大阪府羽曳野《はびきの》市飛鳥）

✿寵した人物：来目部小楯（磐楯《いわたて》）・億計《おけ》王（仁賢《にんけん》天皇）

顕宗天皇は、前項の二人のオケの皇子（億計&弘計）の一人である。「本家を顕す」とは、本来、正統として皇位を継ぐはずだったと、平安初期に淡海三船《おうみのみふね》が考えていたことによるだろう。弟の子供に皇位を譲ることになった人である。

この顕宗天皇は、前述の通り、父の市辺押磐皇子《いちのへのおしはのみこ》が雄略天皇の計略にかかって亡くなった（雄略天皇は即位前に有力なライバルであった市辺押磐皇子を狩に誘い出して射殺した）際に、仕えていた皇子が殺されて悲しむ帳内《とねり》（舎人）の佐伯部売輪《うるわ》も射殺して同じ穴に埋められていた事を、怨《うら》んでいた。このため、別に埋葬することを試みたのだ。埋葬当時を知る老嫗《ろうおうな》を探し出してその穴を掘り返したところ、皇子と佐伯部売輪の二人の骨が混ざっており、億計は「臨　穴《あなにのぞみて》哀號《さけび》。言　深　更　慟《ことねんごろにまたまどひます》」と穴をのぞき込んで、哀しみ叫び、「泣哭憤惋《いさちなきいたむ》（泣いて悼む）」んだと『日本書紀』は記す。市辺押磐皇子の乳母《めのと》の記憶によって、頭蓋骨は分別できた（佐伯部売輪は上の歯がなかった…老人であったか、抜歯の風習によるものかだろう）が二人の骨を完全に分別することはできなかったという。このため、同じ形の墓を二つ並べて造ったという。皇子と従者であるが、墓の様子はなんというか夫婦墓のようなイメージでもある。ＤＮＡ鑑定などできない時代にはこうするしかなかったとはいえ、なんだか市辺押磐皇子と帳内《とねり》の佐伯部仲子の絆の深さを感じてしまう。彼らの墓は滋賀県東近江市市辺町にある。また近侍する役目としてのトネリ（帳内・舎人）という役目は帳内に仕える人、舎に仕える人という意味合いでの漢字だろうから、役目自体がホモソーシャリティやブロマンス的な要素を含んでいる名称に感じる。実際に訪れると、皇子と仲子の墓は、確かに形は同じなだらかな丘形だが、大きさが異なり、これが夫婦墓ではなく、身分差のある二人の墓と分かる。直径は十五ｍとされ、キトラ古墳の下段十三・八ｍより大きいとあるが、（整備後のキトラ古墳よりも、かなり近寄れることもあり、）大きい方の皇子の墓もキトラ古墳よりは一回り小さく見える。

来目部小楯（磐楯）を「寵愛」した逸話も忘れてはいけないだろう。来目部小楯（磐楯）は、清寧天皇の大嘗供奉《おおなめぐぶ》の料を調達するため、国宰《くにのみこともち》として播磨国赤石《あかし》郡に赴いた。国宰は、大嘗祭《おおなめさい》（天皇が即位してから初めての新嘗祭という五穀豊穣《ごこくほうじょう》を祈る儀式）に備えるための準備をするための臨時的な役職であるが、播磨《はりま》国司でもあるので、現在の兵庫県知事といった立場である。ここで、赤石郡縮見屯倉《しじみみやけ》首《おびと》忍海《おしぬみ》部造細目の新築祝いの宴に出席した際に、奴僕《ぬぼく》に身をおとして潜んでいた二人のオケ皇子を見出して、清寧天皇の皇嗣《こうし》として大和に迎えるのに尽力した。この功績が大きく評価され、山官《やまのつかさ》に任じられ、姓を山部連《やまべのむらじ》と改め、吉備臣を副とし、山守部をその部曲《かきべ》として、「寵愛《めぐみうつくしび》殊絶《すぐれ》（殊更に優れ）」、その富は並ぶものがない待遇を与えられた。酒宴で舞を舞った際に歌った歌の内容によって、この人は本当に皇室の跡継ぎと確信したというから、なかなかの観察眼の持主ということになる。恩人として、即位後に厚遇を受けるのは当然のことであるといえるだろうか。

さて、二人のオケ皇子の内、先に即位した弟の仁賢天皇は雄略天皇への恨みを晴らすためもあり、二王の父押磐皇子を殺した狭狭城《ささき》山君《やまぎみ》韓帒《からふくろ》を殺害しようとした。そのことを兄の顕宗天皇に相談したところ、死刑は留められ、陵戸《りょうこ》として山部連に隷属《れいぞく》させるようにしたという逸話がある。山部連は来目部小楯《くめべのおだて》であるので、彼の奴隷としたことになる。顕宗天皇は、弟の億計王（仁賢天皇）と皇位を譲り合ったことになるが、弟の死後に一時的にせよ即位したのはこの

磐坂市辺押磐皇子墓

あたりの人徳があるためもあったのだろう。

顕宗天皇の宮跡は今の奈良県高市郡明日香村八釣《やつり》か大阪府羽曳野市飛鳥にあった近飛鳥八釣宮と推定されている。明日香村の比定地は、飛鳥の中でもかなりの高台に位置する。藤原鎌足の生誕地の近くで、現在は弘計皇子《おけのみこ》神社がある位置と考えられている。神社は低地側の西を正面とし、細い水路を南側に配して守りを固めることもできる地形で社が建てられている。大阪府羽曳野《はびきの》市飛鳥は今の上ノ太子《かみのたいし》駅の付近である。飛鳥戸《あすかべ》神社という小さな神社があるが、独立した小さな社の手前に、社の数倍の大きさの透明な扉のついた拝殿があるのは異色だ。神社の範囲だけ急な高台になっており、道を挟んだ北側に小さな川を配している。

顕宗天皇陵は、この二つの飛鳥よりも北に位置していて、奈良県香芝《かしば》市にある傍丘《かたおかの》磐坏丘《いわつきのおかの》南陵《みなみのみささぎ》というのが比定されている。二上山の北西にある。江戸時代までは、一km北の平野塚穴山《ひらのつかあなやま》古墳が顕宗天皇陵とされていたらしいが、明治に顕宗天皇陵とされるようになったという。

読みたい史料

・『日本書紀』顕宗天皇元年四月丁未《ていび》条（十一日）

14・福井から婿入り！　継体《けいたい》天皇

@樟葉宮《くすばのみや》（大阪府枚方市楠葉丘）
@筒城宮《つつきのみや》（京都府京田辺市多々羅都谷《たたらみやこだに》）
@弟国宮《おとくにのみや》（京都府長岡京市今里）
@磐余玉穂宮《いわれたまほのみや》（奈良県桜井市池之内）

✿寵した人物：馬飼首荒篭《うまかいのおびとあらこ》

継体天皇は、応神天皇の五世の孫とされ、天皇の血が五代ほど前に混じる血統である。男大迹王《おおどおう》として、近江の北部や北陸を拠点としていたが、五十七歳のとき、武烈天皇が崩御した歳に、継嗣《けいし》がなかったために、大伴金村《かなむら》や物部麁鹿火《あらかひ》らが男大迹王を天皇として、越前から迎えた。この時にたまたま知り合いであった馬飼首荒篭《うまかいのおびとあらこ》が密かに使いを送り、大伴金村（大臣）や物部麁鹿火（大連）たちが男大迹を天皇に迎えようとする本意を、二日三夜もの間、説明を行って、出発する決心を固めた。その際に、嘆息して、「馬飼首荒篭がもし使者を送らなければ、天下の笑いものになるところだった。世の人が、『貴賤《きせん》を論ぜず、ただその心だけを重んじよ』と言うのは、荒篭のような者を言うのだろう」と言い、即位後に馬飼首荒篭を厚く「寵遇」したという。

復原された今城塚古墳の空撮
（今城塚古代歴史館）

継体天皇の宮は、挙げた四つがある。治世を通して少しずつ奈良に近づく形で移動しているのだ。継体天皇として即位したのは、河内の樟葉宮《くすばのみや》

（大阪府枚方市楠葉丘）である。五年後に山背の筒城《つつき》（京都府京田辺市多々羅都谷）、十二年後に弟国《おとくに》（京都府長岡京市今里）、二十年後に大和国の磐余玉穂宮《いわれたまほのみや》、現在の奈良県桜井市池之内に都を定めた。即位前に大いに大伴金村らの本心を疑ったとあるところからも、身の安全を第一に考えてのことだろう。婿入りしてから南下して奈良に来たことになるが、京都周辺にいた時間が二十二年と長い。筒城《つつき》宮は今では同志社大学のキャンパスの一つの敷地内でもある。奈良県桜井市池之内の宮跡は磐余池跡にも近いが、現在は畑で珍しく石碑もない。

継体天皇は武烈天皇の妹、手白香皇女《たしらかのひめみこ》を皇后に立て、欽明天皇を儲けた。しかし、それ以前に別の妃（尾張目子媛《めのこひめ》）もおり、安閑天皇と宣化天皇を産んでいる。欽明天皇が即位したのは、安閑天皇と宣化天皇の後であるが、その下の代に続いたのは欽明天皇の血筋であった。

継体天皇陵は、比定されているのが、大阪府茨木市太田にある三嶋藍野陵《みしまのあいののみささぎ》であり、陪塚《ばいちょう》も九つがあることになっている。しかし、実際は今城塚《いましろづか》歴史公園のある、今城塚古墳が継体天皇であったと考えられている。今城塚には復原された埴輪《はにわ》が並び、比定地でないため、古墳の上まで登ることもできる。古墳に隣接する今城塚古代歴史館では、今城塚古墳の出土品（埴輪等）だけでなく、古墳に埋葬された石棺と人物や、古墳の造り方が立体模型《ジオラマ》で展示される。また、（権力や権威・他界観を表象する記念物が）古墳から寺院に変化していく展示の流れも分かりやすい。

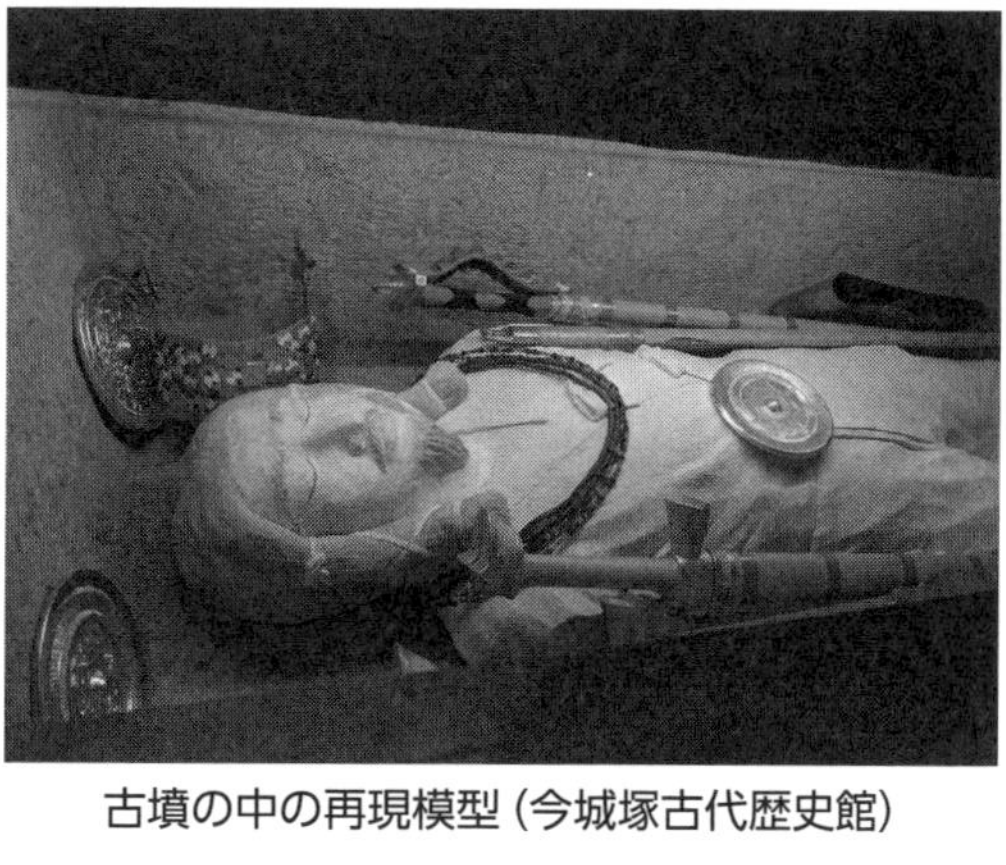
古墳の中の再現模型（今城塚古代歴史館）

読みたい史料

・『日本書紀』顕宗《けんそう》天皇即位前紀《そくいぜんき》
・『日本書紀』継体《けいたい》天皇元年正月丙寅《へいいん》条（六日）

第二章　飛鳥編 ②

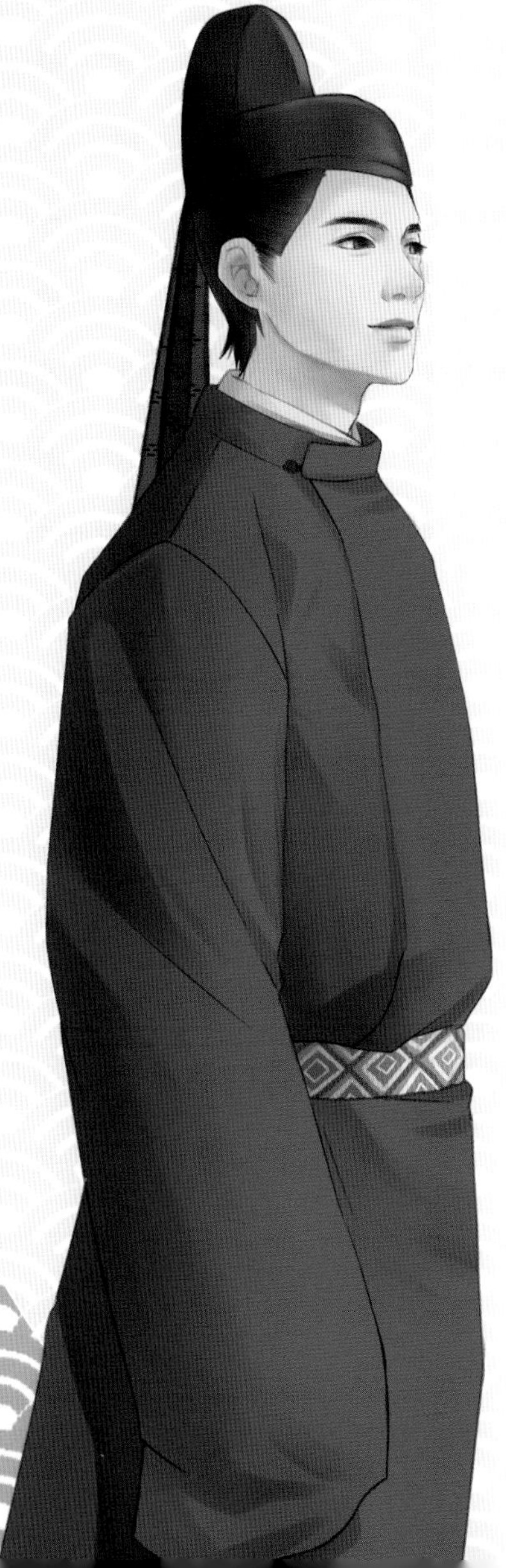

朝護孫子寺
烏土塚古墳
松尾寺
法輪寺
法起寺
中宮寺
藤ノ木古墳
法隆寺
斑鳩宮跡
大塚山古墳
島ノ山古墳
頭宗天皇陵
牧野古墳
乙女山古墳
巣山古墳
奥院
當麻寺
磐余玉穂宮(継体天皇④)
百済寺
磐余稚桜宮(履中天皇)
磐余甕栗宮(清寧天皇)
畝傍橿原宮(神武天皇)
本薬師寺跡
神武天皇陵
厩坂宮▲(舒明天皇)
植山古墳
宣化天皇陵
丸山古墳
軽島豊明宮(応神天皇)
平田梅山古墳
〈欽明天皇陵〉
岩屋山古墳
猿石
牽牛子塚古墳・越塚御門古墳
中尾山古墳
高松塚古墳
文武天皇陵
斉明天皇陵
岡宮天皇陵
市尾墓山古墳
宮塚古墳
キトラ古墳
藤原宮跡
亀石
橘寺
帯解寺
郡山城跡
窪之庄遺跡
柿本寺跡
田中宮▲(舒明天皇)
豊浦宮★(推古天皇)
纒向遺跡
石塚古墳
箸墓古墳
甘樫丘東麓遺跡
飛鳥寺西の広場と槻木
〈入鹿の首塚〉
磐余池★
大官大寺跡
山田寺跡
飛鳥寺
飛鳥池遺跡
酒船石遺跡
酒船石
岡寺
石舞台古墳
飛鳥京跡苑池遺構
菖蒲池古墳
天武・持統天皇陵
崇道天皇陵
正暦寺
円照寺
弘仁寺
東大寺山古墳
石上神宮
西山古墳
夜都伎神社
西殿塚古墳(衾田陵)
長岳寺
黒塚古墳
崇神天皇陵
櫛山古墳
景行天皇陵
纒向日代宮(景行天皇)
珠城山古墳・纒向珠城宮(垂仁天皇)
檜原神社
磐余池辺双槻宮▲(用明天皇)
訳語田宮▲(敏達天皇)
長谷寺
大神神社
磯城島金刺宮▲(欽明天皇)
金屋の石仏
磯城水籬宮▲(崇神天皇)
茶臼山古墳
忍阪段ノ塚古墳
〈舒明天皇陵〉
文殊院西古墳
鏡女王墓
花山塚古墳
メスリ山古墳
文殊院
聖林寺
赤坂天王山古墳
崇峻天皇陵〈倉梯岡陵〉
吉備池廃寺
百済大井宮(敏達天皇)
百済宮(舒明天皇)
倉椅柴垣宮▲(崇峻天皇)
談山神社
飛鳥岡本宮★(舒明天皇)
飛鳥板蓋宮★(皇極天皇)
飛鳥板蓋宮★(斉明天皇)
後飛鳥岡本宮★(斉明天皇)
飛鳥浄御原宮(天武天皇)
遠飛鳥宮(允恭天皇)
小墾田宮★(推古天皇)
小墾田宮★(皇極天皇)
飛鳥川原宮★(斉明天皇)
〈川原寺跡〉
天理市
桜井市
大和高田市
橿原市
香芝市
葛城市
御所市

第二章も飛鳥編の続きだ。この時期以降の天皇は、宮跡の石碑以上の様々な逸話《エピソード》が、現地の看板に残されていることも多い。主に宮は奈良の飛鳥、陵墓は大阪の百舌鳥《もず》・古市古墳群とされる天皇が多い。もちろん、本当にその天皇が埋葬されたのかの真偽については疑ってかかる必要があるが、とりあえず、地名は大概残っているので、地図には比定地を落とし込んでいる。

そもそも、なぜ、飛ぶ鳥と書いて、「あすか」と読むのか。万葉仮名でも「明日香」の方が相応しいのではないか。それは「とぶとりの」という言葉が「明日香」の枕詞だからなのだ。枕詞と言うのはある言葉の続きとして、用いることが多い和歌を詠む時のルールの一つだ。明日香という土地を讃える決まり文句として使われていた言葉の漢字が、地名にも取り入れられたらしい。

明日香村は今でも古代の史跡が多く残る。サイクリングが推奨されるが、とても一日では巡り切れない。奈良からもそれなりに距離があるが、休みにはかなりの回数を訪れたし、本書の執筆のためだけでも数回は、未踏の史跡を訪れている。そして、行く度に新たな発見があるのも事実だ。

近年は、史跡だけでなく、お土産物や、お洒落なカフェも増えてきているし、春には特産の苺フェアなども開催されている。「歴史×カワイイ」を大変評価するというか、そういった様々な楽しみ方が増えてほしいと考えて来ているため、こういった取り組みを継続的に進めている奈良はやっぱりすごいし、ずっと続けてほしい。そして、この本を手に取ってくれる方は、ぜひ何度でも訪れてほしい。

1・聖徳太子の唯一のおじいちゃん！　欽明《きんめい》天皇

@磯城島金刺宮《しきしまのかなさしのみや》（奈良県桜井市金屋・外山）

✿絆を持った人：秦大津父《はたのおおつち》・大伴金村《かなむら》・青海夫人勾子《あおみのおおとじのまがりこ》

欽明天皇は、仏教伝来の年に天皇であったとして、名前を習う天皇だろうか。仏教伝来は五三八年説と五五二年説があり、残念ながら欽明天皇が在位していた五五二年説は根拠が薄いということになっているが…。父親の継体天皇はそれ以前の天皇の直系ではなく五代前に傍系として分かれて続いていた子孫であったものが、直系男子が絶えてしまったために、北陸から召喚され、手白香皇女《たしらかのひめみこ》と結婚して、即位した。間に生まれたのが欽明天皇である。また、敏達天皇・用明天皇・推古天皇の父親でもあり、聖徳太子の唯一の祖父でもある。現在（令和）の天皇にもその血の一部は繋がっていることになっている。

欽明天皇の宮跡は、磯城島金刺宮《しきしまのかなさしのみや》と言い、奈良県桜井市金屋の外山にある。JR桜井駅から自転車で十分くらい平地を東に進んだ場所だ。金屋と外山のどちらにも仏教伝来の地という碑が立っているが、欽明天皇の宮跡としているのは、外山の方である。近くの高速道路の陰で晴れていても日陰という場所に碑がある。川の近くであり、ジメジメしている場所である。金谷と外山の二つの地は現在大和川という川が間にあり、このあたり一帯が宮と推定されている。川は流通の要所であるから、その近くに宮を置いた天皇は、外国からもたらされる先進的なものを最初に知ることができたのだろう。また、川は天然の要害にもなるだろうか。宮の選定地としては守りを重視したのかもしれない。三十年以上在位していたことになっているので、利便性を重視したということだろうか。

欽明天皇が寵愛したというのが、秦大津父《はたのおおつち》という人物で、なんと幼い頃に夢に出てきた人に「秦大津父を寵すれば天下を治めるようになるだろう」と言われ、探したところ、その名前の人を見つけたという。秦大津父は狼《おおかみ》のケンカを仲裁するような人物であったようだが、とりあえず側に近侍させ「寵」した。即位後には大蔵省を任せたという。財布を握らせるのはなかなかの寵愛ぶりである。

また、父継体天皇の即位にも尽力した長年の重臣、大伴金村の逸話も残る。新羅討伐を計画していた際に、それ以前に任那《みまな》併合の際に賄賂を受け取ったことを責められた大伴金村は、病を理由に朝廷に出仕しなくなっていたのだが、その理由を尋ねて青海夫人勾子《あおみのおおとじのまがりこ》（女性）を派遣した。とても懇ろな待遇をしたところ、理由は上記の大伴金村を悪くいう噂を気にしてのことであった。天皇は人の言葉を気にするなと伝え、大伴金村を一層寵愛したとある。しかし、これ以後、大伴金村は失脚したと考えられているため、この寵愛の対象は使いとして派遣された青海夫人勾子への寵を示す一文かもしれない。

欽明天皇陵は、近鉄の飛鳥駅の北東に自転車で五分程度の場所にある檜隈坂合陵《ひのくまさかあいのみささぎ》（梅山古墳）だ。隣の吉備姫王の檜隈《ひのくま》墓は猿石が五～六個あるので有名だ。この猿石は実は一つ、高取城に運ばれたようだ。山城の登る際の登城ルート（現在はハイキングコース）の途中にポツンとある。近世に移動されたのだろう。郡山城の石垣にはめ込まれた逆さ地蔵もそうだが、石の転用は気が付くと面白い。

高取山の猿石

読みたい史料

・『日本書紀』欽明天皇即位前紀　欽明天皇元年（五四〇）九月己卯《きぼう》条（五日）

2・史上初の「寵臣」が仕えた 敏達《びだつ》天皇

@百済大井宮《くだらおおいのみや》（奈良県桜井市大福《だいふく》か奈良県北葛城郡広陵町百済《くだら》）
@訳語田幸玉宮《おさださきたまのみや》（他田宮・磐余訳語田宮《いわれおさだ》、奈良県桜井市戒重《かいじゅう》）

✿絆を持った人：
三輪君《みわのきみ》 逆《さかう》

三輪君逆《さかう》という人物は、日本古代史では結構有名かもしれない。「寵臣」と『日本書紀』に記されるためもあってか、逆を取り上げた研究は意外とある。『日出処天子《ひいずるところのてんし》』なんて人としての聖徳太子を描いたことで有名な漫画にも出てくるし、小説でもなんだかんだ取り上げられている。

逆《さかう》の人生は忠臣の鑑《かがみ》のようなストーリーだ。敏達天皇の寵臣として唯一名前が見えることから、おそらく敏達天皇に近しく仕えていた。「内外の事」を委ねられていたとあるから、かなりの近しさだろう。敏達天皇が崩御した後、皇后炊屋姫（後の推古天皇）は殯《もがり》という儀式を行っていた。殯とは夫など親しい死者のために身を浄めて潔斎することを定められた期間で、数年に及ぶこともある。このために殯宮《もがりのみや》という建物も設置されていたことが分かっている。この当時、天皇が死ぬと宮の場所は移転したと考えられていて、それは天皇の死の穢れを新しい天皇が避けるためでもあったのかもしれない。自身の宮で天皇が崩御すると、その住まいである宮そのものを殯宮としたならば、合理的だろうか。もし敏達天皇の宮であったならば、それは奈良県桜井市戒重《かいじゅう》というところの春日神社に比定されている。この場所は、後に若くして持統天皇に死を命じられた大津皇子の邸宅として利用され、中世には南朝の拠点となり、近世には織田有楽斎《うらくさい》の四男長政に戒重陣屋《かいじゅうじんや》として利用された時期もあるらしい。今でも神社周りには邸らしい高まりが残されている。古代からは地形が変わっている可能性もあるが、元々、宮として使用されていた土塁などが近世にも使いやすいとして重ねて利用されることは、結構あり得ることでもある。（だから古代そのものが残っている遺跡は少ないのだ）…ちなみに、後世に同じ目的で使われ続けた土地は今でも古代の造作が残っていることもある。不破《ふわ》関所《せきしょ》付近の土塁などはその仲間だろう。

ともかくも、敏達天皇の皇后の炊屋姫《かしきやひめ》（後の推古天皇）は、亡くなった夫のために、殯を行っていた。ちなみにまだ次代の天皇は決まっていない。その際に、穴穂部皇子《あなほべのみこ》という次代の有力候補の皇子（推古天皇の従兄弟でもある）が男性立入禁止の殯宮に乱入しようとした。少なくとも炊屋姫（後の推古天皇）の許可が下りずに入場を拒否されてしまったのを、強引に押し入ろうとした。そこを力で引きとどめたのが、三輪君逆である。親しく仕えた天皇の妻を守る行動はごく当たり前ともいえる行動である。しかし、この行動によって、逆は穴穂部皇子の恨みを買い、計略を仕掛けられて攻め殺されてしまう。

逆を殺した穴穂部皇子は、その後、崇峻天皇を奉ずる炊屋姫と蘇我馬子らの反撃にあい、用明天皇二年六月に皇子は暗殺され、皇位に就くことはなかった。翌日、穴穂部皇子と「善《うるわ》」しい関係であったという、宅部皇子《やかべのみこ》（宣化天皇の皇子）も暗殺されている。

ちなみに上記の漫画では、厩戸皇子（聖徳太子）が穴穂部皇子を（超能力で簪《かんざし》を飛ばして）殺害し、それを問い詰めた宅部皇子を側にいた蘇我毛人が突き飛ばしたことで頭を打って亡くなったなんていう…大変読み応えのある描かれ方をしている。

この二人の皇子の墓の可能性があるとされるのが、法隆寺にほど近い（南大門から西に歩いて五分）藤ノ木古墳である。この古墳には大変珍しいことに、成人男性二人が同じ棺の中

春日神社（奈良県桜井市戒重）

に合葬されていたことが分かっている。しかも冠などの副葬品からはかなりの身分の人物であったことが容易に推定される皇子クラスの副葬品が発見された。「善《うるわ》」しい関係であった二人の皇子の墓が法隆寺の近くにあることを考えると、漫画のストーリーも信じたくなってしまう。

さて、敏達天皇は廃仏派ということでも有名だ。廃仏派の物部氏と親しく、崇仏派の蘇我氏とは一線を画していたのだろう。ただ、兄弟で敏達天皇崩御後に即位することになる、用明天皇や推古天皇は崇仏派だ。

敏達天皇陵は、兄弟姉妹でもある用明天皇や推古天皇（妻でもある）の陵墓にも近い。大阪府太子町の河内磯長《しなが》中尾陵《なかおのみささぎ》とされる。上の太子とされる叡福寺《えいふくじ》にも比較的近い。母である石姫皇后《いわのひめのこうごう》（宣化天皇の皇女・欽明天皇の皇后）と共に葬られているとか。母との合葬と聞くと、マザコンというイメージも浮かぶが、そうではなく、当時は同じ血縁の者が合葬されるのが普通だった。むしろ現代に一般的なイメージのある夫婦合葬は珍しいとされる。

読みたい史料

・『日本書紀』用明天皇元年（五八六）五月条

3・聖徳太子のお父さん！　用明《ようめい》天皇

@磐余池辺双槻宮《いわれいけべのなみつきのみや》（奈良県桜井市阿部）

✿絆を持った人：
鞍部多須奈《くらべのたすな》・厩戸《うまやど》皇子（聖徳太子）

用明天皇は、日本が国として仏教を受け入れるかどうか、内部対立が深まっていた時期の天皇でもある。また、かの有名な厩戸皇子（聖徳太子）の父親である。

聖徳太子は数多くの絵伝が残され、何歳の時に何をしたかが描かれる。大体、二歳の時の念仏（童子姿）、十六歳の時の孝養像（少年で、角髪《みずら》姿）、十七歳の時の摂政就任像（成人で官服姿）、三十五歳の時の講説像などが主であろう。絵巻物内の「聖徳太子」は大概赤い衣を着ているらしい。

中でも十六歳の時の孝養像は柄香炉《えごうろ》を手に持ったものが多いのだが、父親の用明天皇の病が良くなるように祈りを捧げた姿ということになっている。当時は仏教の僧侶による祈祷が有効な治療法でもあったとされているための香炉だろう。十六歳で父を亡くすとは、今考えると、なかなかシビアな経験である。十四歳で戦（蘇我方について排仏派の物部守屋を征討）に行っているし、十七歳で摂政になっているから、今よりだいぶ「まいた（早送りしたような）」人生な訳だが、当時の平均寿命を考えると、優秀ゆえに「早め」位の感覚であったのかもしれない。この用明天皇も天皇となってわずか二年での崩御である。生年が不明なので確かなことはいえないが、前代の敏達天皇は兄であり、四十七歳での崩御なので、三十代後半から四十代での崩御であったと推測してみたい。

結局、用明天皇は仏教を取り入れるが、それには崇仏派の蘇我氏との深い血縁関係もあったと思われる。用明天皇の后は間人皇后であるが、この夫婦は父が同じで母は同母姉妹かつ蘇我稲目の娘なのである。息子の厩戸皇子は、祖父は欽明天皇一人、祖母は同母姉妹という近親婚の結果生まれた皇子の一人でもある。この時代異母兄弟の男女が夫婦となることは珍しくないが、母が同母姉妹というのは異例である。『日出処天子』のように、聖徳太子が超能力体質であったという設定もありえたりして…なんて妄想してみるのも面白いかもしれない。同族婚自体は百五十年くらい前までは民俗学的には結構存在してきたようで、私自身も先祖の家系図を見て、驚いたこともある。

仏教を取り入れた用明天皇が危篤《きとく》となると、寺院の造営に深く関わったと考えられる鞍部多須奈《くらべのたすな》が、出家して修行し、丈六の仏像と寺を造ることを進言した。これを聞いて、天皇は自らの重体を悟ってか「悲慟《ひどう》」したという。この時造られた仏像が法隆寺金堂の仏の一つだろうと、光背《こうはい》の銘文《めいぶん》から考えられている。

用明天皇の宮は磐余池辺双槻宮《いわれいけべのなみつきのみや》とされている。現在の奈良県桜井市阿部とされる。ここはＪＲ桜井駅の南西二㎞程度の位置にある。阿部文殊院なども近いが、聖徳太子が二十年ほど住んだ宮跡と推定される場所（上の宮遺跡）とも近い。聖徳太子と言えば法隆寺が有名だが、それは十九キロも北西に位置している。若い頃はこのあたりに住んでいて、十四歳の時の物部守屋との戦や、十六歳での父用明天皇の病平癒の祈祷はここで経験したのだ…など思いを馳せてみるのも面白い。

結局、用明天皇は亡くなり、磐余池上陵に葬られたが、のちに河内磯長《かわちしなが》に改葬された。近くに聖徳太子と妃らの墓（聖徳太子と前後して亡くなった母穴穂部間人《あなほべはしひと》皇女と妃膳大娘《かしわでのおおいらつめ》（膳部菩々美郎女《かしわでのほほきみのいらつめ》）の三方を合葬）もあり、聖徳太子が推古天皇の摂政をつとめた時期（五九三〜六二二頃）に、上宮王家が桜井より西、今の百舌鳥古墳群あたりに移したと考えられる。推古天皇の宮は飛鳥あたりであるため、海に近い土地にも拠点を置いたともいえるだろうか。ただ、百舌鳥古墳群の古墳の年代は考古学的には、百年〜二百年も年代が前とのことで、聖徳太子の墓のある叡福寺《えいふくじ》（大阪府太子町、百舌鳥古墳群の近く）の裏山の古墳も本物と断言はできない現状である。

読みたい史料

・『日本書紀』用明天皇二年（五八七）四月丙午《へいご》条（二日）
・『日本書紀』推古天皇元年（五九三）四月己卯《きぼう》条（十日）

読みたい本

・和宗総本山四天王寺、大阪市立美術館、サントリー美術館、日本経済新聞社編　千四百年御聖忌記念特別展『聖徳太子　日出づる処の天子』展図録二〇二一

番外・なんと師匠が後追い自殺！ 聖徳太子

@上之宮《うえのみや》遺跡（奈良県桜井市）

✿絆を持った人：高句麗《こうくり》僧の恵慈《えじ》

聖徳太子と男同士の絆は、『日出処天子《ひいずるところのてんし》』という一九八〇年の漫画で書き尽くされたと言っても過言ではないだろう。この漫画、恋愛はフィクションであるが、事件や結婚は、史書にあるものをきちんと取り扱っており、歴史の勉強にもなる位、緻密な描き方である。恋愛はフィクションなので、聖徳太子と蘇我毛人《えみし》（蝦夷）が恋愛めいた関係にあるストーリーだが、その証拠は（残念ながら）ない。蘇我毛人の妹の刀自子《とじこ》は聖徳太子の妻で、山背大兄《やましろおおえ》皇子を産んでもいるが…。ただ、史書にも聖徳太子にまつわる男同士の絆の物語は存在するので、それを紹介してみたい。

まずは、高句麗僧の恵慈《えじ》の話を紹介したい。推古天皇三年に、高句麗の僧恵慈、百済の恵聡《えそう》が来日し、恵慈は聖徳太子の仏教の師となったという。恵慈は推古天皇二十三年に国に帰るが、七年後に聖徳太子の訃報を聞いて大いに悲しみ、「聖徳太子がいない世の中に生きる意味はないので、一年後に後を追う」と宣言し、それを実行したと伝えられる。師弟関係ではあるが、後追い自殺を実行するとはなんと濃い関係ではないかと驚かされる。恵慈は聖徳太子が二十歳で来日して出会い、四十歳で帰国した計算になるので、かなりの長期間を共に過ごしたことになるが、驚きである。ちなみにかれらは法興寺（現在の飛鳥寺）に住まわされたという。飛鳥寺の近くには蘇我入鹿の首塚があるから、大化の改新の現場のすぐ近くになった場所ともいえる。『伊予国風土記』には伊予の温湯（道後温泉）に、太子等と訪れたとある。

聖徳太子の宮は、桜井駅の真南二㎞にある上の宮遺跡（奈良県桜井市上の宮）が比定されている。ここは庭園史の立場からも重要な遺跡で、この遺跡の発掘によって、庭に大規模な石造物があったことが当時の特徴とされている。斑鳩宮を作ったのは、推古天皇九年（六〇一）であるため、二十代半ばまでは桜井に住み、それぞれの天皇の宮に通うような状況であったのではないか。聖徳太子の墓とされるのは大坂の南の叡福寺《えいふくじ》境内にある古墳であるため、斑鳩宮《いかるがのみや》とも別に支配する土地を持っていたことになるだろうか。

先にも書いたが、聖徳太子ゆかりの法隆寺の近くにある藤ノ木《ふじのき》古墳も見逃せないだろう。この藤ノ木古墳は成人男性二人の合葬が見つかっていることで有名である（二〇二三年には同じ法隆寺の敷地の舟塚古墳からも合葬事例が判明した）。被葬者が誰かははっきりしないが、穴穂部皇子と宅部皇子という説がある。『日本書紀』崇峻天皇即位前紀用明天皇二年（五八七）六月辛亥《しんがい》条に、宅部皇子が誅殺された記事があるのだが、宅部皇子が穴穂部皇子と「善《うるは》」しい関係であったために、誅殺されたとある。「善」という関係が良好な関係を示すことは確かだろう。『日本書紀』には、「善友」という表記もある。この逸話は番外で紹介した「阿豆那比の罪」の逸話に登場する小竹祝と天野祝であり、後追い自殺をして合葬されたとあることから、この二人の関係は江戸時代末期から二〇一四年まで男色関係とされてきた。日本史を学ぶなら最初にひけと言われる『国史大事典』（一九七〇発行）ですら、そうなっている。『日本書紀』を厳密に読むと、男色の罪ではないという論文（拙稿）もあるが、この二人の親密な関係性そのものが罪とはされないのは確かである。

読みたい史料

・『日本書紀』推古天皇二九年（六二一）二月是月《このつき》条

4・藤原鎌足と妻を共有!?　孝徳天皇《こうとく》

@難波長柄豊碕宮《なにわながらとよさきのみや》（大阪府大阪市中央区法円坂）

✿絆を持った人：
中臣鎌子《かまこ》（鎌足）、旻《みん》法師

孝徳天皇は、大化の改新後に即位した。大化の改新は中大兄皇子（後の天智天皇）と中臣鎌子（藤原鎌足）が起こしたものとされるが、その後すぐに即位したのは孝徳天皇だった。それまで天皇であった皇極天皇（中大兄皇子らの母親）の弟である。ちなみに中大兄皇子の同母妹の間人皇女が孝徳天皇の皇后になっている。間人皇女からすると叔父に嫁いだ事になる訳だが、この時代にはよくあることでもある。なんと中大兄皇子は同母弟とされる大海人皇子（後の天武天皇）に四人も自分の娘を嫁がせている。二十一世紀の感覚で言うと明らかに近親相姦であるが、もしかしたらそういうことは明治時代以前には多くあったことかもしれない。今ほど移動も容易でなかった時代、適齢期《てきれいき》に近くにいる信頼のおける異性はどうしても近い血縁関係になりがちだろう。このあたりの感覚は多分この百～二百年で大きく変わっているのだろうと思う。遺伝学的には血縁が遠い方が良い子孫が生まれるらしいので、現代の方が良いのだろう。

さて、この孝徳天皇は大化の改新を起こした中大兄皇子（後の天智天皇）と中臣鎌子（藤原鎌足）の二人の関係性に紛れがちなのだが、『日本書紀』では、むしろ孝徳天皇（軽皇子）と中臣鎌子の親密ぶりの描写の方が際立っている。軽皇子と「善《うるわ》」しい関係であった中臣鎌子は、足の病で朝廷に行けなかった軽皇子を訪ねる。軽皇子は中臣鎌子の様子をみて、「寵妃」であった女性（阿部臣麻呂の娘、小足媛《おたらしひめ》（有馬《ありま》皇子の母）とされる）に、中臣鎌子の世話をさせたとか。特別に新しい布団を用意し、特別に敬った対応を取ったという。中臣鎌子は処遇に感動して、舎人に望んだ以上の待遇と述べ、それが軽皇子に伝わって軽皇子が大いに悦んだという。

この厚遇について、孝徳天皇が寵妃を中臣鎌子にも抱かせた（妻を共有した）という解釈がされることがある。

『藤氏家伝《とうしかでん》』という藤原鎌足（中臣鎌子）の伝記がある。子孫の藤原仲麻呂によって編纂されたとされるため、「盛って」書いてあるというのが定説だ。そこにも同じように軽皇子によって、中臣鎌子がもてなされた下りがある。軽皇子は鎌子を寵妃に「朝夕侍養《じょう》」させたとある。この待遇に感動したため、軽皇子が天皇にふさわしいと舎人にお世辞を言ったのを軽皇子は喜んだが、「軽皇子の器量は大きな謀をするのには足りなかった」ために中大兄皇子を見つけて、蹴鞠《けまり》の会を狙って近づいたと続く。百年以上後の奈良時代後半に書かれたものであるとはいえ、軽皇子のディスり方がなかなか酷い。「侍養」とは「そばに付き添って孝養を尽くしたり、養い育てたりすること」なので、いわゆる「夜の接待」があったかどうかは分からない。しかし、寵妃を客に抱かせるという読みは、それ自体が近代の歴史学者のジェンダーバイアスではないかとも思うのだ。寵妃小足媛の「性的同意（セクシュアルコンセント）」なんてまるで考慮されていないのだから。ちなみに、性感染症に罹患する危険性という意味でも危険極まりない行動である。

孝徳天皇の宮は難波長柄豊碕宮で、現在の大阪府大阪市中央区法円坂のあたりとされる。現在は難波宮跡公園になっている場所である。原っぱに発掘成果の礎石の位置が示されている。発掘により、より広い範囲が宮や役所相当施設であったことが分かるようになってきている。朝堂院南門《ちょうどういんなんもん》の付近に「朝堂院」の名を冠したコーヒーショップもあり、こういう試みはもっとされて良いのではないかと思う。

さて、もう一人の旻《みん》法師の話もしておきたい。僧旻《そうみん》といった方が有名かもしれないが、七世紀に中国留学した僧侶（入唐学問僧）で、帰国後に国博士《くにのはかせ》になった人物である。留学時には、遣隋使小野妹子《いもこ》・高向玄理《たかむこのくろまろ》・南淵請安《みなみぶちしょうあん》らも同行していた。白雉《はくち》四年（六五三）に阿曇寺《あづみでら》で病となった際に、孝徳天皇が訪ねて、「もし法師が今日死んだら、私も従って明日死のう」といったとか。旻が六月に亡くなると仏像を作って川原寺に安置したという。天皇の言葉は実現されなかった訳（で、絆の逸話としては今一つ…）だが、孝徳天皇は一年四ヶ月後に亡くなっている。この年、孝徳天皇を置き去りにして、姉の皇極《こうぎょく》上皇や、皇后の間人《はしひと》皇女と共に、百官は倭京（飛鳥あたり）に還ってしまった。ひとりぼっちにされた寂しさの中での言葉として捉えられるだろうか。

孝徳天皇陵は、大阪の磯長《しなが》陵と比定される。難波宮からは大分南になるが、上の太子の駅から東南に一・六㎞程度進んだところである。このあたりは聖徳太子の墓や、斉明天皇の墓なども近い。近《ちか》つ飛鳥博物館なども近くにあって、展示もなかなか充実している。とにかく古墳だらけの地域で、駅まで畑の中の道路を歩く間にあそこにもここにも古墳という状態だ。敏達天皇陵・用明天皇陵・推古天皇陵と、天皇陵に比定される古墳たちも近い。

孝徳天皇の皇子の有間皇子は、陥れられた悲劇で有名だ。父孝徳天皇の死後に、蘇我赤兄が「善」しく思ってくれていると受け取り、斉明天皇と中大兄皇子の政権打倒計画を語ったところ、突然捕えられ命を落とすことになった。赤兄しか知らなかったと言い残しているので、赤兄による密告と考えられている。

読みたい史料

- 『日本書紀』皇極天皇三年（六四四）正月乙亥朔《いつがいついたち》条（一日）
- 『藤氏家伝』藤原鎌足伝
- 『日本書紀』推古天皇十六年（六九八）九月条
- 『日本書紀』白雉《はくち》四年（六五三）五月是月《このつき》条
- 『日本書紀』斉明天皇四年（六五八）十一月壬午《じんご》条

5・鎌足ラブ♥…ばかりではない　天智《てんじ》天皇

@後飛鳥岡本宮（奈良県高市郡明日香村岡）

✿絆を持った人：
佐伯子麻呂連《さえきこまろのむらじ》、藤原鎌足、蘇我倉山田《くらやまだ》石川麻呂、
余豊璋《よほうしょう》と百済佐平鬼室福信《くだらさへいきしつふくしん》、大友皇子、
左大臣蘇我赤兄臣・右大臣中臣金連・
蘇我果安臣・巨勢人臣・紀大人臣、大津皇子

百人一首の一番最初の一句「秋の田の　仮庵《かりほ》（刈穂）の庵《いお》の苫《とま》をあらみ我が衣手は露に濡れつつ」は働きマンの歌だ。有名であるが、これを詠んだとされるのは天智天皇である。農民の気持ちを思いやって詠んだ歌ということになっており、有名なだけに天智天皇ファンという人も一定数いると思う。朝香祥『明日香幻想』という小説は乙巳の変の前の天智天皇も葛城皇子として描写される。クールだが熱い青年といったキャラクター設定であったか。

天智天皇と絆を築いた記述がある人は多い。天智天皇の人生の順に紹介しよう。①乙巳の変、②蘇我倉山田石川麻呂の謀反平定事件、③白村江の戦、④死後を託した面々、⑤孫への愛情の順としたい。

①乙巳《いっし》の変：乙巳の変は中大兄皇子（天智天皇）が蘇我入鹿を殺害したことで有名な事件であるが、実行犯として葛城稚犬養網田《かつらぎのわかいぬかいのあみた》と佐伯子麻呂連《こまろむらじ》がいた。皇極《こうぎょく》天皇四年（六四五年）六月に蘇我入鹿の暗殺に参加する。暗殺直前には水で流し込んだ食事を緊張で吐いてしまうほどであったし、暗殺実行時も当初はビビッて飛び出せず、中大兄皇子が先に入鹿を切りつけたのを補佐して入鹿の片脚に斬りつけ、更に葛城稚犬養網田と共に、皇極天皇に事態の説明を求め

る入鹿の息の根を止めたということだ。この佐伯子麻呂連は、大臣殺害なんていうとんでもない経験を中大兄皇子と共有したことになるが、後に佐伯子麻呂連が病となった時、家まで赴き、元より従った功績を思って嘆いたとか。天智天皇は藤原鎌足との絆が強調されることが多いが、『藤氏家伝《とうしかでん》』という鎌足の曾孫《ひまご》の藤原仲麻呂によって作られた先祖顕彰の本にある話だったり、『多武峰縁起《とうのみねえんぎ》絵巻』という鎌足を祀る神社の縁起絵巻だったりする。槻《つき》の木の下で沓《くつ》を拾った逸話や多武峰《とうのみね》で乙巳《いっし》の変を起こすための密談をしたとか、そういう話だ。でもそれだけではつまらないので、他の人との逸話も紹介したい。

②蘇我倉山田石川麻呂の謀反平定事件：謀反平定事件と書いたが、謀反はなかった事件である。乙巳の変で蘇我入鹿《いるか》は殺害されたが、蘇我一族が根絶やしになった訳ではなく、中大兄皇子は蘇我倉山田石川麻呂の娘、越智娘《おちのいらつめ》を妻としている。そこから生まれたのが太田皇女や鸕野讃良皇女《うののさららのひめみこ》（持統《じとう》天皇）、建《たける》皇子であった。三人も子がありながら、石川麻呂の弟の讒言《ざんげん》を信じて、中大兄皇子は石川麻呂を謀反の疑いで攻める。石川麻呂は抵抗せず、造営中であった山田寺で「自分の全ては天皇のためにある！」と自害して身の潔白を証明した。山田寺は天皇のために造ったとか、「願わくは子孫が天皇を恨まないように」とか言い残したらしい。石川麻呂は悪くなかったのに自害に追い込まれた顛末《てんまつ》を知り、越智娘は大変な心労を得て、結局数年後に亡くなってしまう。夫を恨んで当然の状況なのに、殺された父親は「恨むな」と遺言したのだから。これなんかは天智天皇がちゃんとした愛し方を知らなかったように感じる。石川麻呂が自害した山田寺は飛鳥にある。飛鳥資料館という展示施設のすぐそばであり、いまも山田寺の門の下部の軸摺穴《じくずりあな》（扉の軸をはめ込んだ穴）の開けられた石が現地に残る。山田寺は石川麻呂の自害によって一時期造営がストップしたと考えられるが、天智天皇二年に塔だけを建てることで造営の一部が再開し、おそらく娘の鸕野讃良皇女（後の持統天皇）が天武天皇の皇后になったことによって、本格的に造営が再開されたと考えられている。中世に土砂崩れで倒れたという回廊がそのまま残っていたこと（飛鳥資料館に展示がある）や、金堂前に（一m×二m程度の長方形の）礼拝石が残っていたこと

などが見どころである。今は模造《レプリカ》の礼拝石が（本物の一m上に）置かれているが、この上で石川麻呂が自害したのかもしれない…と礼拝石を踏みしめながら妄想してみるのも面白いかもしれない。

③白村江の戦：白村江の戦は天智天皇二年（六六三）、天智天皇が新羅《しらぎ》に滅ぼされそうになった百済《くだら》のために、朝鮮半島にまで援軍を送った話である。圧倒的な武力の差に敗れた訳だが、なぜ膨大な費用のかかる海外遠征までしたのか、その理由にも男同士の絆がありそうだ。百済は元々日本に朝貢する立場を示しており、皇太子にあたる余豊璋《よほうしょう》とその臣下百済佐平鬼室福信《さへいきしつふくしん》が日本に長年滞在していた。人質といった意味合いもあったかもしれないが、留学と言った側面もあっただろう。そのような時に祖国百済が新羅に攻められて滅びる寸前という状況に追い込まれた。この時に中大兄皇子が援軍を出した訳だが、不安に思う余豊璋の背中に手を置いて励ましたという。それを見た大衆はみな涙を流したとある。あれ、もしかしたら負けることが想定されていたけれど、この絆で軍の派遣が行われたのかと思うと、それはそれで複雑な気持ちにもなる。

④死後を託した面々

さて、天智天皇は天智天皇十年（六七一）、病に倒れる。四六歳ということになっている。この際に弟で皇太弟の大海人皇子を呼び出して後を託そうとするが、出家するといって、吉野に去ってしまう。本心では弟でなく、息子の大友皇子に後を継がせたかったとされ、左大臣蘇我赤兄臣・右大臣中臣金連《なかとみのかねむらじ》・蘇我果安臣《はたやすおみ》・巨勢人臣《こせのひとおみ》・紀大人臣《きのうしおみ》に後事を託す。病の天智の前で、六人が心を同じくして、天智の詔に従い、もし約束を違ったら天罰を蒙るだろうと宣言している。その後に起きた壬申の乱で、彼らは近江朝廷側となって戦っている。

⑤孫への愛情

大津皇子は、天武天皇の息子の一人である。幼少時から聡明で、祖父にあたる天智天皇にも愛されたという。母親は鸕野讃良皇女《うののさらら》（後の持統天皇）の姉の太田皇女である。鸕野讃良皇女が産んだ草壁皇子《くさかべ》とは近しく育てられつつもライバルのような感じでもあったのだろうか。大津皇子ははっきりとした顔立ちかつ聡明で、言葉がしっかりしていた。漢詩を賦す文化は彼が最初と『日本書紀』にある。朝廷を傾けようとした罪で持統天皇により死を賜った。…要するに息子の草壁皇子のライバルを排除するために殺されてしまった。

大津皇子の住居は桜井市戒重《かいじゅう》の敏達天皇の宮のあたり（敏達天皇の項を参照）ともされ、大津皇子の辞世の歌から、囚われた宮の近くと思われる磐余の池はそこから南に八百mほどの場所にある。

「ももづたふ　磐余《いわれ》の池になく鴨《かも》を　今日のみ見てや　雲隠《くもがく》りなむ」

…亡くなったのが二十四歳ということを思うと、なかなかしみじみとくる辞世である。（筆者自身が二十四歳を過ぎた頃からであるけれども。）最初にこの歌を習ったのは高校の修学旅行前、旅行の栞《しおり》に載せられていたものだと思う。死を予感して明日はこの池の鴨を見ることができない感慨を詠んでいるものだが、想像すると泣ける。大津皇子の死を聞いて、妃の山辺皇女が髪を振り乱して素足で駆けつけて共に死んだというから、それも泣かせる話である。夫婦と言っても後追い自殺はなかなかできることではない。ちなみに山辺皇女も天智天皇の娘であるから、妻にして叔母でもある夫婦になる。…ちょっとエグイ位の近親婚であるが…桜井あたりをサイクリングしつつ、磐余の池の候補地の一つ、吉備池廃寺跡を訪れた時、た

二上山

またま鴨が池から飛び立った。これは、なんかすごいものを見てしまったのかもしれないとワクワクする。正式には、磐余池跡はもっと東で、今は畑だ。

さて、大津皇子の墓は二上山《ふたがみやま》とされる。名前の通り、二つの山頂がある特徴的な形の山だ。山頂に宮内庁の比定した墓があり、山麓に鳥谷口《とりたにぐち》古墳と呼ばれる、古墳の作られた年代としては、ホンモノの可能性が高い古墳がある。二上山は標高も高くなく登りやすいが、山なのでハイキングに行くつもりで登るのが適切な場所にある。『万葉集』にまた歌がある。大津皇子の姉の大来皇女が、大津皇子の遺体が二上山に改葬された時の歌とされる。

「うつそみの　人なる我や　明日よりは　二上山を　弟《いろせ》と我が見む」

天智天皇の陵は京都の山科にある。舒明天皇から文武天皇陵までの天皇陵は八角形だったことが発掘の結果から分かっている。二〇二二年に明日香村で整備された牽牛子塚《けんごしづか》古墳は、天智天皇の母（皇極・斉明天皇）・妹（孝徳天皇皇后・間人皇女）・妹（天武天皇妃・太田皇女）を葬ったとされ、花を象《かたど》った七宝焼きも出土している。石室ごと岩をくりぬいたという点がすごいが、近くの益田岩船も試作品（材料が異なる失敗作）とされ、一見の価値がある。

読みたい史料

- 『日本書紀』天智天皇五年三月条…①
- 『日本書紀』大化五年三月是月《このつき》条…②
- 『日本書紀』天智天皇元年五月条…③
- 『日本書紀』天智天皇十年十一月丙辰《へいしん》条（二十三日）…④
- 『日本書紀』持統天皇即位前紀朱鳥元年十月庚午《こうご》条（三日）…⑤

コラム1・山頂に古墳!?

奈良の山の上の古墳と言えば若草山の上の鶯塚《うぐいすづか》古墳が有名だろうか。こちらの被葬者は不明だが、『枕草子』には「うぐひすのみささぎ」がそこにあるとあり、そこからの命名のようだ。江戸時代の東大寺の地図からは「牛墓」なんて呼ばれていたこともあるとか。近年ドローンを用いた三次元測量が行われてもいる。若草山は江戸時代から冬に山焼きと言う行事が行われており、花火なども打ち上げられる、冬の奈良の風物詩の一つである。

6・日本初なぞなぞ出題！　天武《てんむ》天皇

@飛鳥浄御原宮《あすかきよみはらのみや》（奈良県高市郡明日香村岡）

✿絆を持った人：
蘇賀《そが》（蘇我）臣安麻侶《おみやすまろ》、高市皇子《たけち》、紀臣《きのおみ》阿閇麻呂《あへまろ》・大分君恵尺《おおきだのきみえさか》・栗隈王《くりくまのおおきみ》・物部《もののべ》（朴井《えのい》）雄君連《おきみむらじ》・大三輪真人上田子人君《おおみわのまかむだのこびと》・石川王、六皇子（草壁《くさかべ》・大津・高市《たけち》・河嶋《かわしま》・忍壁《おさかべ》・芝基《しき》）・舎人王《とねりのおきみ》、膳臣摩漏《かしわでのおみまろ》・大伴連望多《おおとものむらじまぐた》、坂上忌寸老《さかのうえのいみきおゆ》

天武《てんむ》天皇は私が日本古代史にハマったきっかけである。朝香祥《あさかしょう》氏の『明日香幻想《あすかげんそう》』という小説が大海人皇子《おおあまのみこ》十代を扱ったもので、中学生の時にその小説を読んだことが、私が日本古代史を大学で学び、大学院の博士後期課程まで進み、ついに奈良に住むに至った端緒《たんちょ》なのだ。ライトノベルでも人の人生は変わる。

天武天皇は兄の天智天皇の死後に壬申の乱を起こし、奈良時代は彼の子孫が政権をとることになった人物である。『日本書紀』は天武天皇の記述がかなり詳細で、一人で上下巻の記述があり、上巻は全て壬申の乱までの記述、下巻は天武天皇の治世十四年間という構成である。また伝説的な要素はこの下巻から薄まり、編年体《へんねんたい》かつ記述が日記のような平坦な記載になっていく。実際に読んだらその差に驚くかもしれない。もっと言ってしまえば、壬申の乱の終結まではともかく、淡々とした治世の叙述は動きがなくてつまらないと感じるかもしれない。…まぁ、史上初のなぞなぞ出題！なんて記事もあるのだが。

そのような訳で、元々の記述がかなり長くて詳細であることもあり、絆を持った人の記述も多いというのが実情だ。ただ、天武天皇と絆を持った面々を読み解くキーワードは「壬申《じんしん》の乱」に尽きる。

まず、蘇賀《そが》（蘇我）臣安麻侶は、病の天智天皇の枕元に呼び出された大海人皇子に皇位に興味がある発言をしないように助言した人物だ。自分の跡を継いでほしいと天智天皇に依頼された天武天皇は、安麻侶の助言に従い、自分は皇位を継ぐことなく、出家して吉野で隠棲《いんせい》することを宣言して実行に移した。半年後に近江朝廷が陵を造るとして人員の徴発を行っていることを、戦闘準備と判断して、身を守るべく東国に移動し、そのまま軍勢を集めて壬申の乱を起こした。結果的に勝利する訳だが、その過程の苦労が『日本書紀』の天武天皇の上巻にまとめられている。

高市《たけち》皇子は、隠岐《おき》の宗像《むなかた》氏の尼子娘《あまこのいらつめ》との間の息子で、壬申の乱で一番活躍した。壬申の乱で、勝てるかどうかを不安に思う父大海人皇子（天武天皇）を、自分がいるから大丈夫と励ました下りがある。大海人皇子（天武天皇）は高市皇子を誉《ほ》めて、鞍馬《くらうま》を授け、軍事を授ける。彼の働きは目覚ましく、壬申の乱後も政治的に重用され、持統《じとう》朝では太政大臣をつとめた。天武天皇の後継者とならなかったのは母の身分が皇女でなかったからと考えられている。

紀臣阿閇麻呂《あへまろ》・大分君恵尺《おおきだのえさか》・栗隈王《くりくまおう》・物部《もののべ》（朴井《えのい》）雄君連《おきみむらじ》・大三輪真人上田子人《おおみわのまかむだのこびと》君・石川王、膳臣摩漏《かしわでのおみまろ》・大伴連望多《おおとものむらじまぐた》・坂上忌寸老《さかのうえのいみきおゆ》は、壬申の乱で活躍した人々だ。彼らが亡くなった知らせを聞いて、天武天皇は大いに驚いたり、涙を流したりしたという記述がある。彼らの多くが「大紫位《だいしい》」とか「小紫位《しょうしい》」といった称号を与えられていることも指摘されている。例えば、石川王は大津皇子が近江京を脱出して、吉野まで移動する際に名前を語った人物でもある。栗隈《くりくま》王は九州の大宰府《だざいふ》で遠方ながら、近江朝廷側の援軍要請の使者を追い返したという逸話がある。天武天皇がその死を聞いて感情を揺さぶられる記述が国史に掲載されることが、一定の位とリンクしているのだが、そんなことを指摘する研究もある。（初めてその論文を知った時にはワクワクした。）

六皇子は、草壁《くさかべ》皇子・大津皇子・高市《たけち》皇子・河嶋《かわしま》皇子・忍壁《おさかべ》皇子・芝基《しき》皇子のことで、吉野《よしの》の盟約《めいやく》を天武天皇と皇后鸕野讃良《うののさらら》皇女（後の持統天皇）の前で結んだ皇子である。天武天皇八年五月に吉野に行幸《ぎょうこう》し、千年後の安寧のために盟約を結びたいがどう思うかと天武天皇は皇子達に問う。草壁皇子が「ここにいるのは異腹の兄弟であるが、同腹のように天皇の勅《みことのり》に従って政権を助けたいと考えている」と宣言する。天武天皇は「異腹の兄弟であるが、皆同じ母から生まれたように慈《いつくし》むこととする」と言い、「この誓いを破ったら天罰を受ける」という。そして六人を同じように抱擁《ほうよう》するのだ。この後、鵜野讃良皇女も同じようにしたとか。これについてはかなり形式的な印象も受けるが、人間関係と権力構造の緊密性《きんみつせい》を周知《しゅうち》する意味では重要なことでもある。草壁皇子が最初に応じたことで、天武天皇の後継者として認められる雰囲気を醸成《じょうせい》したと考えられるし、皇后の鵜野讃良皇女が天武天皇と同じような行動をとることで、彼女の血統が一番有力であることを示したことになる。

この盟約が行われたのは吉野の宮滝《みやたき》遺跡の周辺と考えられる。公共交通機関ではかなり行きにくい場所であるが、吉野川の蛇行《だこう》に囲まれた高台に宮跡の遺跡があったことが発掘調査で明らかになっている。宮の裏庭を下っていくと、吉野川の川岸につながっているような場所である。ここは壬申の乱の前に大海人皇子《おおあまのみこ》（天武天皇）が鵜野讃良皇女らと滞在してもいた場所であり、聖武天皇の頃まで、建物を建て替えつつも存続していたと考えられている。

舎人王《とねりのおおきみ》は、天武天皇九年七月に突然病に倒れ、翌日亡くなった。天武天皇は驚いて、上記の六人の皇子のうち、高市皇子と河嶋皇子を遣わし、殯《もがり》を行い、挙哀《こあい》させるなどの対応をした。納言《なごん》兼宮内卿《くないきょう》という立場だったというので、政事に意見を述べる立場（納言。大納言や少納言の前身）であると共に天皇の家政機関にかなり関与していた人物と考えられる。天皇の孫にあたるがこれ以上の詳しいことは分からない。（ちなみに小豆の方の大納言は煮崩れしにくい品種を切腹の習慣がない貴族の官位から採用したものらしい。）

舎人王が管理もしていた天武天皇の宮は飛鳥《あすか》である。飛鳥浄御原宮《あすかきよみはらのみや》といい、飛鳥寺の真南、川原寺の真東、飛鳥川を越えた東側にある。今はいくつかの道路も通る住宅地の下にあたる。観光がてらに、知らず真上を通っているかもしれない。発掘調査で徐々に実態が分かってきており、宮本体の東南にエビノコ郭という大極殿《だいごくでん》と推定される建物まであったと考えられている。大極殿は儀式のための空間であるが、平城宮の大極殿院と違って、前庭のような部分はそんなに広く設定されていなかったようだ。

読みたい史料

- 天武天皇即位前紀《そくいぜんき》天智天皇十年十月庚辰《こうしん》条（十七日）：蘇賀（蘇我）臣安麻侶
- 『日本書紀』天武天皇元年六月丁亥《ていがい》条（二十七日）：高市皇子
- 『日本書紀』天武天皇三年二月戊申《ぼしん》条（二十八日）・二年八月壬辰《じんしん》条（九日）：紀臣阿閇麻呂《あへまろ》
- 『日本書紀』天武天皇四年六月乙未《いつび》条（二十三日）：大分君恵尺《えさか》
- 『日本書紀』天武天皇五年六月条：栗隈王・物部（朴井《えのい》）雄君連
- 『日本書紀』天武天皇五年七月条：大三輪真人上田子人君《おおみわのまかむだのこびと》
- 『日本書紀』天武天皇八年三月己丑《きちゅう》条（九日）：石川王
- 『日本書紀』天武天皇八年五月乙酉《いつゆう》条（六日）：
  吉野の盟約、六人の皇子（草壁・大津・高市・河嶋・忍壁・芝基）
- 『日本書紀』天武天皇九年七月戊戌《ぼじゅつ》条（二十五日）：舎人王
- 『日本書紀』天武天皇十一年七月庚子《こうし》条（九日）・己酉《きゆう》条（十八日）・壬子《じんし》条（二十一日）：
  膳臣摩漏《かしわでのおみまろ》
- 『日本書紀』天武天皇十二年六月己未《きび》条（三日）：大伴連望多《おおとものむらじまぐた》
- 『続日本紀』文武三年五月辛酉《しんゆう》条（八日）：坂上忌寸老《さかのうえのいみきおゆ》

コラム1・天武天皇&持統天皇陵（飛鳥）…夫婦愛♡

天武天皇と持統天皇は同じ陵に葬られている。現代では普通のことかもしれないが、夫婦合葬は古代ではかなり珍しいこととされる。普通の夫婦の愛情では済まない何かしらの絆があったと考えるのが普通だろう。鵜野讃良皇女は後に持統天皇として即位した位なので、政治的な手腕がかなりあったと考えられ、そういう政治的な意味での絆が想定される。…この場合は男同士ではないが。吉野の盟約で天武天皇が六人の皇子を抱いたのちに、鵜野讃良皇女も同じようにしたという記述などからも、そういう想定がされるだろう。但し、以下のような記事も『日本書紀』に記されている。天武天皇が亡くなった後、持統天皇は天武天皇が来ていた服を袈裟に仕立て直させて、僧侶に下賜しているのだが、その時の様子は悲痛なものであったと。持統天皇も政治面ばかりでなく、当然夫への愛情を持っていたと考えたい。

現在、天武&持統天皇陵と比定されている陵はおそらく正確と考えられている。理由は陵の形が（舒明《じょめい》～文武《もんむ》天皇の時代の）天皇陵に相応しい八角形であることと、石室内部の様子が史料と一致しているためだ。実は江戸時代にこの陵に盗掘に入って捕まった人を取り調べた記録「阿不幾乃《あおきの》山陵記」が残されており、そこに棺《ひつぎ》一つと骨壺《こつつぼ》一つが並んでいたとある。天武天皇と持統天皇は崩御後の埋葬方法が史料（文字資料）でも残されており、後から亡くなった持統天皇は火葬の上、天武天皇と同じ陵に葬ったことが分かっており、それも一致する。

コラム2・高市《たけち》皇子と十市《とおち》皇女…兄弟愛

高市皇子と十市皇女はどちらも父親が天武天皇である異母兄弟で、更に壬申の乱時点では成人に近い年齢であった二人と考えられている。高市皇子が十市皇女に詠んだ挽歌《ばんか》に「山吹の　たちよそいたる　山清水　汲《く》みにいかめど　道の知らなく」というものがある。十市皇女は最初の伊勢斎宮《いせさいくう》に選定されるも、出発前に突然薨去《こうきょ》したとされ、その悲しみを詠《よ》んだものだ。

7・柿本人麻呂《かきのもとのひとまろ》が恋した♥　草壁《くさかべ》皇子

@嶋宮《しまのみや》（石舞台古墳の北一帯、奈良県高市郡明日香村島庄）

✿絆を持った人：柿本人麻呂

草壁皇子は、天武天皇と持統天皇の間の皇子で、後継者として目されていたが、天武天皇死去後、即位する前に薨去してしまった。草壁皇子の挽歌《ばんか》（死を悲しむ歌）をたくさん残したのが、かの有名な柿本人麻呂だ。歌聖とも呼ばれもするし、変な名前と思いつつも聞き覚えがある人物かと思う。この柿本人麻呂は和歌のチカラで出世した訳だが、その歌を読んでみると今でも心に刺さるものが結構ある。ここでは『万葉集』に遺される人麻呂の主君愛の歌をいくつか紹介したい。

まずは、二巻めの一七六首から。『万葉集』は全部で二十巻あるが、番号は通番で振られているので、最初から一七六番目に採録された歌という意味になる。

この歌には詞書といって、その歌を詠んだ状況説明が付されるが、そこには草壁皇子の舎人がその死を傷み悲しんで作った歌二十三首とある。

（皇子尊宮舎人等慟傷作歌廿三首）
〇二／〇一七六　天地与　共将レ終登　念乍　奉レ仕之　情違奴
天地《あめつち》と　ともに終《お》へむと　思ひつつ　仕へまつりし　心違《たが》ひぬ
（右日本紀曰三年己丑夏四月癸未朔乙未薨）

上記のように書いてある訳だが、意訳としては、「天地がある限り仕え続けようと思った心が果たせなくなってしまった…」といったところだろうか。主君への恋、ここに極まれり！という感じだろう。続く二つの歌も同様な状況で読まれているが、やはり心をうつ。

（皇子尊宮舎人等慟傷作歌廿三首）
〇二／〇一七七　朝日弖流　佐太乃岡辺尓　群居乍　吾等哭涙　息時毛無
朝日照る　佐田の岡辺に　群れ居つつ　我が泣く涙　やむ時もなし

（皇子尊宮舎人等慟傷作歌廿三首）
〇二／〇一七八　御立為之　嶋乎見時　庭多泉　流涙　止曽金鶴
み立たしの　島を見る時　にはたづみ　流るる涙　止めぞかねつる

草壁皇子の急死によって、涙が止まらないと詠んでいる二つの歌になる。少し離れるが、次の二首も良い。

（皇子尊宮舎人等慟傷作歌廿三首）
〇二／〇一八三　吾御門　千代常登婆尓　将レ栄等　念而有之　吾志悲毛
我が御門　千代とことばに　栄えむと　思ひてありし　我れし悲しも

私の主君の御殿はずっと栄えると思っていた私はとても悲しい…と詠んでいる。続いて、

（皇子尊宮舎人等慟傷作歌廿三首）
〇二／〇一八四　東乃　多芸能御門尓　雖㆓伺侍㆒　昨日毛今日毛　召言毛無
東の　たぎの御門《みかど》に　侍《はべら》へど　昨日も今日も　召す言もなし

この歌は、昨日も今日も私を召すという言葉がない…と詠んでいる。草壁皇子の殯宮《もがりのみや》に侍っている状況かもしれない。直接的な表現ではないものの、強い寂しさが伝わってくる。

柿本人麻呂は、おそらくこれらの歌で歌人として名を挙げ、この後色々な皇子の挽歌《ばんか》も詠んでいる。しかし、この歌の数と内容の激しさは異例な数になる。若き日の草壁皇子との強い絆が感じられる。

草壁皇子の宮は嶋宮《しまのみや》とされ、奈良県明日香村島の庄《しまのしょう》という地名のあたりと考えられている。底に石を敷いた立派な池が発掘されてもおり、蘇我馬子の邸宅を草壁皇子の宮にしたのではないかと考えられている。島の庄は、観光地化している石舞台古墳の北あたり、駐車場や土産物の近くの田畑となっているあたりだ。比較的平坦で東に向かいゆるやかな登り坂が続くあたりである。ここで歌われるような主従の絆が結ばれたのか…なんて妄想しながら、周囲の土産物屋《みやげもの》を巡るのも、また一興だ。柿本人麻呂の邸跡は、ＪＲ巻向駅の近くに石碑がある。嶋宮までの距離は六㎞程度だ（平城宮までの距離は十二㎞と倍近い距離になる）。

『天上の虹』という漫画では草壁皇子と柿本人麻呂の絆が唐突に登場する。もちろんＢＬというか肉体関係を暗示する形で。漫画の中では唐突だが、『万葉集』のこれらの歌を知っていれば、さもありなん、作者の里中満智子氏も描きたくなるだろうとニマニマできる。ちなみに、万葉文化館という奈良県立の博物館のミュージアムショップでは里中満智子氏の作った勾玉アクセサリーも売られていたりする。他にも古代の菓子（麦縄《むぎなわ》）や、古墳発掘《こふんはっくつ》！パフェがあったりする。常設展も万葉集の情景再現展示が試みられていて素敵なことこの上ない。

コラム1・歌人の皇子への挽歌

柿本人麻呂が他の皇子の死に際して詠んだ歌も紹介してみよう。ぜひ比べてみてほしい。

（高市皇子尊城上殯宮之時柿本朝臣人麻呂作歌一首〔并短歌〕）短歌二首

○二／○二〇〇　久堅之　天所レ知流　君故尓　日月毛不レ知　恋渡鴨

ひさかたの　天知らしぬる　君故に　日月も知らず　恋ひわたるかも

これは柿本人麻呂の高市皇子への挽歌だ。亡くなられて天を治めるようになってしまった君であるのに、月日も知らずに、恋し続けていることです、と詠んでいる。人麻呂は、亡き主君を思い出して詠んだ歌をたくさん作っており、この歌も秀逸だが、少し装飾的な要素が含まれる感じでもある。

次の歌は大伴家持が、安積皇子《あさかのみこ》という十七歳で急死してしまった聖武天皇の息子に、天平十六年二月三日に詠んだ歌だ。

（十六年甲申春二月安積皇子薨之時内舎人大伴宿祢家持作歌六首）反歌）

○三／○四七七　足桧木乃　山左倍光　咲花乃　散去如寸　吾王香聞

あしひきの　山さへ光り　咲く花の　散りぬるごとき　我が大君かも

山までも輝くように咲いている花が散っていくように、儚く散っていった私の皇子であることだ…と詠んでいる。

聖武天皇の第二皇子であった安積皇子は十七歳で脚病《かっけ》のため、急死した。（脚気はビタミンB2不足を原因とする心不全《しんふぜん》で、玄米や米ぬか、豚肉を食することで予防できる）藤原仲麻呂一派による毒殺説もあるが、真偽のほどは定かではない。この急死の後に玄昉《げんぼう》が失脚しているのもまた事実で、『大仏開眼《だいぶつかいげん》』のドラマなどでは玄昉が毒殺したような描写がなされている。大伴家持《おおとものやかもち》の挽歌もなかなか素敵である。

第三章　藤原京編

—八世紀の遷都—

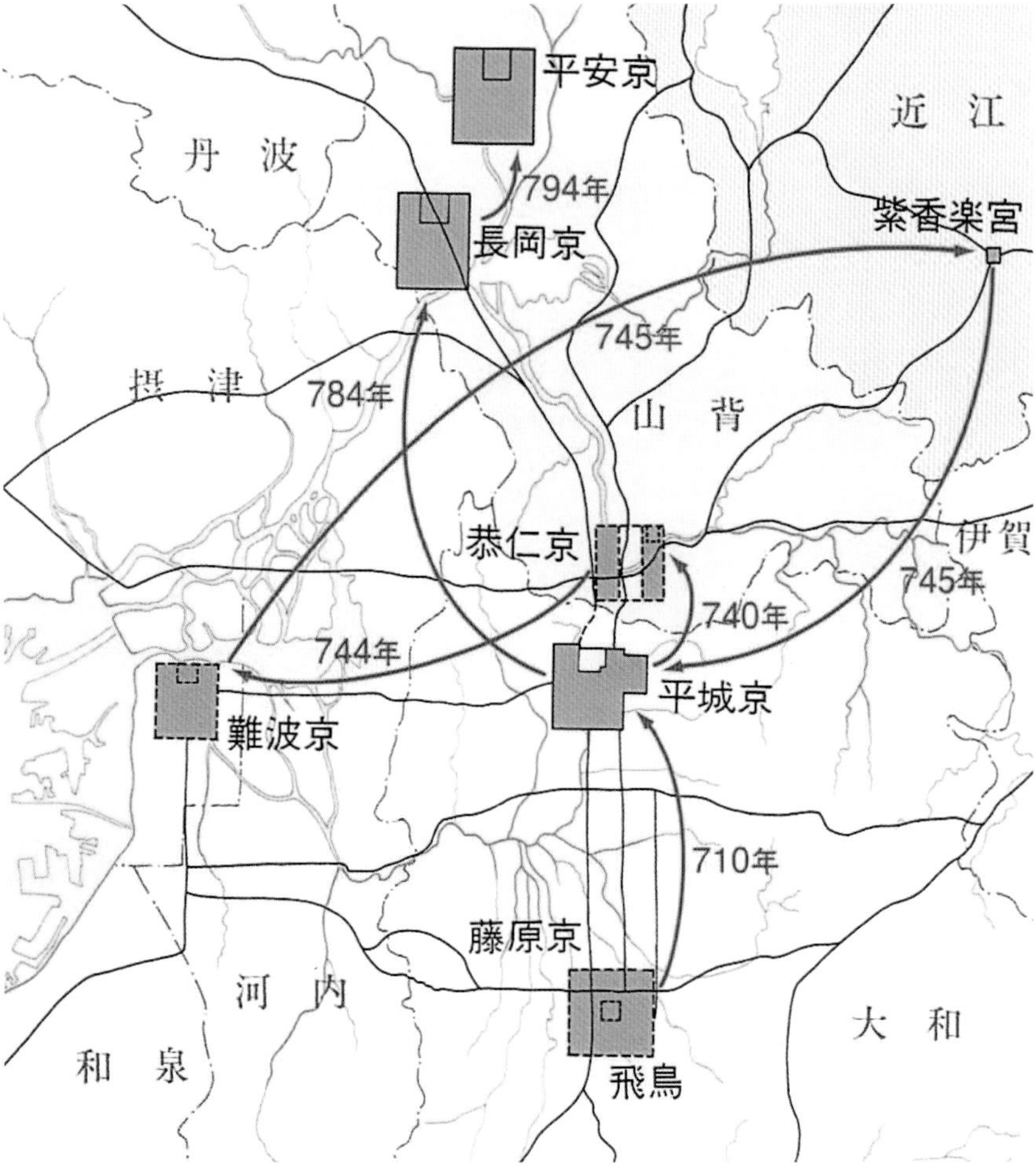
平安京
近江
丹波
794年
紫香楽宮
長岡京
745年
摂津
784年
山背
恭仁京
伊賀
745年
740年
744年
平城京
難波京
710年
藤原京
河内
大和
和泉
飛鳥

藤原京は、日本初の都とされるが、実は中国の『周礼《しゅらい》』という、（理想的な制度について書かれた儒者《じゅしゃ》が大切にする）書物にある理想の都をモデルとして計画されたと考えられてきた。藤原という名前は、元々藤原氏が住んでいた場所を京と定めたから藤原となったらしい。

近年の発掘調査によって、条坊《じょうぼう》と呼ばれる古代の都を通る道が、実は正方形からは大きく逸脱していたことが分かってきつつあり、まさに『周礼』に描写される理想通りであったとは考えられなくなってきている（例えば、東西よりも南北が長く、十条目が存在していたこと等）が、天皇の居処《いどころ》が都の中心部であったことは変わりがない。中心部の一部は史跡として保存されつつあり、大極殿《だいごくでん》の跡を中心に現在でも少しずつ発掘調査が進められているが、全体のごく一部が発掘されたに過ぎない。藤原宮は、中央に大極殿院《だいごくでんいん》と朝堂院《ちょうどういん》があり、大極殿院南門《なんもん》が中心にあたる。天皇の住居である内裏の中に儀式空間である大極殿が含まれているのが特徴だ。

ここは都となって十五年程度で平城宮へ遷都されてしまっているが、それは水はけが悪かったからだと考えられている。発掘現場もそうだが、藤原宮跡の原っぱに雨の日に行った場合、運動靴の浸水は免れないだろう。周囲は今でも田畑が多い場所で、作物の生育にはよい環境なのは確かだ。また、春は桜と菜の花、夏の朝は蓮、秋は秋桜《コスモス》と季節の花の名所にもなっている。ＪＡ（農協）の運営する藤原京資料室には、藤原京の模型とアニメ等の紹介ビデオがあり、一見の価値がある。

それはともかくも、藤原宮は大和三山《やまとさんざん》（畝傍山《うねびやま》・耳成山《みみなしやま》・天の香久山《あまのかぐやま》）の中心にある。晴れた日にでも宮跡に立つと三六〇度カメラが欲しくなるような素晴らしい眺めである。ここで、持統天皇も「春過ぎて　夏来にけらし　白妙の　衣干すてふ　天の香久山」と百人一首にも採録された有名な歌を詠んだのだと思うと、尚更感慨深い。

大和三山は低い山なので、自転車を借りれば半日で巡れるだろう。耳成山と畝傍山にはそれぞれ小さな神社が山頂付近にある。耳成山は二十分で上り下りできる位の小ささ、畝傍山《うねびやま》は片道急いで二十五分だろうか。降りるまでには一時間半程度は必要だろう。天の香久山の麓《ふもと》には奈良文化財研究所の小さな展示施設（藤原宮跡資料室）もある。瓦の標本展示をはじめ、当時の食事再現や建物の建て方などの展示もある。実際に発掘調査している奈良文化財研究所が作った展示なので、展示の正確さは随一だ。

藤原京

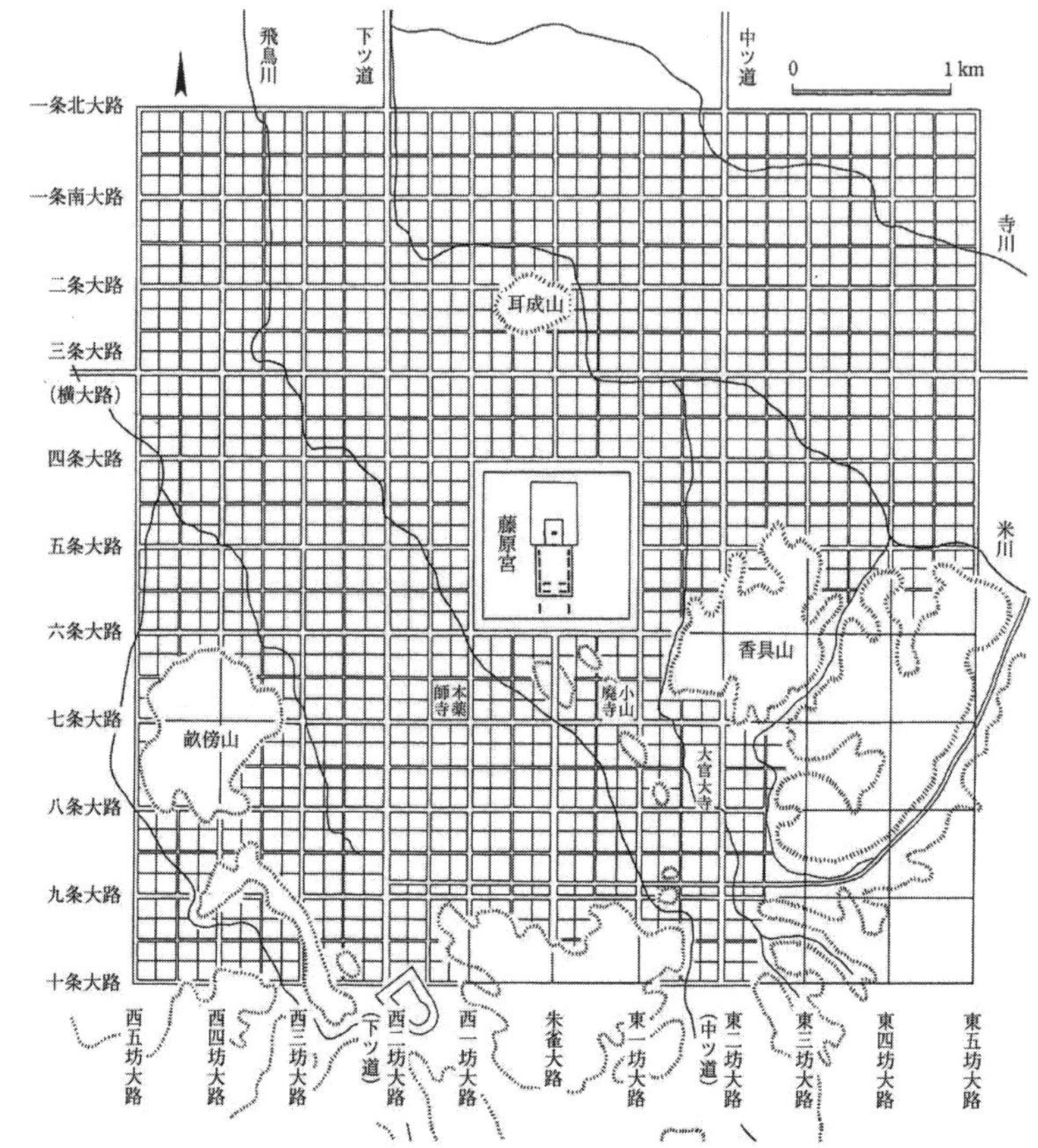

藤原宮

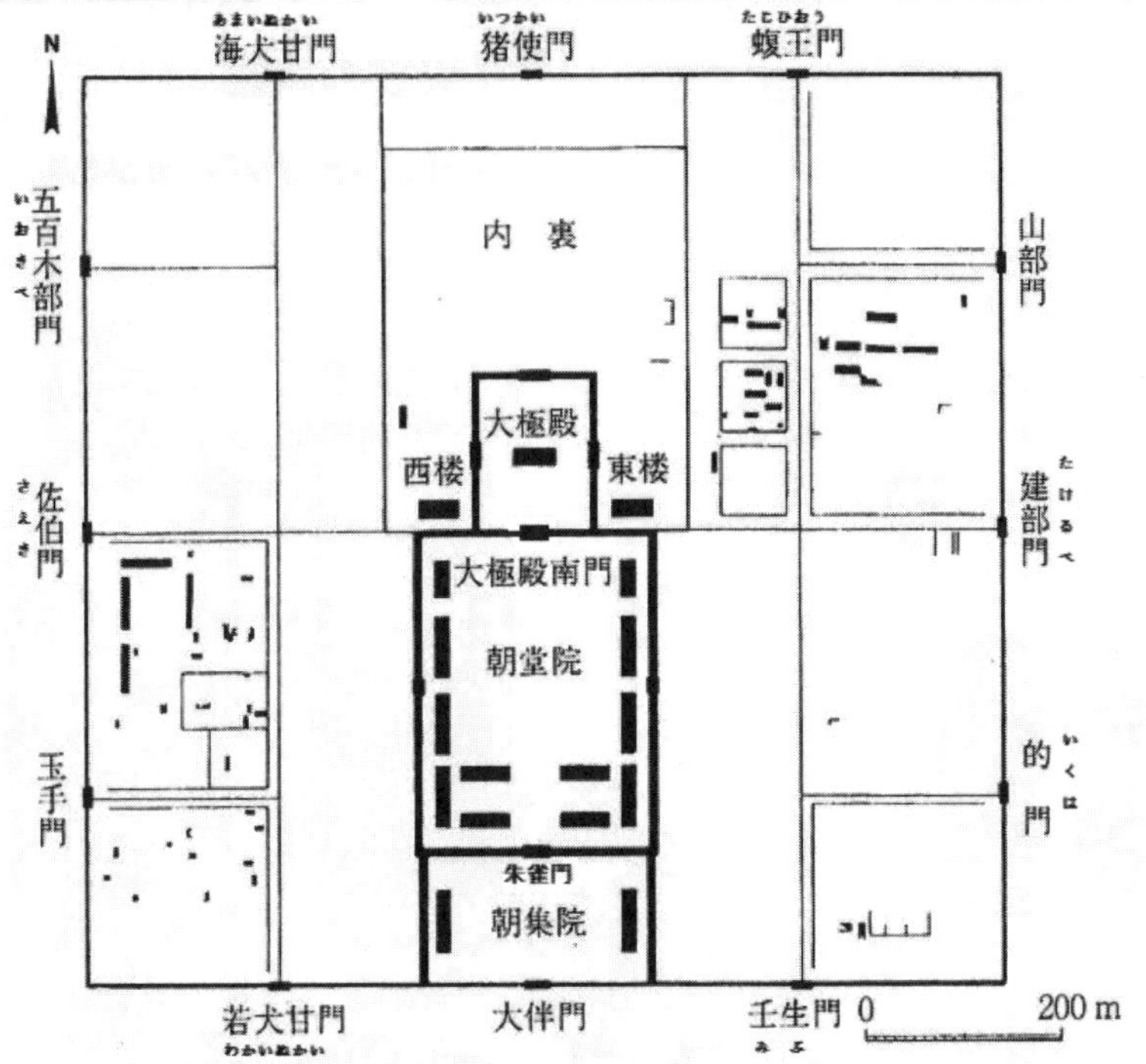

・中心に大極殿院・朝堂院があり、大極殿院南門が宮の中心に当たる
・建物の書き込みがある部分のみ発掘済、白い部分は未発掘部分（2020年時点）

1・意外と駄洒落《だじゃれ》好き？　持統《じとう》天皇

↓年老いた侍女（志斐嫗《しひのおみな》）への歌（奈良県高市郡明日香村岡）

✿絆を持った人：志斐嫗《しひのおみな》

『万葉集』巻三の二三六に、持統《じとう》天皇が詠《よ》んだ、年老いた侍女への歌がある。詞書《ことばがき》には、「天皇志斐嫗《しひのおみな》に賜ふ御歌一首」とあり、歌は「いなと言へど強《し》ふる志斐《しひ》のが強ひ語《かた》りこのころ聞かずて我《あ》れ恋ひにけり」とある。万葉仮名では「不聴跡雖レ云　強流志斐能我　強語　比者不レ聞而　朕恋尓家里」となる。「「もうたくさん」というのに、なおも無理強いに聞かそうとする、志斐《しひ》婆さんの強い語り、そんなこじつけ話も、ここしばらく聞かないでいると、恋しく思います。」と。「しひ」さんに「しひ」られた、と駄洒落《だじゃれ》を込めた歌でもある。

この歌には志斐嫗《しひのおみな》の返事（二三七）がある。「いなと言へど　語《かた》れ語れと　宣《の》らせこそ　志斐は申せ　強《し》ひ語りと言ふ」と返している。「「もういやです」と申し上げても、「語れ、語れ」と仰せになるからこそ、私（志斐）はお話しするのです。それを無理強いに話すなどと仰るのはひどいことですね」というものだ。駄洒落は分かるけど、まぁひどい！といったところだろうか。今で言ったら、安藤奈津《あんどうなつ》さんはあんドーナツが好きとか、水田《みずた》まりさんが水たまりを飛び越えた！とかそんな感じだ。

長年側《そば》で使えた侍女に戯れに歌を詠みかけたものが採録されたのだろうか。持統天皇は女帝であるが、こんな「女同士の絆（レズソーシャル）」というような記述も、「男同士の絆」ほどではないが、散見される。史料に女性が出現すること自体が男性の十分の一程度だから仕方ない…悔しくも思うが、そもそも少ないという事実が「当たり前」とされて、現在まで続く「問題」の一表象として、大きく取り上げられて来なかったことこそが問題なのだ。

この歌が詠まれたのは、おそらく飛鳥浄御原宮《あすかきよみはらのみや》（奈良県高市郡明日香村岡）だろう。ここは飛鳥の中でも平坦な土地である。史跡としては、皇極《こうぎょく》（斉明《さいめい》）天皇の頃の飛鳥板蓋宮《あすかいたぶきのみや》と同じ場所と考えられている。百人一首に採録された持統天皇の歌「春過ぎて夏来にけらし白妙の衣干すてふ天の香具山」という歌に出てくる香久山はこの宮から真北に一・五㎞あたりにある。現在、天の香具山に登ってみると、といってもそんなに高い山ではないのだが、天の香具山神社や、天岩戸神社、万葉植物園だけでなく、月を産んだ石なんてものがある。まるで『となりのトトロ』の風景にでも出てきそうな緑に囲まれた丘という場所もあり、散策にちょうど良い。

天の香具山の手前には、水時計があった水落遺跡《みずおちいせき》やら、蘇我入鹿の首塚に近い飛鳥寺といった有名どころだけでなく、蓮華紋様《れんげもんよう》をつけた現存最古の鬼瓦《おにがわら》をはじめ、七世紀の瓦が多数出土している奥山久米寺《おくやまくめでら》跡などもある。

ちなみに持統天皇の人生は『天上の虹』という漫画で詳細に描かれており、絵の美しさと共に、古代史を学ぶ前に一読の価値がある漫画の一つだと思う。

読みたい史料

・『万葉集』巻二、第二三六首・第二三七首

2・三蔵法師の愛弟子と知り合い⁉　文武《もんむ》天皇

✿絆を持った人：道昭《どうしょう》・大伴御行《おおとものみゆき》

文武天皇は祖母の持統天皇から譲りを受けて、十年間在位した。名を軽《かる》（珂瑠）と言い、十五歳から二十五歳の期間の治世で、僅か二十五歳で、病で崩御した。十五歳になれば十分と考えられたのだろうが、おそらく早過ぎたのだろう。また父親の草壁皇子も即位前に急死していることから、遺伝的に早死に要素があったと思われる。草壁皇子は天武天皇と持統天皇の子供だが、叔父と姪の婚姻の結果の子供であることも関係するのかもしれない。

それもあるのか、文武天皇が死を覚悟した際に、長男であった首《おびと》皇子（聖武天皇）はいたものの、幼少であり、文武天皇自身も母である阿閇《あべ》皇女に政治を任せたいという意向を伝えていた。このため、文武天皇次代は、文武天皇の母親の元明天皇となる。

父親の草壁皇子が急死したのは、持統天皇三年（六八九）で、軽皇子（文武天皇）は七歳のときに父を失った。七年後の持統天皇十年七月に太政大臣として持統天皇を支えた高市皇子が亡くなった後、翌年二月以前に皇太子となり、同年の八月、持統天皇から譲位を受けて即位した。この後も持統天皇は大宝二年（七〇二）に没するまで政治を補佐した。

文武天皇が親しい関係性を記述される人物は二人と少ない。記述が少ないのは、『続日本紀《しょくにほんぎ》』では一番編纂《へんさん》された回数が多い部分の天皇であるためだろう。次代の聖武天皇はその生誕の記録がこの年に藤原夫人（宮子、不比等の娘）が皇子を産んだとしかない。誕生日が正確に分からない訳だ。（他に紀竈門娘《きのかまどのいらつめ》・石川刀子娘《いしかわのとねのいらつめ》も嬪《ひん》という位の妻であったらしい。）

文武天皇は在位中に道昭と大伴御行の二人の人物の死に遇い、天皇として悼む言葉を送っている。まず、道昭から紹介したい。

道昭は唐に留学経験があり、当時最新の仏教を伝えた僧侶であった。彼の人生のあらましは国の史書である『続日本紀』に長く引用されているのだが、これが萌える。『続日本紀』はどうしてこれを採録したのかというほどの詳細な記述だ。

文武天皇は道昭の死を「甚悼惜《はなはだいたみおしむ》」と甚だ悼み惜しんだという。かなり心の広い人で、弟子がいたずらで糞《くそ》を布団にまいた時も怒らなかったとか。なかなかすごい人物だ。道昭は、中国に留学して帰国後、日本の仏教に新しい考え方をもたらした僧侶なのだが、中国ではあの有名な玄奘三蔵《げんじょうさんぞう》（三蔵法師《さんぞうほうし》）に師事し、特に愛されて同じ房で生活するまでに愛されたとか…。玄奘は道昭という弟子を得たことを砂漠で乾いた時に梨を恵んでくれた沙門（僧侶）に例えている。玄奘も有名人だが、彼に特別に愛されたというのは、なかなかすごい経歴ではないだろうか。

その後、宝物の鐺子《なべ》（金属製の鍋）を貰《もら》うも、帰国の際に嵐を鎮めるために海中に投じた逸話なども詳細に記される。帰国後は元興寺《がんごうじ》の東南の隅に院を建てて住んでいたらしい。建築の知識があったようで各地を回って橋を造ったとか。死を間近にしては座禅《ざぜん》していたが、ある日、院から良い香りがするのに、弟子が気付き、驚いて近寄ると亡くなっていたという。火葬後の灰を弟子らが争って集めようとしたが、突然に嵐が起こって、吹き飛ばされてしまったとか。灰の分配など釈迦《しゃか》の死後の逸話に似ているような…。文字で分かっている日本最初の火葬はこの道昭とされている。火葬された栗原のあたりはキトラ古墳やその展示施設の「四神《ししん》の館」なども近いあたりになる。近鉄の壺阪山駅から徒歩十五分程度だ。

ここでの元興寺は平城宮遷都後も右京に移築されたなんて記述もあるので、今の元興寺ではなく、藤原京の元興寺である。但し寺の名前も変化しており、比定地も変化しているのが現状だ。

大伴御行《みゆき》は、壬申の乱の功臣の大伴長徳《ながとこ》の子で、彼自身も壬申の乱で褒賞を得ている。天武朝と持統朝で順調に出世し、『万葉集』十九巻の四二六〇首では、壬申の乱が平定された後の歌として、

十九／四二六〇　大君は　神にしませば　赤駒の　腹這ふ
田居を　都と成しつ

と、「大君（天武天皇は）は神でいらっしゃるので、栗毛の馬が腹まで水に漬かって耕作する田んぼでさえ、皇都と成してしまわれた」というような意味の歌を詠んでいる。びしょびしょの土地を都としたという意味だが、これが飛鳥浄御原宮なのか、藤原京なのかはどちらも可能性がある。この歌が記録されたのが、天平勝宝《てんぴょうしょうほう》四年二月二日（に大伴家持《やかもち》がこれを聞いて記した）というのだが、既に存在していた宮の上と考えられる飛鳥浄御原宮よりも、田んぼであった土地を都としたという事実が相応《ふさわ》しいのは藤原京だろう。また、藤原京の造営計画は天武天皇の生存中から考案されていたということも言われるようになっている。

大伴御行が亡くなった際には文武天皇に「甚悼惜《はなはだいたみおし》」まれ、不比等が喪のことに派遣されて詔を読み上げている。大伴旅人や家持は彼の子孫である。

文武天皇の陵は、国宝の壁画で有名な高松塚古墳から道路を挟んだ向かい側にある、中尾山古墳《なかおやまこふん》だ。…というのが、八角形の古墳は天皇レベルと分かってから、一番有力な説である。しかし、これは宮内庁が明治時代に定めた陵とは異なる。一時期はどれが文武天皇陵であるのかが分からず、江戸時代末期にも諸説あったらしい。明治時代に一番確からしいとして宮内庁が比定したものはそこから更に十分ほど歩き、キトラ古墳を過ぎた場所にある。ちなみに、高松塚古墳から逆方向には天武天皇と持統天皇の陵があり、親族がかなり近場（とは言ってもそれぞれ、徒歩十分ずつはかかるが）

中尾山古墳

に葬られていることも分かって面白い。

読みたい史料

・『続日本紀』文武四年三月己未《きび》条（十日）
・『続日本紀』大宝元年正月己丑《きちゅう》条（十五日）

第四章　平城宮編

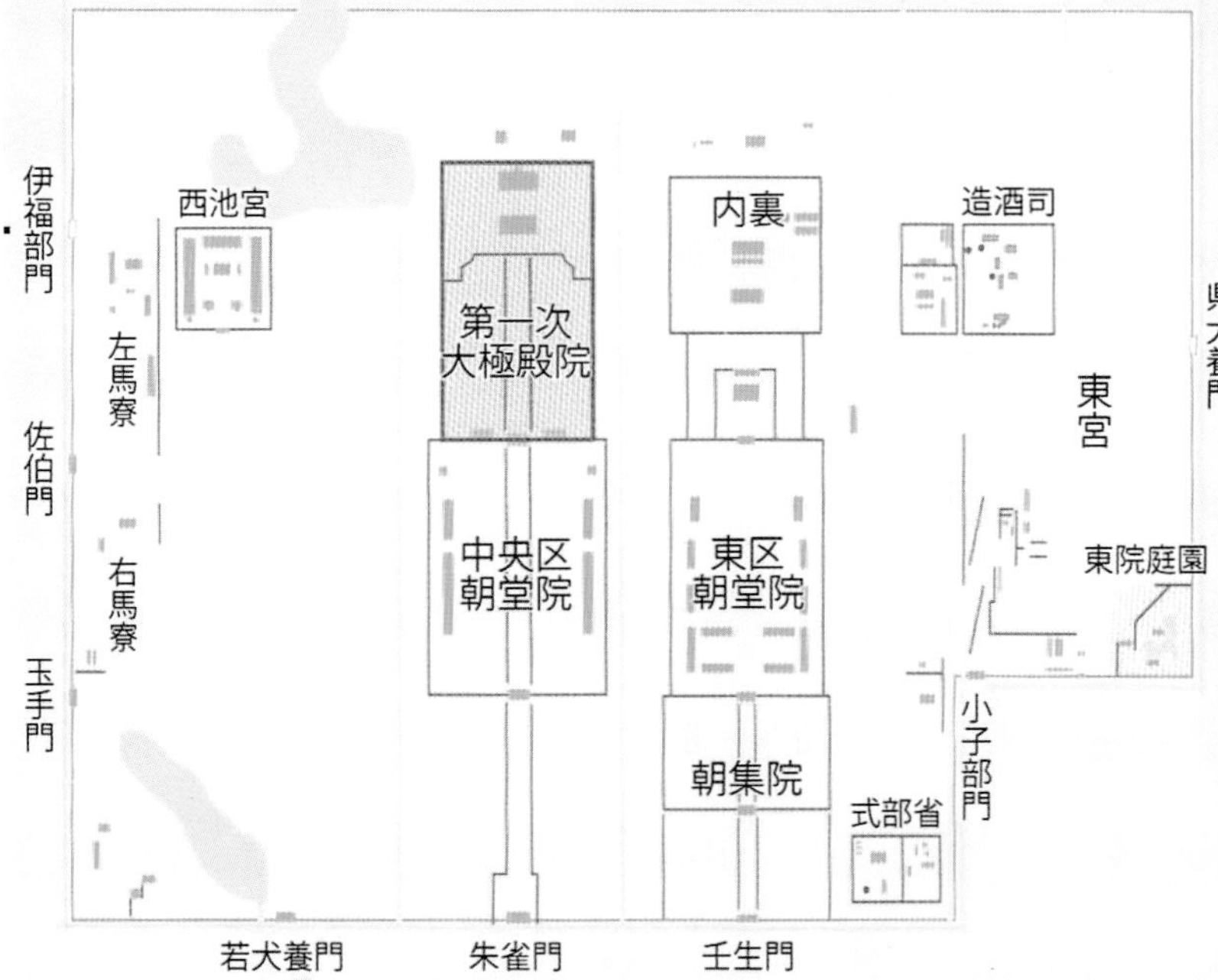

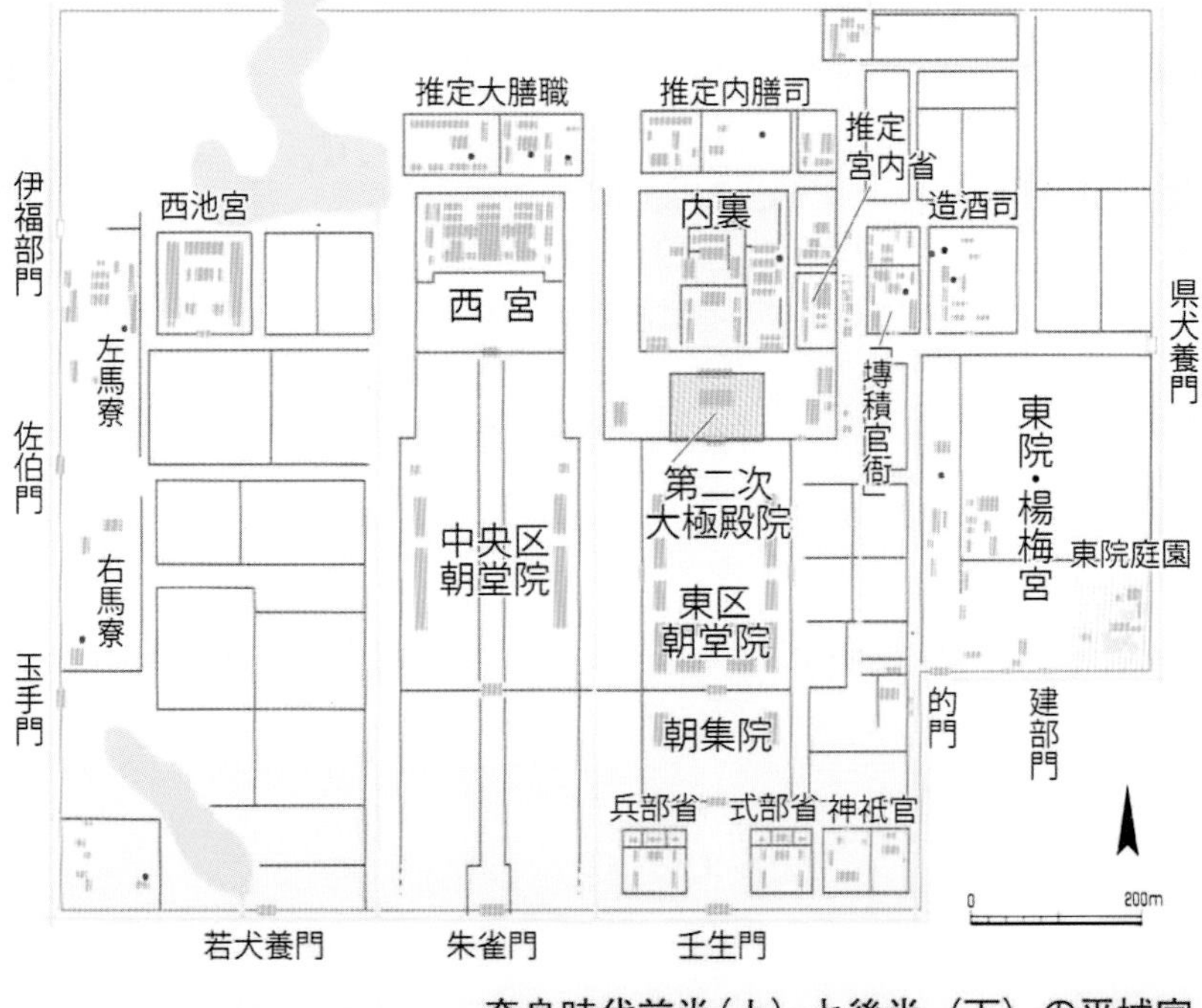

奈良時代前半（上）と後半（下）の平城宮

平城京条坊

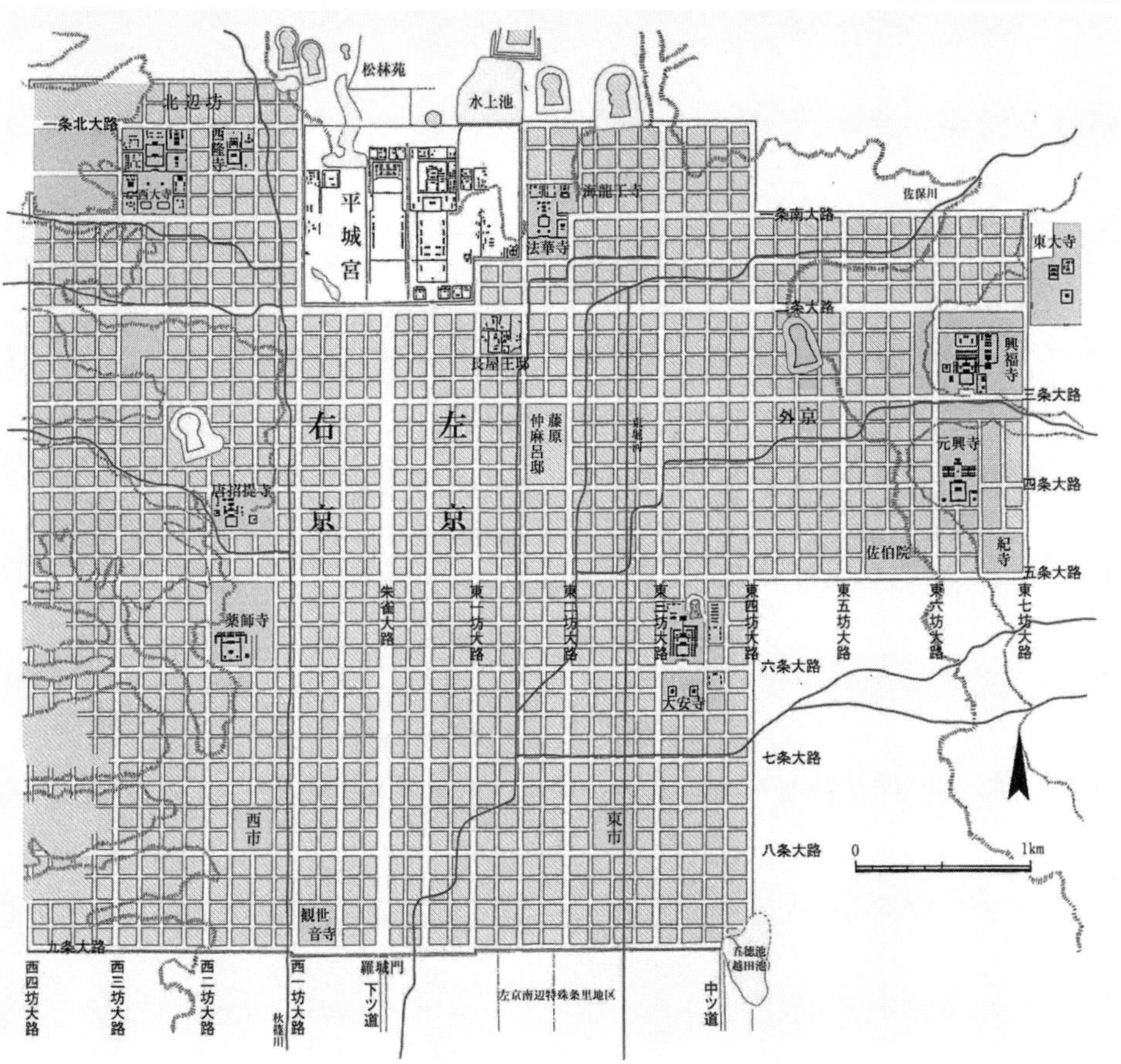
松林苑
水上池
北辺坊
一条北大路
西隆寺
西大寺
平城宮
海龍王寺
法華寺
佐保川
一条南大路
東大寺
二条大路
長屋王邸
興福寺
三条大路
右京
左京
藤原仲麻呂邸
外京
元興寺
唐招提寺
四条大路
佐伯院
紀寺
五条大路
薬師寺
朱雀大路
東一坊大路
東二坊大路
東三坊大路
東四坊大路
東五坊大路
東六坊大路
東七坊大路
六条大路
大安寺
七条大路
西市
東市
八条大路
0
1km
観世音寺
九条大路
五徳池（越田池）
西四坊大路
西三坊大路
西二坊大路
西一坊大路
秋篠川
羅城門
下ツ道
左京南辺特殊条里地区
中ツ道

このⅣ平城宮編は、真面目に語ろう。平城宮跡の発掘調査を主たる使命《ミッション》とする、奈良文化財研究所を職場としていた筆者の仕事でもあったため、少々詳しく知りすぎている部分もある。また、職場の展示は「天皇」をあえて避けてきているのでは?という雰囲気もあった。戦後すぐに設立された組織のため、天皇を賛美することに繋がる全てを避けてきたためかもしれない。また、奈良時代にここでどんな事件があったのかの紹介などは二〇二三年時点で展示にされていない。

平城宮は平城京の中に設置されていた。形は正方形に加え、東に張り出し部がある。平城京も相似形だ。平城京の大きさは南北約四・八km、東西約四・三kmであり、平城宮の大きさは東西一・三km、南北一kmだった。中国（唐）の都市、長安をモデルに半分の大きさで計画されたと考えられている。平城宮はその中を近鉄奈良線が走っており、大和西大寺から新大宮駅の間に乗車すると、北に大極殿、南に朱雀門《すざくもん》が見られる場所がある。これは明治時代には場所すら不明となっていたこと、また当初推定された平城宮の範囲よりも広く宮が広がっていたことが、発掘調査により判明したためである。朱雀門の南は「朱雀門ひろば」となっているが、これも一九九〇年に朱雀門が復原整備された後に、奈良時代の道幅や植栽を含めて実物大で再現されるようになったものだ。

平城宮の発掘調査は七十年で全体の半分程度しか進んでいないが、既に調査が行われた区域を四つに分け、それぞれの場所で形成されたと考えられる天皇との絆について紹介していきたい。区分けは①大極殿《だいごくでん》（第一次大極殿）、②平城宮内裏《だいり》、③第二次大極殿《だいにじだいごくでん》と東方官衙《とうほうかんが》・東院・中宮院《ちゅうぐういん》、④西宮《にしみや》（第一次大極殿院の跡地）の四つになる。番号順に西から東の区域を扱う。ざっくりとしたまとめだが、大極殿や大安殿《だいあんでん》、豊楽殿《ぶらくでん》は儀式空間、内裏や宮は天皇の居住空間、官衙は政治実務を行った場所ということを頭に置いて読み進めると、分かりやすくなるはずだ。

なお、平城京に都があった奈良時代は女帝も多く即位していた。このため、第四章はLGBTQに限らず、女帝と男性臣下の絆の記述についても一定程度扱っている。史料を網羅することを重視した結果である。また、異なる場所で絆を築いたことが読み取れる天皇もいるため、同じ天皇を複数回取り扱うこともある。

① 大極殿《だいごくでん》―第一次大極殿院

平城宮の第一次大極殿院《だいごくでんいん》は、現在復原工事の途上である。大極殿院とは大極殿を中心として、門や楼閣《ろうかく》、回廊で囲まれた部分だ。二〇〇九年に大極殿の復原工事が完了し、現在は中に入って見学することができるようになっている。一部分はガラス張りの扉が設置してある等、現代のものも混じるが、基本的には木材に丹土塗《につちぬり》という赤い色を塗装している。二〇二二年には南側に大極門という門が完成した。東楼や西楼、回廊も順次復原されていく予定となっている。二十年後にはこの部分の中心建物の復原工事がひと段落する予定となっている。この大極殿、奈良文化財研究所の建築史の研究者によって、きちんとした復原研究が行われ、それに基づいて復原工事が行われたため、日本の宮殿の復原という意味では実はかなりすごいものなのだ。奈良時代までに建っていた建物で現在も残っているものは法隆寺中門や薬師寺東塔などがあるが、それらの意匠《いしょう》も逐一検討した上で、このような建物であっただろうということが推定されている。残念ながら、復原工事そのものの文献史学の研究者の理解は今一つ進んでいないが、多くの人にこのような建物が建っていたのだという雰囲気を理解してもらうために大事なことなのだ。

大極殿

とりあえず、実物大での復原であり、中にも入れる（しかも無料）というのは、観光には最適である。平城宮内には六つも博物館がある（平城宮いざない館・平城宮跡資料館・遺構《いこう》展示館・東院《とういん》庭園・みはらし館&うまし館・復原事業情報館）ため、ぜひ訪れてもらいたい。更に、天平祭《てんぴょうさい》という祭が年四回開かれ、ゴールデンウイークに催される春の天平祭では、多くの奈良時代の衣装に扮した人々が、平城京遷都の詔が読み上げられた瞬間を再現するイベントが行われる。他にも、衛士隊の再現をはじめとして、奈良時代がどんな様子であったかを再現する情熱は目を見張るものがある。日本古代史を愛する一人としては半永久的に継続されてほしいと考えている。

1・平城京に遷都《せんと》したのは女帝！　元明《げんめい》天皇

絆が分かる人：大伴宿祢安麻呂《おおとものすくねやすまろ》、佐伯宿祢石湯《さえきすくねいわゆ》と紀朝臣諸人《きのあそんもろひと》

最初に断っておくと、元明《げんめい》天皇は女帝である。知っている人には常識かもしれないが、奈良時代は女帝が多い。平安時代以降は女帝が即位することがなくなってしまい、男性優位が強化されるのだが、奈良時代は女帝も大活躍である。天皇となると、そこに性別は関係することなく、権力を持つことができた可能性が高い。木簡《もっかん》資料も性別を厳密に分けていないものもある。例えば、山形という名前の天皇の孫にあたる人物は「山形王」とも「山形女王」とも書かれる。その人物への貢納品につけられた荷札木簡《にふだもっかん》などにそういった文字があるのだ。これはその貢納品《こうのうひん》を納める相手が天皇の孫「王」であることが重要で、性別はそんなに重要視されていなかったということだろう。

元明天皇の最も有名な事績は、平城京遷都だろう。場所で区分をした平城宮編の大極殿に初めて君臨したのは女帝だったのだ。他にも、国の制度（律令《りつりょう》体制）を整え、全国の道路の整備や支配領域の拡大、度量衡《どりょうこう》の制定、和同開珎《わどうかいちん》（銅銭）の普及、『古事記《こじき》』『日本書紀《にほんしょき》』や『風土記《ふどき》』の編纂も行った。律令遵守《じゅんしゅ》を命じて綱紀粛正《こうきしゅくせい》を行い、更に民への救済策も打ち出すなど、政策の数はかなりである。これまではこういった事績は大臣の藤原不比等によるものという解説が主流だ。確かに不比等の働きは認められるべきだが、その見方はもしかしたら、近代以降の歴史学者のジェンダーバイアスによるものかもしれない。政策の最終決定は天皇であるのだから、元明天皇がゴーサインを出したことになる。現代の天皇よりもずっと大きな権力だ。

さて、元明天皇との絆が分かる人として挙げた内、大伴宿祢安麻呂《やすまろ》は、壬申《じんしん》の乱で、大海人皇子《おおあまのみこ》（天武天皇）を助けた叔父の吹負《ふけい》に従って、吹負が飛鳥古京《あすかこきょう》を襲撃して占拠したことを、不破宮の大海人皇子に伝えたことになっている。大伴は武門として有名な氏族でもあり、安麻呂の父の長徳《ながとこ》と、長徳の弟の馬来田《まぐた》は天武天皇の項でも扱った。『続日本紀《しょくにほんぎ》』和銅《わどう》七年五月丁亥《ていがい》条は、大伴安麻呂が亡くなった際に、元明天皇が「帝深悼之」と深く悼んだとある。七一四年だから、六七二年の壬申の乱の四十二年後になる。乱のときに十五歳だったとしても五十七歳になる。当時としては長生きであるし、その後も天武・持統・文武・元明と仕え続けているための書かれぶりだろう。

安麻呂の子は大伴旅人《たびと》、『万葉集』を編纂した大伴家持《やかもち》は旅人の子で安麻呂の孫になる。安麻呂は三首を『万葉集《まんようしゅう》』に採録されている。

佐伯宿祢石湯と紀朝臣諸人は、征越後蝦夷将軍《せいえちごかいしょうぐん》・副将軍として東北に派遣され、無事に征討を成しとげて帰京したため、「召見特加二優寵一」と元明天皇に謁見《えっけん》し、優寵《ゆうちょう》を加えられたという。佐伯宿祢石湯は伊勢守《いせのかみ》であり、持統太上天皇《じとうだじょうてんのう》の行幸《ぎょうこう》の際に封《ふう》十戸を賜ったことや、この蝦夷《えみし》征討の後に藤原京の朱雀大路《すざくおおじ》に騎兵《きへい》を並べ、隼人と蝦夷を率いた記録がある。佐伯氏も武門で有名な一族である。平城宮の西側、現在の奈良文化財研究所の前にある門は佐伯門だったと考えられているが、この門を守るのが佐伯氏だったための門号と考えられている。もう一人の紀朝臣諸人は紀橡姫《きのとちひめ》の父で、光仁《こうにん》天皇の外祖父《がいそふ》になる。桓武天皇の曽祖父《そうそふ》となる。このため、宝亀《ほうき》十年に従一位を追贈《ついぞう》され、延暦《えんりゃく》四年に正一位太政大臣を追贈され、生前は従五位下であったのに、最高位にまでなった。歴史学者の視点から考えると、この記事自体が後に正一位になった諸人のために残された可能性もあるかもしれないと考える。元明天皇の治世の記述は『続日本紀』の編纂過程で何度も短くされたと考えられている。その過程を経てすら「優寵」という表記が残るのは、おそらく諸人が光仁天皇や桓武天皇の先祖で、『続日本紀』編纂時点での最高権力者の祖父となったことが大きいのではないかということだ。

霊亀《れいき》元年正月の朝賀《ちょうが》は、平城宮に遷都《せんと》して初めての朝賀になり、この時に大極殿に君臨したのは元明天皇だった。この時は、東北の蝦夷や、南の島（奄美《あまみ》諸島・屋久島・吐噶喇《とから》列島・石垣島・西表島《いりおもて》（又は久米島《くめじま》））からも来朝して、貢物《みつぎもの》が献上され、朱雀門の前で騎兵が陣を整列させ、鼓吹《くすい》（古代の軍隊用の楽器で鼓や笛）が鳴らされたとか。その豪華さはなかなかのものと想像される。朱雀門と大極殿と大極門は既に復原工事が完了しており、想像の一助となるだろう。東楼と西楼、回廊も今後二十年程をかけて復原される予定なので、ぜひ行ってみてほしい。

元明天皇陵とされるのは、奈保山《なほやま》東陵で、近鉄奈良駅から北上していくこと三㎞、奈保山御陵というバス停から、東に二百m程入ったあたりにある。元明天皇も祀る奈良豆比古《ならずひこ》神社の西にあたるが、道は続いていない。神社から拝所《はいしょ》は古墳をぐるりと回らされる。なんと古墳と同じ山の中にも住んでいる人もいる。薄葬《はくそう》を命じたとはいえ、なんとも長閑《のどか》だ。なお、奈保山御陵のバス停から西に七十mの奈保山西陵は娘の元正天皇陵と比定されている。

読みたい史料

・『続日本紀』和銅《わどう》七年五月丁亥朔《ていがいついたち》条（一日）
・『続日本紀』和銅二年八月戊申《ぼしん》条（二十五日）
・養老《ようろう》三年正月辛卯《しんぼう》条（二日）：平城宮初の朝賀

2・養老《ようろう》の霊泉《れいせん》で若返った⁉　元正《げんしょう》天皇

✿絆が分かる人：
藤原朝臣不比等《ふじわらのあそんふひと》、山田史御方《やまだのふひとみかた》

元正天皇も女帝で、母である元明天皇の後に即位した。女帝から女帝への譲位はこの時だけになる。

在位した七年間（霊亀《れいき》元年（七一五）～神亀《じんき》元年（七二四））の間に、かなり色々なことをしている。まとまった形で現存する内では最古の法律書である『養老律令《ようろうりつりょう》』を完成させたし、舎人《とねり》親王らを撰者とした『日本書紀』も完成させた。国家の農地の私有を三代にわたって認める三世一身《さんぜいっしん》の法も元正天皇が定めた法律だ。他にも書面に印を捺すことを定めたり、僧侶の身分証明書（公験《くげん》）を制定したり、銀・銀銭と銅銭の交換比率を定めたり、女医博士を初めて設置したりもした。日本で『チャングムの誓い』のような初の女医のドラマを創るならこの時代になる。それなのに、東京のメディアは奈良を軽視し過ぎている。…いや、東京に十分な情報が届いていないのだ。平城宮いざない館は展示施設としてはかなり素晴らしいが、私自身、日本古代史を専門で勉強していたはずなのに、その開館すら、奈良文化財研究所に着任するまで知らなかった。要するに、宣伝不足なのだ。

元正天皇との絆が分かる人物として藤原朝臣不比等《ふじわらのあそんふひと》と山田史御方《やまだのふひとみかた》を挙げたが、藤原朝臣不比等は、前述の『養老律令』編纂に関わったことで有名だ。その不比等が亡くなった時に元正天皇が出した詔の中に「惻隠《そくいん》於心」とか「帝深悼惜焉」などの表現が見られる。心から哀れに想い、深く悼み惜しむということだ。

山田史御方は、僧侶であったのに還俗《げんぞく》した珍しい人物であるが、鼠小僧《ねずみこぞう》のような義賊《ぎぞく》的側面がある。周防守《すおうのかみ》であった時代に税金の一部を盗んでいたことが明らかになり、恩赦《おんしゃ》で許すも盗んだ分を弁償させようとしたところ、御方の家には一尺の布もなかったので、恩寵を加えて財物を徴収しないようにせよ、という詔が出されているのだ。盗んだ官物を自分のものにせずに貧しい人々に与えていたということだ。

御方は、養老五年正月に皇太子の首皇子（聖武天皇）のために退朝《たいちょう》（奈良時代の公務員は基本的に午前中勤務なのだ）ののち東宮に侍するよう命ぜられているので、聖武天皇の家庭教師的な役割を果たしたと考えられる。このこともあって、養老六年四月の弁償免除となったのだろう。

元正天皇の詔で一番ツッコミたいものを紹介しよう。元正天皇は改元を行っているがその時の詔だ。詔の内容は、美濃国多度山の美泉の効験を称えて養老と改元するもので、「九月に美濃国《みののくに》（岐阜県）の不破行宮《ふわあんぐう》に行幸し、当耆郡《たきぐん》多度《たど》山の美泉で、元正天皇自身が手と顔を洗ったところ、皮膚が滑らかになり、痛いところを洗ったら、治ってしまった。また共に飲んだり浴したりした者は白髪が黒くなり、ハゲた髪が生え始め、夜目《よめ》が利くようになり、他の病もみな治ってしまった。」と言っている。不破の名水はカルシウムやマグネシウム等の髪質に良い影響を与えるミネラルが多く含まれると、現地の水を売る業者は宣伝している。多少の効果はあったにせよ、ハゲた髪が元に戻るとは…ちょっとびっくりである。水で洗って痛みが取れたり、飲んでハゲた髪が生えたりなんてことは、今の技術でも難しそうである。

この改元の詔は、美濃国への行幸が話題になっているが、出された場所は、第一次大極殿の軒先と考えられている。

元正天皇陵は、近鉄奈良駅から北に三㎞の奈保山西陵と比定されている。母の元明天皇の西隣にある古墳だ。奈保山御陵のバス停から西に七十m入った所にある。ここから南に一・五㎞の所には甥にもあたり、元正天皇が譲位した聖武天皇と光明皇后の墓もある。途中に大仏鉄道関連の近代遺跡や、鴻池《こうのいけ》グラウンドという運動施設（スタバもある）を通って、近鉄奈良駅までお散歩することもできる。

読みたい史料

- 『続日本紀』養老《ようろう》四年八月癸未《きび》条（三日）
- 『続日本紀』養老六年四月庚寅《こういん》条（二十日）

3・黄金と相撲取りを愛した？　聖武《しょうむ》天皇

✿絆が分かる人：藤原朝臣武智麻呂《むちまろ》、百済王敬福《くだらのこにきけいふく》、高倉朝臣福信《たかくらあそんふくしん》

聖武天皇は東大寺を造ったとか、大仏建立を発願《ほつがん》したとかで知らない人はいないだろう。小学生の歴史では人物を扱うことが多いが、そこで名前が出てくることもあるかと思う。

聖武天皇は大宝元年（七〇一）に誕生したが、誕生日は『続日本紀《しょくにほんぎ》』に記されない。書かれ方は藤原夫人（藤原宮子）がこの年に皇子を産んだということだけだ。

慶雲四年（七〇七）、満六歳で父文武天皇が崩御してしまい、祖母が元明天皇、伯母が元正天皇として即位し、聖武天皇が即位したのは神亀元年（七二四）二十三歳の時だった。その後二十五年間在位するが、その間に天然痘《てんねんとう》によって、大臣が半分も亡くなったり、藤原広嗣《ひろつぐ》に反乱を起こされたり、遷都を繰り返したりと、なかなか大変な治世だった。

聖武天皇は二十五年も在位していたので、絆が分かる人物もそれなりの人数になる。このため、この場所がその人物との関係の形成にゆかりが深いと推測できる場所ごとに数人ずつを紹介していきたい。第一次大極殿院では、藤原朝臣武智麻呂《むちまろ》、百済王敬福《くだらのこにきけいふく》、高倉朝臣福信《たかくらあそんふくしん》の三人になる。

藤原朝臣武智麻呂は、不比等の息子で、藤原四兄弟の長男だが、なんと、聖武天皇の兄貴的な行動をしているシーンが『続日本紀』にみえる。養老三年の正月に、元正天皇が大極殿で朝賀を受けた。この時に皇太子のリード役をつとめたのが、藤原武智麻呂だったというのだ。

武智麻呂は藤原南家の祖とされるが、その理由は平城宮の南に邸宅があり南卿と言われたからとされる。まだ発掘調査はされていないので、武智麻呂の邸跡は確定していないが、平安時代の貴族の名前、例えば武智麻呂の子孫にもあた

る五摂家《ごせっけ》（近衛家《このえ》・鷹司家《たかつかさ》・九条家・二条家・一条家）のように、場所が由来の名前が奈良時代からあったのは面白い。五摂家も奈良時代の伝統を引き継いでの命名というのが正確なのだが。

平城宮で誰の邸跡であるか確定している人物はかなり少ないのだが、長屋王はその一人だ。自刃に追い込まれた悲劇でも有名だが、その邸跡は大型商業施設になっている。この商業施設は最寄りの駅から徒歩十五分ほどで、地の利が今一つであるため、長続きしないことで有名で、十年程度でテナントが交代してきた経緯があり、冗談こみで、長屋王の呪いなんて呼ばれている。この長屋王が失脚した後に台頭したのが武智麻呂でもある。妹にあたる光明子を聖武天皇の皇后にしたのだが、臣下出身だと天皇の妻であっても最上位の皇后にまではなれないことになっていた決まりを変えて、皇后につけたのだ。妹が天皇の妻となる素地《そじ》はきっと儀式の際にリード役をつとめる形での絆の形成があったことを示すだろう。

九年後の天然痘《てんねんとう》の大流行で武智麻呂をはじめとして房前《ふささき》・宇合《うまかい》・麻呂《まろ》の四兄弟はみな病死してしまったが、おそらくこれが理由で、第一次大極殿院では一度だけ大般若経を読み上げる儀式が行われたという。四兄弟の中でも武智麻呂の危篤に際しては「朕以惻隠」という聖武天皇の思いが『続日本紀』に表現され、皇太子基王が亡くなった時と同じく罪人への大赦が行われている。聖武天皇自身の武智麻呂への愛着はやはり兄貴に対するような特別なものがあったのではないかと推定される。

武智麻呂は死後、佐保山で焼かれ、その後は奈良の南の方、五條市《ごじょうし》にある栄山寺《えいざんじ》の裏山に葬られているという。武智麻呂自身の創建と伝えられ、現存する八角堂《はっかくどう》で建築史では有名なお寺である。この八角堂は武智麻呂の追善供養のために、子の藤原仲麻呂が建てたものとされる。堂内の中心にある正方形の須弥壇《しゅみだん》の四隅の八角柱が構造上、重要なんだとか。梵鐘も寄進されたものだが、叔父と甥の関係にある藤原道明（甥）と橘澄清（叔父）という平安時代初期の貴族の連名で、二人が創建した道澄寺《どうしょうじ》に寄進したものが、廃寺の際にか、移されたものという。この二人は『延喜式《えんぎしき》』という、律令の施行細則（格式）の一つの編纂にも関わっていた。『延喜式』は日本古代史の研究上は避けて通れない位有名な史料だ。日本全国の神社の格付けを書いた部分もあることから、神社の説明版に書かれていることも多いので、聞いたことのある人もそれなりにいると思う。また、中世になるが、南朝《なんちょう》の後村上天皇・長慶《ちょうけい》天皇・後亀山《ごかめやま》天皇が行宮《あんぐう》を置いた（一時的に滞在した）こともあるのだとか。

百済王敬福は、聖武天皇の寵遇を受けたとあるが、それは性格が理由のようで、おおらかで酒色を好んだという。更に清貧の者に財を分け与えてしまうため、家には余分な財物はなかったともある。彼は東大寺の大仏を造営する際に鍍金《ときん》のための黄金を見つけて献上したことで有名だろうか。これによって、一気に従五位上から従三位を授かり、それまでよりは上のランクの役職を歴任することになった。宮内卿《くないきょう》までつとめたというから、人生の後半はかなり宮中と近しかったと推定される。平城宮跡では推定宮内省の建物が復元されているが、このあたりで勤務していたことになる。なお、百済王敬福の黄金献上の逸話を紹介するための博物館が宮城県遠田郡涌谷町《とおだぐんわくやちょう》にある「わくや万葉の里 天平ろまん館」である。

高倉朝臣福信は、聖武天皇が非常に恩幸を加えたとされる。元々武蔵国《むさしのくに》高麗《こま》郡の人で背奈《せな》という苗字で表されることもある。高麗郡は高麗の人を住まわせた土地であり、福信も高句麗《こうくり》が唐に攻め亡《ほろ》ぼされたときに日本に帰化した福徳の子孫とされる。ある時、伯父に伴われて平城京に入り、石上衢《いそのかみのちまた》で相撲をとったところ、とても強く向かうところ敵なしだったという。このことが宮中にも噂で聞こえ、福信は内竪所《ないじゅしょ》に仕えることになった。ここから武官の下っ端の右衛士大志《うえじのたいし》となり、天平年間には二十九歳で外従五位下となり、三十四歳で孝謙天皇の春宮亮《とうぐうのすけ》となった。その後も権力に上手く取り入り、淳仁天皇の藤原仲麻呂政権下では紫微中台《しびちゅうだい》の中の紫微少弼《しびしょうひつ》や信部大輔《しんぶたいふ》であったり、称徳天皇の道鏡政権下では法王宮大夫《ほうおうぐうだいぶ》を兼任したりしたようだ。それぞれの政権下のみで存在した特殊な役職名を兼ねているところが興味深い。福信自身としては、孝謙天皇の東宮に仕えた縁を機として、職を得続けたといえるが、その大元は相撲が強かったことというのだから、芸は身を助くというのが適切かもしれない。なんだかんだ長生きで八十一歳の長寿であったという。

読みたい史料

- 『続日本紀』霊亀《れいき》元年正月甲申朔《こうしんついたち》条（一日）
- 『続日本紀』養老《ようろう》三年正月辛卯《しんぼう》条（二日）
- 『続日本紀』天平《てんぴょう》十八年六月己亥《きがい》条（十八日）
- 『続日本紀』神亀《じんき》五年九月丙午《へいご》条（十三日）・壬子《じんし》条（十九日）
- 『続日本紀』天平九年七月乙未《いつび》条（二十三日）・丁酉《ていゆう》条（二十五日）
- 『続日本紀』天平勝宝《てんぴょうしょうほう》八歳五月乙亥《いつがい》条（二十二日）
- 『続日本紀』天平宝字八年十二月乙亥《いつがい》条（十三日）
- 『続日本紀』天平勝宝八歳五月丙子《へいし》条（二十三日）
- 『続日本紀』天平神護《てんぴょうじんご》二年六月壬子《じんし》条（二十八日）
- 『続日本紀』延暦《えんりゃく》八年十月乙酉《いつゆう》条（十七日）

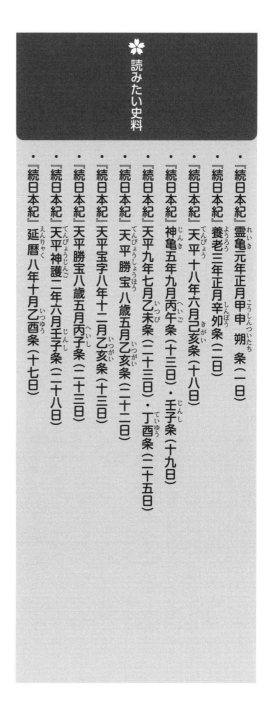

② 平城宮内裏《へいじょうきゅうだいり》

二番目の場所として、平城宮内裏《へいじょうきゅうだいり》を挙げたが、ここは第一次大極殿の東にあたる。地図を参照してほしい。東区と呼ばれるあたりの上部分（東区北方）が、奈良時代を通じて、天皇や皇族の住まいであったと考えられていて、掘立柱建物《ほったてばしらたてもの》が建てられていた。建物はおそらく檜皮葺《ひわだぶき》、白木造《しらきづく》りで、この三点が揃って、日本古来の伝統を重視した建物とされる。柱跡が発掘された場所にはツゲの木を植えて示されている。これが、奈良文化財研究所のゆるキャラ「ツゲジイ」の由来である。ツゲが採用されているのは根が地下深くまで伸びないので、比較的地下の遺跡を破壊しにくいと考えられているためだ。平城宮は北が南より高く造ってあるが、内裏部分はその東西の第一次大極殿院や東方官衙《とうほうかんが》よりも少しだけ標高が高くなっている。雨の日に水が溜まってぐちゃぐちゃになることはなかっただろう。これが前期後期に分かれるが、この場所に七十年も宮が置かれ続けた理由の一つかもしれない。（藤原宮や、長岡宮などは悪い水はけが原因で、十年程度で宮が遷ったというのも有力な説だ。）

細かい話をすると、発掘調査から六つの時期に分けて建物の配置や区画が変化しており、聖武天皇から称徳天皇の間が、一番建物が密集して建てられている時期にあたる。

ここでは天皇の住まい相当の場所にも入ることができただろう（ＶＩＰ《ビップ》な）人物とその一側面を取り上げたい。

1・雪かきのお礼はお酒！　元正《げんしょう》天皇

✿絆が分かる人：
藤原朝臣不比等《ふじわらのあそんふひと》、元明《げんめい》天皇、
山田史御方《やまだのふひとみかた》、橘諸兄《たちばなのもろえ》

元正天皇にとって藤原不比等は、弟文武《もんむ》天皇の配偶者藤原宮子《みやこ》の父にあたる。亡くなった時に悼む訳だ。政治的な重要人物というだけでなく、親戚にもあたるため、おそらく不比等は内裏《だいり》に参内《さんだい》することもそれなりに多かったと考えられる。…そもそも内裏で貴族を集めての宴が開催されるということも結構あったのだが。不比等が亡くなった時に元正天皇が出した詔の中に「惻隠《そくいん》於心」とか「帝深悼惜《いたみおしむ》焉」などの表現が見られる。心から哀れに想い、深く悼み惜しむということだ。

母である元明天皇が亡くなった一周忌に、元正天皇が悲しんだ逸話がある。ここでの表現は「瞻-二奉宝鏡一、痛酷之情纏レ懐。敬-二事衣冠一、終身之憂永結。」であり、元明天皇が使っていた宝鏡を見ては痛ましい思いを抱き、衣や冠も憂いを思い出させると、遺品を見ては悲しさが蘇るといっている。五種類のお経を書き写させ、幡《ばん》というお寺に飾る幡《はた》や漆塗《うるしぬ》りの机、銅の器や柳箱《やないばこ》を作らせ、平城京内の諸寺の僧尼二六三八人に菩提《ぼだい》を祈らせている。

山田史御方は、養老五年正月に、皇太子の首《おびと》皇子（聖武天皇）のために退朝ののち東宮に侍するよう元正天皇に命ぜられている。おそらく午後に元正天皇の甥の首皇子（聖武天皇）の家庭教師をつとめた一人であったのだろう。この際に内裏に入った可能性もあるので、ここで再び取り上げた。

橘諸兄は、左大臣にまでなった人物だが、『万葉集』十七巻の三九二二首に内裏と思われる建物周辺で天平十八年正月に雪かきをした際の歌が残されている。

十七／三九二二　布流由吉乃　之路髪麻泥尓　大皇尓　都可倍麻都礼婆　貴久母安流香
降る雪の　白髪までに　大君に　仕へまつれば　貴くもあるか

天平十八年の正月は、十cm以上雪が積もった日があったらしい。雪かきをした後は酒宴となったようで、そこで雪の歌を詠むことになったと詞書《ことばがき》にある。歌の意味としては、降る雪のような白い髪になるまで天皇にお仕えできているのはとても貴い事ですといったところだろう。

この時にその場にいた人物として、藤原豊成《とよなり》朝臣・巨勢奈弖麻呂《なでまろ》朝臣・大伴牛養《うしかい》宿祢・藤原仲麻呂朝臣・三原王・智奴《ちぬ》王・船王・邑知王（大市《おおち》王、後の文室大市《ふんやのおおち》）・小田王・林王・穂積朝臣老《ほづみのあそんおゆ》・小田朝臣諸人・小野朝臣綱手《つなて》・高橋朝臣国足《くにたり》・太《おおの》朝臣徳太理《とこたり》・高丘連河内《たかおかのむらじかわち》・秦忌寸朝元《はたのいみきあさもと》・楢原《ならはら》造東人《あずまひと》の名前があり、五位以上の貴族の約半数がいたとされる。奈良時代の勢力争いの移り変わりの激しさはなかなかのもので、雪のような白髪になるまで仕えられる人はレアである。また天然痘の流行からそこまで時も経ておらず、貴族といえども長生きできない人も多かっただろう。そのような中、歌を詠んだ時に六十三歳という橘諸兄の長命かつ出世ぶりはすごいことである。

その前にそもそも、貴族が宮殿の雪かきをする情景や、その後にお礼の酒宴が開かれる様子に、そんなこともあったのだと思いもする。

読みたい史料

・『続日本紀』養老六年十一月丙戌《へいじゅつ》条（十九日）
・『万葉集』十七巻　三九二二首

2・お坊さんを寵愛!?　聖武《しょうむ》天皇

✿絆が分かる人：
玄昉《げんぼう》、皇太子（基王《もといおう》）、藤原真楯《またて》

玄昉《げんぼう》の名前は聞いたことのある人も多いだろう。奈良ではなかなかの有名人だ。十八年間唐に留学した後に帰国し、仏教面のみならず聖武天皇一家に影響を与える時期があった。一番は聖武天皇の母親の藤原宮子《みやこ》を治療したことだろう。聖武天皇を出産してから廃人のように「沈幽憂《ゆうゆうにしずん》」だ状態であった宮子が、玄昉に会った途端に「恵然開晤《けいぜんとしてかいご》」したという。聖武天皇はたまたまこれを見て、玄昉に褒美を与えた。宮子の状態は今でいう産後うつ病といったところだろうか。経済的に一人で育てられない悩みはないだろうから、出産に際して非常にショックな何事かが起きた可能性もある。玄昉は内道場《ないどうじょう》の仏事《ぶつじ》を主催したとあるため、内裏にはかなり深く入り込んでいたと思われる。天平九年八月に僧正《そうじょう》となっているので、天平九年十月に第一次大極殿院で唯一行われた金光明最勝王経《こんこうみょうさいしょうおうきょう》の講読（天然痘《てんねんとう》との関わりも指摘される）にも玄昉が関わっていた可能性もある。『続日本紀』天平十八年には「栄寵日盛《えいちょうひにさかん》」であり、僧侶としての行いを疎《おろそ》かにしたことで人に悪《にく》まれたとある。この後、天平十二〜十七年の遷都《せんと》の後に失脚するまで、玄昉は政治にも影響を与えたとされる。天平十二年の恭仁宮への遷都は天然痘を避けるためという説もあるが、藤原広嗣の乱を避けるためと長年言われてきた。この藤原広嗣は玄昉と吉備真備《きびのまきび》を政治から排除するように聖武天皇に求めている。この二人は行き帰りとも同じ遣唐使船で日本と唐を往復した点も共通しており、彼ら二人の友情をテーマにしたNHKの時代ドラマ『大仏開眼《だいぶつかいげん》』も存在する。

玄昉にゆかりの場所は多く、玄昉ツアーも楽しめるかもしれない。有名どころとしては、海龍王寺《かいりゅうおうじ》や頭塔《ずとう》がある。海龍王寺は玄昉の請来《しょうらい》の経論《きょうろん》の安置《あんち》したところで、玄昉が住んだ場所と考えられている。場所は平城宮のすぐ東、藤原不比等の邸宅の隣だ。平城宮の東に藤原不比等の邸宅が造られた後、邸の東北隅部分を寺とし、隅院《すみいん》（もしくは隅寺《すみでら》・角寺《すみでら》）と呼ばれたらしい。不比等の邸宅は現在の法華寺《ほっけじ》で、海龍王寺はその隣だ。奈良時代の西金堂《さいこんどう》（重要文化財）と五重小塔《ごじゅうのしょうとう》（国宝）が現存することで建築史では有名である。（ちなみに塔の模型は法華寺や元興寺にもあり、たまに特別公開されている）

頭塔は（失脚して九州の観世音寺《かんぜおんじ》に左遷され、その後密かに殺されたという）玄昉の首が飛んできて落ちた場所という伝説がある。この伝説の真偽は奈良文化財研究所の調査を経ても不明とされ、実忠《じっちゅう》という（東大寺のお水取りを始めた奈良～平安時代初期の）僧侶が作ったと考えられている。頭塔には特別公開などで入ることができる時期がある。およそ日本らしくないといってはあれだが、土塔《どとう》にたくさんの塼仏《せんぶつ》（粘土板に象った仏の姿）が貼り付けられたようなものなのだ。頭塔の近くの十輪院《じゅうりんいん》の本尊や、岡寺の本尊も日本らしくない石仏であるが、似た雰囲気かもしれない。（ちなみに十輪院は元正《げんしょう》天皇が発願《ほつがん》し、岡寺は天智天皇が発願したことになっている。）

失脚した玄昉であるが、死亡記事までの間に称号がどんどん削がれていく。大僧正だったのに、死亡時には僧玄昉となるのだ。左遷された先の大宰府の観世音寺は小さなお寺であるが、日本三戒壇の一つであり、今でも奈良時代の鐘が現存している。（奈良時代に鑑真が来日して受戒（修行者を僧とする儀式）を伝えるまで、日本には授戒できる僧侶がいなかったので、地方とは言え、観世音寺は主要な寺ではあったのだが…。）

皇太子（基王）は、聖武天皇と光明子の間に生まれた唯一の男子だった。神亀四年（七二七）閏《うるう》九月丁卯《ていぼう》に誕生し、生後三十日で皇太子に立てられたが、「幼弱」であったために、神亀五年（七二八）九月丙午《へいご》に亡くなった。聖武天皇は「天皇甚悼惜《はなはだいたみおし》」んだという。幼い子供を亡くして悲しいのは当然のことだろうが、聖武天皇の嘆きが表現されるのは珍しいことで、他には前述の藤原武智麻呂が天平九年に天然痘で亡くなった「朕以惻隠《そくいん》」のみだ。ちなみにどちらに対しても大赦《たいしゃ》という罪人への恩赦《おんしゃ》を行っている。

藤原真楯《またて》（八束《やつか》）は、おそらく研究者でもなければ知らない位、有名ではないが、私はなかなか気に入っている。多才だが出世競争には興味薄めな性格と想像できるのだ。『続日本紀』によれば、度量が深く、公を輔弼《ほひつ》する才能があったために、春宮大進《とうぐうだいしん》とされた。皇太子に仕える立場である。その後、式部大輔《しきぶのたいふ》という人事や功績の記録に関わる役職と、左衛士督《さえじのかみ》という武官の一つのトップを兼ねるようになった。衛士なので、衛兵の指揮をしたイメージだろう。官職を大切にし、私事を慮らなかったため、聖武天皇は感動して特に「寵遇《ちょうぐう》」し、詔で「奏宣吐納《そうせんとのう》」という天皇の言葉を伝える役目を任せた。孝謙天皇の春宮《とうぐう》に仕えた経歴から、天皇一家と個人的な関係性が育まれたのだろう。彼の明敏さには従兄の藤原仲麻呂（恵美押勝）がその能力に嫉妬するほどであったという。藤原仲麻呂は当時の藤原氏の中で一番出世した人と言える。天皇になりたかった説もあるほど、強い権力を握ったこともあって、最後は孝謙（称徳）天皇に恵美押勝の乱で滅ぼされてしまうのだが…。

話は続いて、一族の出世頭、仲麻呂の嫉妬を避けて真楯は邸に引きこもってしまい、書籍を読んで過ごした時期があったらしい。引きこもらなかった藤原仲麻呂が光明子の引きたてで順調に出世した後にゆっくり昇進したが、藤原仲麻呂が恵美押勝の乱で称徳天皇に滅ぼされた際、称徳天皇方についたと想定され、その時に真楯との名を賜ったという。その後、称徳天皇の元で、式部大輔のキャリアを活かして、式部卿《しきぶきょう》という式部省のトップを任され、大納言《だいなごん》という天皇に政治についての意見を述べるまでになった。

真楯の話を読み返すたびに、能力への嫉妬は古代も存在したのだと思い、ついつい身の回りの例を思い出したりして結び付けてしまう。そういう妄想をするものも、なんだかんだ面白い。

読みたい史料

- 『続日本紀』神亀《じんき》五年九月丙午《へいご》条（十三日）・壬子《じんし》条（十九日）
- 『続日本紀』天平十八年六月己亥《きがい》条（十八日）
- 『続日本紀』天平神護《てんぴょうじんご》二年三月丁卯《ていぼう》条（十二日）

コラム1・聖武天皇と光明皇后　夫婦愛♥

光明皇后が聖武天皇に詠んだ歌が残されている。本書ではレアな夫婦愛の紹介もしてみたい。『万葉集』の八巻一六五八番目の歌だ。

○八／一六五八　藤〈皇〉后奉天皇御歌一首
吾背兒与　二有見麻世波　幾許香　此零雪之　懽有麻思
我が背子と　ふたり見ませば　いくばくか　この降る雪の　うれしくあらまし

これは、光明皇后がパートナーの聖武天皇に贈った歌だ。結婚後も和歌を贈るなんて、ラブラブで良い感じ…というのではなく、二人で見たらよりうれしいとあるので聖武天皇は光明皇后と一緒に雪を見ていない訳だ。きっとこの歌を読んで帰ってきたはず、と思いたくもなるが、天平十二年（七四〇）、恭仁宮に遷都する直前の年は一緒に過ごせなかったお正月があるらしい。遷都関連の仕事で大忙しだっただろうが、光明皇后は兄弟も天平九年の天然痘で次々に亡くしてしまって心細いお正月だっただろう。

③ 第二次大極殿《だいにじだいごくでん》と東方官衙《とうほうかんが》・東院・中宮院《ちゅうぐういん》

第二次大極殿と東方官衙・東院・中宮院とまとめてしまったが、ここは奈良時代後半の政治の中心地にあたる。

まず、第二次大極殿は、現在復原されている朱雀門《すざくもん》の東側に、同規模で建てられていた壬生門《みぶもん》という門があり、その北側に、式部省《しきぶしょう》&兵部省《ひょうぶしょう》・朝集殿院《ちょうしゅうでんいん》・第二次大極殿院《だいにじだいごくでんいん》・内裏《だいり》の順に建物群が建てられていたことが分かっている。第二次大極殿院は第一次大極殿院と同じく儀式空間として利用され、奈良時代の前半は掘立柱建物《ほったてばしらたてもの》が建てられていたが、後半には礎石建物《そせきたてもの》に変化したことが分かっている。奈良時代の前半は大安殿《だいあんでん》として使用され、後半は大極殿《だいごくでん》として使用されたと考えられている。どちらも儀式を目的とする建物の名称だ。

次に、東方官衙《とうほうかんが》は、第二次大極殿などの南北の並びの更に東側に存在する場所だ。政治の実務がここで行われたと推定される。内裏の近くは推定宮内省《すいていくないしょう》とされ、復原建物も建てられている。他にも太政官の後と推定される建物が近年発掘調査でみつかっている。

その更に東側に東院《とういん》と呼ばれる部分がある。発掘調査で池付きの庭

復原された東院庭園

園（東院庭園）もあったことが分かり、庭園部分と付属の建物が復原されている。東院の中心部分はさらに北側で発見された大型の総柱建物《そうばしらたてもの》であったとされる。

総柱建物というのは、一間ごとにくまなく格子状に柱を立てた建物で、建物の周り部分だけ柱を立てた側柱建物《がわばしらたてもの》と区分される。ある程度以上の総柱建物は天皇の居住空間のような重要な建物として用いられたと考えられている。

中宮院は、実はどの場所であったのか確定していない。現在内裏と推定される部分であるという説や、第一次大極殿院の跡地の西宮の前に存在した説などがあるが、未確定だ。

平城宮跡の発掘もいまだ道半ばであるし、今後の成果で新たな学説が生まれるかもしれない。

1・ザ・廃帝《はいてい》 淳仁《じゅんにん》天皇

✿絆が分かる人：
藤原朝臣仲麻呂、文室真人浄三《ふんやのまひときよみ》

淳仁天皇は、藤原仲麻呂の傀儡《かいらい》政権であったような印象が強い。『続日本紀《しょくにほんぎ》』には淳仁天皇のみ、治世の巻頭部分に「廃帝《はいてい》」と記されるというイレギュラーぶりだ。

天平五年（七三三）に生まれた時、父の舎人《とねり》親王は五十八歳で、二年後に六十歳で亡くなってしまい、その後はおそらく藤原仲麻呂の援助を受けた。ここも複雑な関係で、藤原仲麻呂の息子の真従《まより》の未亡人（粟田諸姉《あわたのもろあね》）を娶《めと》った縁で仲麻呂の田村邸（現在の奈良市四条大路一丁目付近）に住んだとされる。奈良市役所の南の奈良コンベンションセンターの南の区画にあたる場所で、平城宮の朱雀門まで歩いて二十五分程度だ。現地には仲麻呂を顕彰《けんしょう》する内容の説明版も設置されている。そして、実は父の舎人親王邸とされる場所は藤原仲麻呂邸のごく近所にあたる（地図参照）。平城宮から邸への帰り道を共にするなど、おそらく「ご近所さんづきあい」もあっただろう。舎人親王は『日本書紀』を編纂したが、藤原仲麻呂も『家伝』という先祖の記録を作成したことで有名だ。歴史の話にとにかくアツい二人！なんて状況もあったかもしれない。息子の嫁の新しい夫も養うことができる藤原仲麻呂の経済力や価値観の柔軟性も興味深い。このように経済的に藤原仲麻呂に依存していたため、治世の間、藤原仲麻呂の意のままの政治が行われたとされる。このため基本的には悪名《あくめい》高いイメージなのだが、説明版の解説は「学問に熱心に取り組み「率性聡敏」とされました」とか、「数々の政治改革を成し遂げました」とか「政治の理念は「国の中心となる者が徳のある政治を実施し、それによって民の暮らしやすい国をつくる」といった」といった「仲麻呂推し！」な内容となっている。

有名どころでは、藤原仲麻呂に恵美押勝《えみのおしかつ》の名を与え、大師《たいし》（太政大臣）に任じて種々の特権を許し、官司の名称を唐風に変更しもした。藤原仲麻呂が実質的に天皇権力を掌握していた時期があったという指摘もある。『類聚三代格《るいじゅうさんだいきゃく》』牧宰事《ぼくさいのこと》には僧侶からの提言で全国の道端に果樹を植えるように指示した命令もあり、民のためになる政治もしていたのは確かだ。藤原仲麻呂邸の跡地にある看板は優れた政治家としての面を中心に紹介している。

藤原仲麻呂は、前述の武智麻呂《むちまろ》の子供で、『続日本紀』のその人生の概略を記した部分からは「率性聡敏《りっせいそうびん》」とされ、殆どの書籍を読み、算術に優れていたとされる。聖武天皇・孝謙天皇・淳仁天皇に仕えた。武智麻呂が聖武天皇の兄貴分的な存在、かつ光明皇后の兄なので、藤原仲麻呂は光明皇后の甥にあたる。孝謙天皇ともイトコの関係だ。

天平九年の天然痘の流行で、二十九歳の時に父武智麻呂をはじめとする藤原四兄弟が相次いで亡くなり、仲麻呂は後継者として政治を行うようになった。三十代前半でイトコの藤原真楯《またて》（藤原房前《ふささき》の子）と出世競争の結果、真楯を出仕できないまでに追い込んだなんていうエピソードもある。仲麻呂を引きたてた光明皇后との血縁関係も真楯とは同程度であるから、一層嫉妬がふくらんだのかもしれない。

そんな風に出世競争を勝ち抜いた結果、孝謙天皇の後継者として淳仁天皇を推したのはおそらく藤原仲麻呂で、皇太子だった道祖王《ふなどおう》を廃して大炊王《おおい》（淳仁天皇）を後継者としている。大仏開眼《だいぶつかいげん》は実は孝謙天皇の主要な業績（聖武天皇は発願したが完成前に退位している）なのだが、その当日に仲麻呂の田村第に孝謙天皇を迎えるなど、いわゆる孝謙天皇の「寵」を受けていた状態となる。

その後、孝謙天皇の母の光明皇后が亡くなると、孝謙天皇は心労で体調を崩し、その治療に当たったのが有名な道鏡である。孝謙天皇の道鏡の寵愛ぶりは、それまでの藤原仲麻呂や淳仁天皇が嫉妬するほどだったのかもしれない。道鏡を遠ざけるように、淳仁天皇が孝謙太上天皇に諫言《かんげん》したことから、両者は決裂し、天平宝字《ほうじ》五年（七六一）十月に近江の保良宮《ほらのみや》から平城宮に還った時には、孝謙太上天皇は法華寺に入り、淳仁天皇は中宮院に入ったとあり、同居することがなくなってしまった。その際に、国家の大事と賞罰の権限を孝謙太上天皇に奪われるなど、淳仁天皇の政治権力は大きくそがれる。

二年間程度は小康状態であったものの、（仲麻呂を引きたててくれた光明皇后は薨去《こうきょ》し、道鏡が寵愛されたことで）藤原仲麻呂の影響力が低下したことから、反乱を企てる。しかし、緒戦《しょせん》で中宮院の鈴印を孝謙太上天皇方に奪われ、琵琶湖方面に逃れるものの、吉備真備を軍師とした上皇方に鎮圧された。この際に勝者側の孝謙天皇が出した詔には「寵に飽きて」仲麻呂は乱を起こすまでしたと糾弾《きゅうだん》する内容がみられる。

藤原仲麻呂の一派と捉えられていたこともあり、天平宝字八年（七六四）十月九日、淳仁天皇は廃されて淡路に流された。一年後の天平神護元年（七六五）十月に「幽憤《ゆうふん》」に堪えず、配所を逃亡して捕えられ、翌日院中で薨去《こうきょ》した。三十三歳という若さであるため、捕えられた際に傷を負ったのかもしれない。

淳仁天皇陵は、淡路島にある。実はかつてゼミ旅行で行ったのだが、その後台風に直撃されるという雨だらけの旅行となった。別のゼミ旅行で用明天皇陵や叡福寺《えいふくじ》（聖徳太子の墓とされる）の時もそんなことがあった。数多くの天皇陵を巡ってきているが、ゼミ旅行（大人数）で天皇陵に行くと雨が降るという、よく分からないジンクスが、筆者の中にはある。大人数で天皇陵に踏み込むのは、古墳に眠っている方（比定されている天皇とは限らないが）にとって、うるさいということなのだろうか…。

とりあえず、孝謙天皇と淳仁天皇、藤原仲麻呂の三者で奈良時代の後半の政治の動きの概略が追えてしまうのはすごい。

文室真人浄三《ふんやのまひときよみ》は、淳仁天皇とハトコの関係にあたる。父親同士が異母兄弟にあたるが、淳仁天皇よりも四十歳も年上だ。しかし、おじいちゃんは同じ天武天皇である。天武天皇も子供の数が大変に多いため、兄弟間で大きな年齢差が生じたので孫世代は一世代以上の年齢差があるのだ。

元々、天皇の孫、王であったため、智努《ちぬ》王と呼ばれたが、天平勝宝《しょうほう》四年（七五二）に臣籍降下して姓が文室真人となり、天平宝字五年（七六一）頃に浄三と改名したとか。

文室真人浄三が七十歳で致仕《ちし》といって引退する時の詔で、淳仁天皇は「憂喜交懐《ゆうきこもごもいだく》」という気持ちを表現している。

浄三は淳仁天皇の政権下で、中納言や大納言など、天皇に政治についての意見を述べる役職を果たしている。同じ天武天皇の血を引く者として補佐したことになるだろうか。「憂喜交懐」とはプラスマイナス双方の感情であるが、淳仁天皇が自分の気持ちを表明しているのはとても珍しい。この詔の一月後に藤原仲麻呂（恵美押勝）の乱がおこり、淳仁天皇は捕えられて淡路島に幽閉され、一年後に逃亡を図るも捕まり、翌日に三十三歳で薨去するのだ。恵美押勝の乱の前の朝廷の平穏をギリギリのところで保つ役割は浄三が果たしていたのかもしれない。ちなみに古代の史料では、引退願を「骸骨《がいこつ》を請う」なんて（面白い）表現している。

浄三は仏教に近しく、鑑真から菩薩戒《ぼさつかい》を受け、後に伝燈大法師位《でんとうだいほっしい》を授けられ、『三界章《さんがいしょう》』『仏法伝通日本記《ぶっぽうでんづうえんぎ》』を著わしたとされる。名前を「浄三」と改めるあたり、よほどである。宝亀元年に七十七歳で亡くなっているが、同じ年に崩御した称徳天皇の後継者候補として、この浄三と兄の大市王（文室邑珍《ふんやのおおち》）は名前が挙がりもしている。結局は（藤原永手《ながて》らの意見で）十五歳下の光仁天皇が即位することになるのだが…。

読みたい史料

・天平宝字《てんぴょうほうじ》八年九月丙午《へいご》条（十二日）：藤原仲麻呂の敗死の記述
・天平宝字八年九月戊戌《ぼじゅつ》条（四日）：骸骨《がいこつ》を請う浄三へ対する詔

2・笹酒《ささざけ》大好き!?　光仁《こうにん》天皇

✿絆が分かる人：藤原朝臣永手《ながて》、藤原朝臣百川《ももかわ》、大伴宿祢伯麻呂《おじまろ》

光仁天皇は六十一歳と当時としてはかなりの年齢になってから即位した。奈良時代の天皇は基本的に天武天皇の子孫が継いできたため、天智天皇の男系の子孫の影は薄い。女系についていえば、持統天皇が天智天皇の娘だから、当初から血統は天智系と天武系半々ともいえるのだが。

光仁天皇の祖父は天智天皇、父は施基《しき》皇子ということもあり、即位せずに一生を過ごすはずの立場だった。しかし、天皇家一家や藤原仲麻呂など政権の中心にいた人物と親しい関係を築くことができたのか、妻として聖武天皇の娘である井上《いのうえ》内親王を娶り、他戸《おさべ》親王を儲けたことで、子のいない称徳天皇崩御の後、他戸親王に跡を継がせる前提で宝亀《ほうき》元年（七七〇）に即位したとされる。このため、絆が分かる人物は彼の即位に尽力した人物が基本だ。

藤原朝臣永手は宝亀二年に亡くなった時に、光仁天皇が「天皇　甚痛惜之《はなはだいたみおしむ》」としている。『続日本紀』の記載は称徳天皇に寵愛されていた道鏡が皇位を継ぐことを阻止したというものだ。「日嗣《ひつぎ》之位（天皇位）」がついに絶えようとしたとまで書いている。社稷《しゃしょく》（国家）を安定させる策を定めたのが大臣（永手）の力が大きかったという。称徳天皇が崩御した際に左大臣であったので、律令で定められた最高位におり、次代を決めるのに適任である。光仁天皇の即位を見届けた翌年、永手は薨去した。光仁天皇よりも若干年下であるのだが…。

永手は『日本霊異記《にほんりょういき》』に称徳天皇の発願《ほつがん》した西大寺の塔を八角七層から四角五層にして、建設費用を少なくしようと定めたため、死語に仏罰をうけて地獄に落ちたという逸話が残る。西大寺の塔は基壇と礎石だけが残されているが、基壇が高いため、基壇上面を見ることがなかなか難しい。例外があって、年に二回ほど大茶盛《おおちゃもり》という、大きな茶碗で抹茶

を回し飲みする行事が行われているのだが、その際に特別に登って見学できることもある。大茶盛自体は平安時代以降に衰退した西大寺を再興した僧、叡尊上人《えいそんしょうにん》が西大寺復興のお礼に八幡《はちまん》神社に献茶した余服を民衆に振る舞ったことに由来する茶儀とされる。

藤原百川も亡くなった時に、「甚悼惜焉《はなはだいたみおしむ》」と光仁天皇に惜しまれた人物だ。但し光仁天皇との関係性の記述は永手を上回る（百川は、藤原四兄弟の宇合《うまかい》の子供なので、房前の子供の永手とはイトコの関係にあたるのだ。）幼い時から政治家としての素質があり、様々な官職に就き、宝亀九年には中衛大将と式部卿にまでなった。まじめに勤めたので、光仁天皇に「甚信任《はなはだしんにん》」され、腹心として内外の機務に関知しないことがなかったという。その人間関係は光仁天皇が即位する前に構築され、東宮であった時（即位前）に「特属心《とくにしょくしん》」と嘱望《しょくぼう》（期待）されていたとか。百川の体調が優れなくなった際には医薬を与え、祈祷を行ったという。

この人間関係は次代にも引き継がれ、それぞれの子にあたる桓武天皇と藤原緒嗣も少し特殊な関係性が強調される。光仁天皇という天智天皇のみの血を引いた子孫への皇統転換はかなり大きなことであったのだ。百川は桓武天皇の夫人旅子の父でもあるため、淳和天皇の外祖父となった。このため死後であるが、淳和天皇の即位と共に正一位太政大臣を追贈《ついぞう》されている。ちなみに追贈という言葉は、死後に贈られる位を指す。

大伴宿祢伯麻呂《おじまろ》は、光仁天皇の皇太子他戸《おさべ》親王の養育係の一人（東宮亮《とうぐうのすけ》）だった。実は光仁天皇には二人の皇太子がおり、最初は他戸親王（聖武天皇の娘の井上内親王の息子）であったが、途中で山部親王に変化した。光仁天皇の皇后（井上内親王）が巫蠱《ふこ》という、呪殺系の強力なまじないをしたことが理由で、皇太子（他戸親王）と共に廃されたという。待っていれば即位できる立場なので、嵌《は》められたような感じである。この山部親王が後に桓武天皇として即位する。廃されてしまった他戸親王の養育係の一人（東宮亮）であったために、その後に大きく出世するということはなかったのだが、光仁天皇のお気に入りだったらしい記述が残される。宮内卿や参議だったので、光仁天皇の一家の家政にも近く、更に政治に意見を述べる立場でもあった。宴の時の話しぶりがとても「風操《ふうそう》（けだかいみさお）」があったため、光仁天皇に「寵幸」されたとある。伯麻呂なりの「酒の作法」があったのかもしれない。衛門督《えもんのかみ》も勤めているため、衛士の指揮もしていたのだろう。このあたり、なんとなく成務《せいむ》天皇の逸話も思い出される。もし他戸親王が即位していたら、伯麻呂はもっと出世して有名人になっただろうが…歴史にもしもはないのが大原則だ。伯麻呂は光仁天皇死後、ひと月半で没しているが、もしかしたら殉死《じゅんし》かもしれないなどというあたりも非常に気になる。

光仁天皇は平城宮で治世の全てを過ごした最後の天皇となる。このため、平城宮跡での発掘成果は多くがこの光仁天皇の時代のものである。そこより下は、一部だけ発掘することもある。東院庭園《とういんていえん》とか楊梅宮《ようばいきゅう》とかは光仁天皇の時代とされている。

また、大安寺《だいあんじ》は南都七大寺《なんとしちだいじ》の一つで、「がん封じの笹酒」や「だるま」で有名だが、光仁天皇にちなんだ「光仁会《こうにんえ》」が行われている。若い時分に大安寺に詣でて、酒を竹に注いで飲んだという逸話で、一周忌は大安寺で行われたとされているのだ。今は広いとは言えない敷地であるが、奈良時代には南大寺の異称もある大きな寺だったらしく、塔跡の大きさには驚かされる。なんと七重であったらしく、基壇《きだん》は一辺が二十一m、推定される高さは七十mとされる。伽藍《がらん》の復原CGも作られており、大安寺の広さ（と平城京の広さ）を感じるには有益なものとなっている。境内には、今も残る杉山古墳という方墳があるが、寺を造る時に二次利用して、同じ場所で寺の屋根に使う瓦も焼いていたらしい。登り窯の形に古墳の斜面が適していると判断されたのだろう。

光仁天皇は崩御の翌年、広岡《ひろおか》山陵に葬られ、延暦五年（七八六年）、田原東陵《たわらひがしりょう》に改葬されたとされる。現在の奈良市広岡町か奈良市法蓮《ほうれん》町（聖武天皇佐保山南陵の西側）などの説がある。再葬地とされる田原東陵は太安万侶《おおのやすまろ》の墓に比較

礎石の上の大安寺だるま

的近い、山の中にある。ここに行くには車でないと厳しいだろう。奈良の中心から、車で三十分程度あるためだ。太安万侶は、『古事記』を完成させたことで有名だが、結構な急斜面に茶畑が広がった中にある。畑を広げようとする作業の際に見つかったとか。見学には茶畑の間の細い急斜面を五分ほど登る必要がある。奈良時代の高級官僚で初めて墓が発見された人でもある。太安万侶の墓と分かったのは、墓誌《ぼし》という名前や略歴を記した金属の板が出土したためだ。

読みたい史料

- 『続日本紀』宝亀《ほうき》二年二月己酉《きゆう》条（二十二日）
- 『続日本紀』宝亀十年七月丙子《へいし》条（九日）
- 『続日本紀』延暦《えんりゃく》元年二月丙辰《へいしん》条（三日）

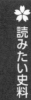

④西宮《にしみや》（第一次大極殿院の跡地）

西宮は、第一次大極殿院の跡に建てられた建物群のことで、孝謙・称徳天皇の住まいであった時期がある。中央区北方と呼ばれるあたりだ。中宮院《ちゅうぐういん》の場所はいまだ確定できないのだが、奈良時代後半の西宮はほぼ決着がついている。第一次大極殿院の跡に建てられた建物群が発見された土層からも、「西宮南門」や「西宮兵衛」などと解読できる木簡が出土していることも有力な根拠だ。

少しややこしいが、平城宮跡には西区はなく、西から東に向かって中央区→東区→東方官衙→東院庭園というエリア分けになっている。史跡保存されている部分には中央区の西側も含まれているのだが、そこは現在も池や湿地が多い地域で、発掘調査されていないことが大変多い区域でもある。出土遺物の内、木簡《もっかん》は湿地の方が、残りが良い。このため、長い目で見た調査の順番としては湿地を後回しにするというのは合理的だったりするのだ。

称徳天皇はこの西宮のどこかの建物内で崩御したことが『続日本紀』に記されている。

平安時代の最初、平城天皇は、この西宮の場所に建て替えた建物で隠居生活を送ったとされる。四年とはいえ、即位もしていた太上天皇である。このためか、平城宮で嵯峨天皇が住んだ内裏《だいり》と、よく似た建物配置であったことが発掘の結果から分かっている。

1・大仏開眼したのは女帝！　孝謙《こうけん》・称徳《しょうとく》天皇

✿絆が分かる人：
藤原豊成《とよなり》、吉備真備《きびのまきび》、
和気清麻呂《わけのきよまろ》、道鏡《どうきょう》

孝謙《こうけん》（称徳《しょうとく》）天皇といえば、道鏡《どうきょう》を寵愛した話が有名だろうか。確かに『続日本紀《しょくにほんぎ》』にも称徳天皇が道鏡を寵愛した記述は何回か登場する。しかし、よくよく見ていくと、他の人物との間にも記述は存在する。ここでは、吉備真備《きびのまきび》、藤原豊成《ふじわらのとよなり》、道鏡《どうきょう》、和気清麻呂《わけのきよまろ》との関係性を取り上げてみたい。

吉備真備は、孝謙（称徳）天皇の家庭教師であった。元々は公務員試験を受け、式部省《しきぶしょう》にいたが、霊亀《れいき》二年（七一六）に二十一歳で入唐《にっとう》留学生に選ばれ、翌年遣唐使《けんとうし》と共に唐に留学し、十七年間も各種の学問を身につけて帰国した。行き帰りとも僧玄昉《げんぼう》と一緒の船であったため、帰国後も多少の関りがある。聖武天皇の母宮子の治療に玄昉が成功したことで一緒に位が上がることもあった。玄昉と真備を除くことを掲げた藤原広嗣の乱が起きたほどの急出世だった。三十代後半から四十代前半の頃だ。この理由は東宮《とうぐう》（阿倍内親王）だった孝謙（称徳）天皇の家庭教師（東宮学士《とうぐうがくし》）として教育に当たったことが大きいとされる。『続日本紀』の薨去伝には「高野天皇師レ之、受二礼記及漢書一。恩寵甚渥。」とある。教育の威力は大きいのだ。…少し出世の度が過ぎたこともあり、藤原仲麻呂に疎《うと》まれて九州の国司（筑前守《ちくぜんのかみ》や肥前守《ひぜんのかみ》）に左遷される。更にはもう一度、遣唐副使として唐に派遣されてまでいる。地方暮らし十四年の後に天平宝字《ほうじ》八年（七六四）正月の人事で、造東大寺司長官《ぞうとうだいじしちょうかん》として中央に帰り、同年の九月の藤原仲麻呂（恵美押勝《えみのおしかつ》）の乱では追討に大きな役割を果たした。そのまま道鏡政権下でも右大臣となるなど、称徳天皇との関係性は濃い。称徳天皇が崩御すると一～二年で中衛大将《ちゅうえたいしょう》や右大臣を辞任している。

藤原朝臣豊成は、淳仁天皇の項で詳しく扱った、藤原仲麻呂の兄である。藤原仲麻呂ほどの急出世で有名な訳ではないし、政治権力を独占したことで有名でもない。しかし、藤原真楯《またて》のように引きこもることもなく、順調に出世している。父である武智麻呂はじめ、藤原四兄弟が相次いで亡くなった後には唯一の藤原氏の参議《さんぎ》とされてもいる。橘奈良麻呂《ならまろ》の変に三男の乙縄《おとなわ》が連座していたとされ、左遷された時期はあるものの、弟が恵美押勝の乱で殺された後に右大臣とされている。彼は弟の藤原仲麻呂が藤原仲麻呂（恵美押勝）の乱で追討された後、それを一族の不名誉であるとして、天平神護《じんご》元年四月十五日に「累世家門《るいせのかもん》、久沐㆓栄寵㆒《ひさしくえいちょうをよくす》」状態だったのに、逆賊の仲麻呂が親族から出てしまったことを恥じ、先代に賜っていた功封《こうふう》を国家に返上することを奏上し、認められている。一族の代表として逆賊となった弟の後始末をしているのだ。

　和気清麻呂は、道鏡の宇佐八幡宮信託事件《うさのはちまんぐうしんたくじけん》で、称徳天皇の跡継ぎを道鏡にしてはいけないという信託を宇佐八幡宮から持ち帰り、それによって改名と左遷《させん》をされたことで有名だろう。元々は、姉の広虫と共に孝謙（称徳）天皇に「蒙㆓愛信㆒」と大変信頼され、可愛がられていた。広虫は藤原仲麻呂の変後に死刑とする人々を減らすように助言もしている。また孤児の養育などの社会福祉に近いことも行っている。「吐納《とのう》」という天皇の言葉を伝える職を任されていたというから、その信頼度の高さはかなりのものだったはずだ。それなのに、清麻呂が意に沿わない信託を持ち帰った訳だ。清麻呂の改名後の名は別部穢麻呂《わけべのきたなまろ》で、もはや嫌がらせとしか思えない。姉の広虫も、出家して法均《ほうきん》と名乗っていたが、還俗の上、狭虫《せまむし》に改名させられた。清麻呂も大隅国《おおすみのくに》（宮崎県）に流された時期がある。この間、光仁天皇との絆で紹介した藤原百川《ももかわ》の援助も受けていたらしい。

　このの後、桓武天皇の即位によって急出世し、長岡京を捨てて平安京を新京にせよとの提案は清麻呂の意見が通ったものらしい。清麻呂の薨伝はかなり長く、桓武天皇も清麻呂を認めていたのは確かだ。但し、国史に孝謙（称徳）天皇との絆の強さも記されているのだ。ちなみに、清麻呂と法均は二月ほどの差で相次いで没している。現在、京都御苑の西側に護王神社という和気清麻呂を祀る神社があるが、これは高尾山神護寺にあったものを明治時代に蛤御門《はまぐりごもん》（蛤御門の変（禁門の変）の前の名は新在家門《しんざいけごもん》）の目の前に遷したものらしい。猪の目を表すハートマーク（猪の目）があちこちに見られる。京都御苑も江戸時代は公家町《くげまち》と呼ばれる町であり、現在のように緑あふれる公園になったのは明治時代半ば以降だ。

孝謙（称徳）天皇に「寵愛」された人物として道鏡を忘れる訳には行かないだろう。孝謙（称徳）天皇が道鏡を寵愛することになったのは、母光明皇后の死去に精神的なダメージを受けて体調を崩した際に道鏡が看病したことがきっかけとされる。それまで藤原仲麻呂が淳仁天皇を傀儡《かいらい》として政治権力を握っていたとされるが、仲麻呂が孝謙上皇の「寵に飽きて」藤原仲麻呂（恵美押勝）の乱を起こすも、吉備真備らによって征討された。その後、道鏡が権力を持つに至ったとされる。正月の朝賀《ちょうが》の際に、天皇の代わりに道鏡を立たせたという記述まであるから、孝謙（称徳）天皇の「寵」を得た道鏡の権力はいっときかなりのものだったはずだ。孝謙（称徳）天皇はかなり詳細に詔が残されているのだが、彼女自身は道鏡を「寵愛」したとは言わず、他の人物の薨卒伝の中で客観的に孝謙（称徳）天皇が道鏡を「寵愛」していたと書かれる。…他の人間関係でも大山《たいざん》鳴動して鼠《ねずみ》一匹なんてこともあるあるだが…。

道鏡は西大寺《さいだいじ》の建立や、恵美押勝の乱への勝利祈願として百万塔《ひゃくまんとう》を造ることをはじめとして仏教界に手厚い政策や、お坊さんならではの貧民《ひんみん》対策（かつ貴族の抑圧）なども行っている。孝謙（称徳）天皇も菩薩戒《ぼさつかい》を受けるほどに仏教を信仰しているから、それらの政策はスムーズに通って行った訳だが、既得権益者《きとくけんえきしゃ》の貴族側としては面白くない状態となる。孝謙（称徳）天皇崩御後、太上禅師《だじょうぜんじ》の位から降り、追放されるような形で下野薬師寺《しもつけのやくしじ》に左遷《させん》され、二年後に没するのも、貴族層が道鏡の権力を全く歓迎していなかったところがあるだろう。吉備真備も同様だったことを思い返しても、孝謙（称徳）天皇の「寵」は当時の大臣クラスの人事をガラリと変えるだけのチカラがあったことになる。皇室典範《こうしつてんぱん》で禁止されてしまった女帝ではあるが、奈良時代の天皇の権力は大きかったのだ。でもそのことが十分に一般社会に知られていないから、まだ皇室典範は廃止されないのだと思う。

最後になったが、孝謙（称徳）天皇は、崩御間近には道鏡すら近寄らせなかったという。あんなに色々な人物の薨伝に孝謙（称徳）天皇は道鏡を「寵愛」したと書いてあるというのに、最後に近寄らせたのは吉備真備の妹の吉備由利《きびのゆり》という女官だけだったとか。意外なことと感じられるかもしれないが、最初に紹介した通り真備は孝謙（称徳）天皇の家庭教師として、生涯にわたって信頼を置いた人物でもある。

孝謙（称徳）天皇の陵は、平城宮の北西、奈良市山陵町にある陵が比定されている。最寄り駅は平城《へいじょう》になる。本当に孝謙（称徳）天皇の陵墓かは分かっていない。明治時代以前には神功皇后陵として祀られていた時期もあるとか。南北に造られることが多い古墳の中では西に向いており、周囲の古墳群とも向きを異にしている。

読みたい史料

- 『続日本紀』天平神護《てんぴょうじんご》元年四月丙子《へいし》条（十五日）：藤原豊成の上表
- 『続日本紀』宝亀《ほうき》六年十月壬戌《じんじゅつ》条（二日）：吉備真備
- 『続日本紀』延暦《えんりゃく》十八年二月乙未《いつび》条（二十一日）：和気清麻呂《きたなまろ》薨伝
- 『続日本紀』天平宝字《てんぴょうほうじ》八年九月壬子《じんし》条（十八日）：藤原仲麻呂（恵美押勝）の薨去伝

コラム1・孝謙（称徳）天皇は同性愛嫌悪《ホモフォビア》だった⁉

重祚（二度即位）した孝謙（称徳）天皇だが、一度目の即位の時に定めた皇太子を変更している。皇位を譲った淳仁天皇は変更後の皇太子だ。一度目の皇太子は道祖王《ふなどおう》という。（どちらも天武天皇の孫なので、血筋は良かった。）道祖王は聖武天皇が遺詔で皇太子に指名したのだが、十カ月後に廃太子されている。道祖王を非難して皇太子を廃した理由として、聖武天皇の諒闇中（喪中）に侍童《じどう》を通わせたという表現がある。侍童は男女共に考えられるが、男子の可能性が高いだろうか。表現としては皇太子に指名してくれた「聖武天皇の諒闇中（喪中）」に侍童と性的な関係を持ったことなので、批判した孝謙天皇が同性愛嫌悪《ホモフォビア》だったと言い切ることまではできないかもしれないが…。また、他にも理由は列記されていて、『続日本紀』天平宝字元年（七五七）四月辛巳条には、「諒闇未レ終。陵草未レ乾。私通二侍童一。無レ恭二先帝一。居レ喪之礼。曾不レ合レ憂。機密之事。皆漏二民間一。雖二屢教勅一。猶無二悔情一。好用二婦言一。稍多二佷戻一。忽出二春宮一。夜独帰レ舎。云臣為人拙愚。不レ堪レ承レ重。故朕竊計。廃レ此立二大炊王一。」とあり、機密のことを民間に漏らしたとか、諫めたけど改善がないとか、婦言を好んで用いたとか、夜間外出したとか、自分は天皇の重責に堪えられないと発言したとかも列記されている。孝謙（称徳）天皇も諫めたけど改善がなかったのだから、もうこれは廃太子以外に手のうちようがなかった…ということなのだろうか。「婦言を好んで用いた」の意味するところは女性の意見を取り入れたというよりはオネエ言葉を使うことが多かったではないだろうか。平城宮いざない館では（おかしなことに）いないのだが、平城宮に一定数の女官は存在したし、彼女たちの待遇改善も行われたのが奈良時代だ。なにより孝謙（称徳）天皇自身が女帝で、天皇権力を行使していたのだから。…男性の使うオネエ言葉が気持ち悪いという感覚を持っていたのだろうか。大臣たちは反対せず、道祖王は廃太子された。その四か月後には橘奈良麻呂の変に連座したとして捕えられ、「麻度比《まどひ》（惑い者）」などと改名させられ、拷問を受けて獄死したらしい。孝謙（称徳）天皇お得意の改名だが、元皇太子が獄死とは、ちょっと道祖王が可哀想すぎるとは、誰しもが思うことかもしれない。孝謙天皇を跡継ぎに定めたのは聖武天皇だし、その聖武天皇が道祖王を気に入って皇太子にするべきと言っているのに、たった十カ月だ。…『続日本紀』は桓武朝に最後の編纂を経て完成された。桓武天皇は天武天皇系の親族を持たないため、自身の正当化のためにも、孝謙（称徳）天皇を貶める必要があった。そのことを加味して読む必要があるのは確かだが、いくらゲイの嗜好やオネエ言葉をはじめとする問題があったとしても、獄死はやり過ぎ感がある。とはいえ、奈良時代（平安時代初期まで）は政変で命を落とす貴族や皇族もかなり多い。

2・なら大好き♥

平城《へいぜい》天皇

✿絆が分かる人：
藤原内麻呂《ふじわらうちまろ》、藤原真夏《まなつ》、藤原真雄《まかつ》、和気仲世《わけのなかよ》、藤原緒嗣《ふじわらのおつぐ》、在原善淵《ありわらのよしふち》

平城《へいぜい》天皇は長い皇太子期間の後に、四年だけ在位して弟の嵯峨《さが》天皇に譲位した。体調が優れないという理由である。しかし、体調が回復し、数年後に重祚《ちょうそ》を企てて嵯峨天皇と対立し、平城太上天皇の乱を起こすも、未然に鎮圧された。その後、剃髪《ていはつ》することで死なずには済み（首謀者とされた藤原仲成＆薬子は射殺されたり服毒《ふくどく》自殺したりしている）、長い隠居生活を送った。その場所がおそらく平城宮、更に言うと西宮《にしみや》の建物であったのではないかと考えられている。

まず、藤原内麻呂は前述の真楯《またて》の三男である。（真楯は聖武天皇の言葉を伝える役目に抜擢されるが、藤原仲麻呂に嫉妬されて家に籠るようになった人物だ。）

卒伝には他戸《おさべ》親王が皇太子であった時に、噛みつき癖のある馬で内麻呂を傷つけようとした際に、内麻呂が馬を手なずけてしまい、内麻呂の器の大きさを人に示した逸話が記される。噛みつき馬が飼われていたのは平城宮跡の馬寮のあたり（佐伯門《さえきもん》の南側付近）だろうか。

内麻呂は意見を問われればへつらわずに答えるものの、あえて諌《いさ》めることはしなかったとされる。それで十数年間もの間、右大臣を勤めて誤りがなかったなどと書かれるのはすごい。世渡り上手である。「恩深寵盈・寵光惣萃・寵藉時来・被信重」など、奏上の中に自分は大変寵を受けている存在であるとする表現が多いのだが、それも内麻呂の表現力を活かした政治力だったのかもしれない。「寵愛」という言葉からは性的関係が連想されがちだが、大臣はこういう表現を使った上奏を行うことが多い。おそらくこういった上表で使われる「寵」には性的関係というよりも、（性的または恋愛といったものを除いた定義がされる）ホモソーシャルの表れと捉えるのが適当なのだろう。

内麻呂は息子を平城天皇や嵯峨天皇の身近に仕えさせることで、ホモソーシャルな関係を作る素地《そじ》を作ったともいえる。息子の一人の冬嗣《ふゆつぐ》は嵯峨天皇の側近として超有名な人物だ。更に真夏《まなつ》は平城天皇の乳母子《めのとご》説もある位、平城天皇と近しい一生を送ったことが分かっている。

藤原真夏は平城天皇の東宮《とうぐう》に長く仕えていた。平城天皇の大嘗祭《だいじょうさい》をそれまでにない費用をかけて華美に行ったらしい。平城天皇は桓武天皇の在位が長かったこともあり、十一歳から二十一年間に及ぶ皇太子時代を過ごしているため、盛大に行いたくなる気持ちもわかるが、平城天皇への愛ゆえの行動である。平城太上天皇の変の前に、平城宮に住みたいと言い出した平城太上天皇のために邸地を選定に行った筆頭に名前が挙がってもいる。

引退後も弘仁十四年四月には平城宮の諸司を留めてほしいと平城太上天皇が嵯峨天皇に書を送ったが、その際にも真夏から言い出させているし、翌五月に平城天皇が太上天皇《だじょうてんのう》の尊号《そんごう》を辞退する旨の書を奉ったのに対し、淳和天皇は「前大和守藤原真夏所《さきのやまとのかみふじわらのまなつ》」を通して書を返却していると指摘されている。朝廷と平城太上天皇《へいぜいだじょうてんのう》の仲介役として、亡くなる直前まで真夏が意識されていたことになる。

真夏は音楽の能力に優れ、言葉を飾るところがあったなんてことも『日本後紀』の薨去伝には記される。平城太上天皇の変で二年程左遷されているが、内麻呂の子だけあって、従三位《じゅさんみ》まで出世している。「随時容身」と形容されるので、（嵯峨天皇の治世で再び政治に関わる立場となった訳だが、）返り咲けるような言動をとったのだろうと想像できる。平城太上天皇の亡くなった後だが、淳和朝には刑部卿《ぎょうぶきょう》になったとされるので、兄弟の冬嗣《ふゆつぐ》ほどではないが、政界の重鎮《じゅうちん》を占め続けたともいえる。そしてこの真夏、実は鎌倉時代に浄土真宗を興した親鸞《しんらん》の先祖ともされる。親鸞は妻帯し実子が宗派を継いだのだが、今でもその子孫は続いており、大学院の先輩の一人（浄土真宗の寺院が実家）が子孫なのだと聞き驚いたことがある。

藤原真雄《まかつ》は平城天皇の近臣で常に武器をもって平城天皇を護《まも》ったという。近衛少将《このえしょうしょう》や左馬頭《さまのかみ》などであったが、部下に指示するよりは自分でするタイプだったとか。平城が太上天皇になって平城宮に還御した時には、自身の役職を半分に分けて自身は平城太上天皇に従って平城宮に戻った。平城太上天皇の変の際にも輿《こし》につき従っていたが、平城太上天皇の輿を、命を張って留めたという。変後に左遷されたが、輿を留めた功績で、嵯峨天皇から「嘉其忠情《そのちゅうじょうをよみす》」と讃えられている。翌年に四十五歳で亡くなった。これはもしかしたら平城太上天皇の恨みを買ったのかもしれない…なんて妄想をしてみる。

和気仲世《なかよ》は和気清麻呂の子である。学問で身を立てる意志もあったようで文章生《もんじょうせい》や大学大允《だいいん》として仕えた。「奉公忠謹《ほうこうちゅうきん》」で、常に宮《みや》に頭を向けて寝たとか。「足を向けて寝られない」を実践している人がこんなところにもいたのだと思うと面白くなる。貧民《ひんみん》救済のために私費を投じたため、六十九歳で亡くなった時に国司《こくし》をしていた播磨国《はりまのくに》の人がその死を惜しんだという。

ここまでの藤原真夏・藤原真雄・和気仲世らは平城天皇の近臣《きんしん》でもあった。ちなみに平城太上天皇《へいぜいだじょうてんのう》の変は薬子《くすこ》の変とも呼ばれてきたように、藤原薬子と仲成《なかなり》も平城太上天皇に近しかった。『日本後紀』の書かれ方では薬子がとにかく悪人とされている。しかし、これらの近臣とされる人々は、変の起きた日には平城宮（奈良）にはおらず、平安宮（京都）などに呼び出されて出張しているのだ。その際に仲成は捕らえられ、翌日に射殺されている。嵯峨天皇方の周到な準備も窺えるかもしれない。

在原善淵《ありわらのよしふち》は平城太上天皇の孫の一人である。まだ子供の頃に平城太上天皇から別に「恩隠《おんいん》」を賜ったため、平城宮の近くの高岳《たかおか》親王（在原善淵の父だが、出家して真如と名乗り、空海の弟子となった。天竺《てんじく》へと旅立ったまま消息不明となった）が邸を構えていた場所に堂を建てて、僧を住まわせて平城太上天皇の供養をしたいと申請して許されている。在原善淵が誕生したのは平城太上天皇の変の後であるため、既に出家して法体《ほったい》となった祖父に可愛がられた記憶があり、その恩を、寺を建てる形で示したいということらしい。平城太上天皇の死後四十数年は経っているものの、他の天皇に比べて余りに粗末な山陵をみて「泣血《きゅうけつ》」している。「泣血」は血が流れると思われるほど、悲しんで泣くという表現なのだが、『日本書紀』の「阿豆那比《あずなひ》の罪」や『万葉集』の「泣血哀慟歌《きゅうけいあいどうか》」などで使われる表現でもある。そこでは「善友」や「妻」の死に際して残された者が悲しむ表現として使用される。この表現が清和天皇に刺さったのだろうか、寺の建立は認められている。その寺はおそらく超昇寺《ちょうしょうじ》で、平城宮跡の北あたりに明治時代の廃仏毀釈《はいぶつきしゃく》まであった寺になるのではないかとされている。

平城天皇陵と比定される陵墓（楊梅陵）は平城宮跡のすぐ北にある。しかし、平城宮を造営する時にこの陵墓の一部を壊したことが発掘調査で分かっているので、正確ではない。

読みたい史料

- 『日本後紀』大同元年六月戊戌《ぼじゅつ》条（六日）・壬寅《じんいん》条（十日）
- 『日本後紀』弘仁三年九月丙子《へいし》条（二十一日）：藤原内麻呂の奏上
- 『日本後紀』大同三年六月壬子《じんし》条（一日）：藤原緒嗣の奏上
- 『日本後紀』弘仁二年七月庚子《こうし》条（八日）：藤原真雄《まかつ》
- 『日本文徳天皇実録』仁寿二年二月丙寅《へいいん》条（十九日）：和気仲世
- 『日本三代実録』貞観四年十二月二十五日：在原善淵《よしふち》
- 『日本後紀』弘仁三年十月辛卯《しんぼう》条（六日）：内麻呂の卒伝

コラム1・平城天皇と薬子

平城太上天皇の変は、長らく薬子の変とも呼ばれてきており、こちらの名前で覚えている人も多いかもしれない。この薬子は服毒自殺している。兄の仲成が射殺されているので、薬子も殺される可能性もあった訳で、それよりはと自殺したのだろう。

現在、正倉院宝物には薬物《やくぶつ》が十数種類は存在する。今も頻繁に漢方薬に使用されるラインナップもあれば、砒素《ひそ》のような毒物もあってなかなか興味深い。面白いのは、これらにつけられている付け札である。日付が薬子の変の直後になっているので、薬子の変の直後にこの薬がどれくらい入っているかをチェックしたことが分かる。

正倉院宝物は基本的には聖武天皇の死後に宮中から東大寺に収められたとされる。内の薬類は必要に応じて使用したこともあったようで、減っているものもあるのだが、嵯峨天皇方が、薬子が東大寺からいくつかの薬を得ていたのではないかと考えての検査だったのかもしれない。

コラム2・桓武天皇と藤原緒嗣

藤原朝臣緒嗣も、平城天皇への奏上の中で「恩寵崇重《おんちょうすうちょう》」という言葉を使っている。緒嗣は桓武天皇を皇位につけた功績があるとされる藤原百川《ももかわ》の子であるために、桓武天皇に大切にされ、百川を思い出して涙を流しながら、特別に刀を賜った記述などもある。父親が五歳で亡くなった人物としては異例で、桓武天皇の意を受けて平城天皇や嵯峨《さが》天皇も重用している。桓武天皇の晩年に徳政《とくせい》論争で平安京の造営と蝦夷征討を中止すべきという意見を奏上して受け入れられた話も有名かもしれない。平城天皇の即位後に定められた諸道観察使《しょどうかんさつし》の制は緒嗣が建議《けんぎ》したもので、緒嗣自身も山陽道観察使をはじめとして、畿内・東山道の観察使にもなっているのも抜擢《ばってき》の一環だろう。東北地方の巡察使に任命された時は辞職願の提出を繰り返しているが認められないといったこともあったが…。平和主義で争いには向かないタイプだったのだ。東北では征討系の仕事はせず、官人の待遇改善や民への福祉などの政策が専らだったらしい。蝦夷への征討に反対していた訳だから、その態度を貫いたともいえる。

二十九歳と若くして参議になったことや、無事に長生きしたことで、要職に就き続けた。なんと、亡くなった時の言葉は仁明天皇によって出されている。平城太上天皇の変で服毒自殺した藤原仲成と薬子の兄弟は緒嗣のイトコにもあたる。このため、抜擢されて大活躍したのは平城天皇の治世といえるだろう。『日本後紀』は誉め言葉だけでなくディスりも含めるのが通例の史料なので、一度信じ込むとその考え方を変えない頑固さもあったなんて書かれてもいるが…。

3・腐男子《ふだんし》の学者を大事にした？　嵯峨《さが》天皇

✿絆が分かる人：賀陽豊年《かやのとよとし》

嵯峨天皇が即位したのは平安宮だが、平城宮と関わりの深い人物を紹介していこう。

賀陽豊年《かやのとよとし》は、平城天皇の家庭教師（役職名は東宮学士《とうぐうがくし》）の一人だ。経史《けいし》（儒教《じゅきょう》の経典《きょうてん》と史書《ししょ》）に精通していたとあるため、今の歴史学者にも近い存在かもしれない。平城天皇の豊年についてワクワクするのは、仁徳天皇と菟道稚郎子《うじのわきいらつこ》の関係性に萌えていたということだ。これは私の萌えポイントである男同士の絆に近いものがある。皇位を譲り合って、結局菟道稚郎子が自殺してしまい、仁徳天皇が駆けつけて体にまたがって一瞬蘇生させるという逸話だ。

豊年は東宮学士だったこともあって、平城天皇の即位後に従四位下《じゅしいげ》となり、式部大輔《しきぶたいふ》を任命される。しかし、藤原薬子と仲成を重用する平城天皇には追従《ついしょう》しなかったという。薬子の意見が採用され続けたことを『日本後紀《にほんこうき》』は「女謁《じょえつ》」とするが、それに対しては沈黙を守っていたらしい。しかし、平城太上天皇の変が起きると式部大輔の職を返上したという。（式部省は文官の人事や、役人の養成機関である大学寮を司るため、重要度はトップ2《ツー》といった役所だ。）

豊年は、そのまま引退しようとしたが、嵯峨天皇はその才能を惜しんで播磨守《はりまのかみ》（今の兵庫県知事）に任じたという。嵯峨天皇自身は三筆《さんぴつ》の一人でもあり、国史を編纂する中務卿《なかつかさきょう》の経歴もある。かなりの量の文化的な知見を持っていただろうし、史書に精通する豊年に親近感を持っていたことは大いにありえる。

死の直前に病にかかり、宇治の別荘に滞在した時に、件の仁徳天皇と菟道稚郎子の関係性を地元の古老が語っていると知って感動し、結局仁徳天皇陵の近くに葬られることを許されたという。芸亭《うんてい》院という石上宅嗣《いそのかみのやかつぐ》が作った日本初の図書館で様々な書を読んで過ごした時期があったというため、兄弟の逸話を初めて知った…というよりは、『日本書紀』

の逸話どおりのことを古老が語っている状況に萌えたのだろう。

それにしても、日本初の図書館に入り浸れる年月を過ごせるなんて、なんて貴重でうらやましい…と私は思う。

博学な豊年が亡くなった後に、その人柄に十分に対応するだけの爵位《しゃくい》ではなかったといわれたとか何とか。ちなみに、知己《ちき》とだけ深く交友することを好むタイプだったらしい。書物を読む時間を確保するためには、広く浅い交友は時間の無駄と思えたのか、博学さについていける友人が少なかったのか…なんて妄想すると面白い。

読みたい史料

・『日本後紀』弘仁六年六月丙寅《へいいん》条（二十七日）

第五章　平城京編

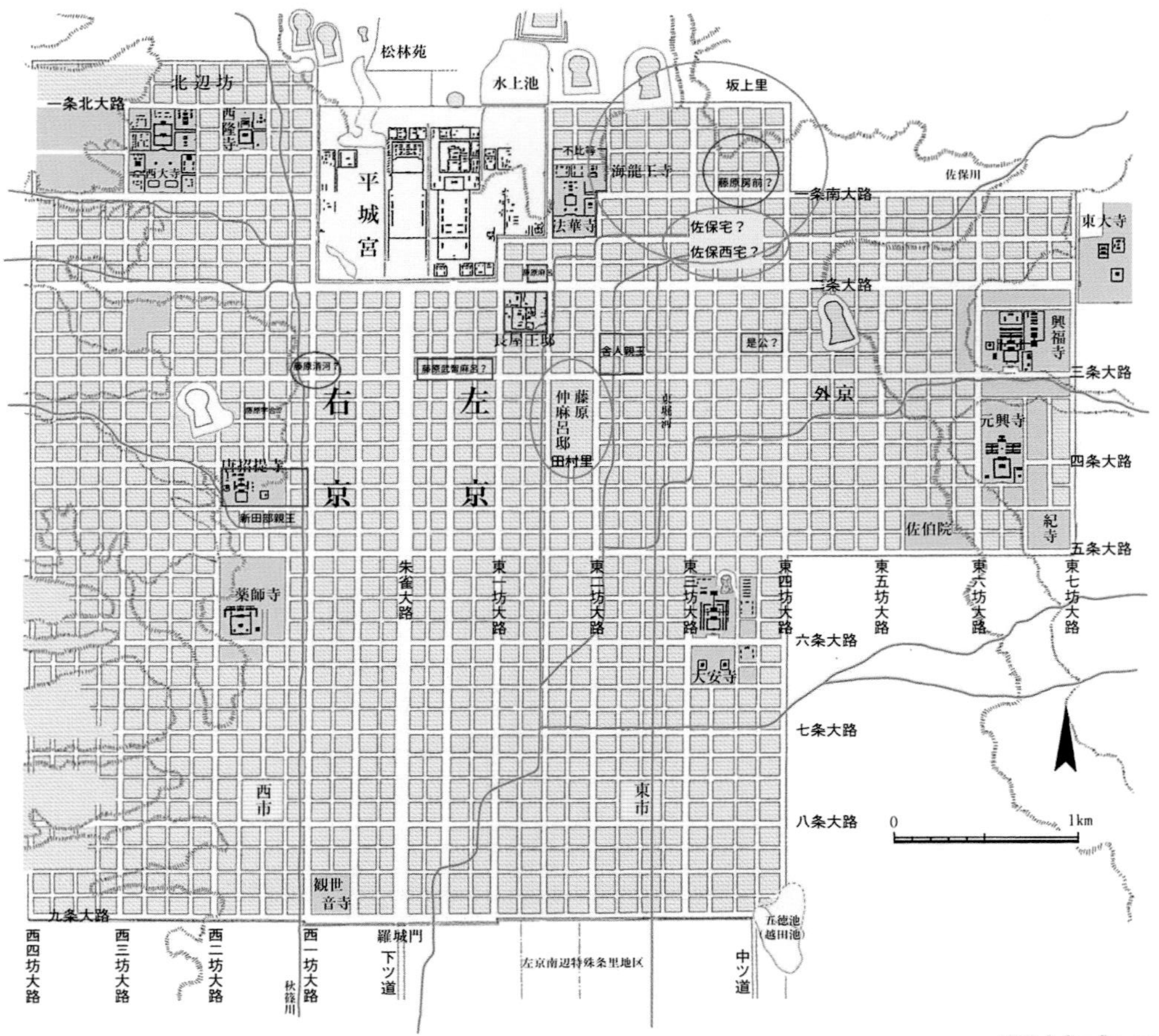
松林苑
水上池
坂上里
北辺坊
一条北大路
西隆寺
西大寺
平城宮
不比等
海龍王寺
法華寺
藤原房前？
佐保川
一条南大路
佐保宅？
佐保西宅？
東大寺
一条大路
長屋王邸
舎人親王
是公？
興福寺
三条大路
藤原清河？
藤原武智麻呂？
右京
左京
藤原仲麻呂邸
田村里
外京
元興寺
四条大路
唐招提寺
新田部親王
佐伯院
紀寺
五条大路
朱雀大路
東一坊大路
東二坊大路
東三坊大路
東四坊大路
東五坊大路
東六坊大路
東七坊大路
薬師寺
六条大路
大安寺
七条大路
西市
東市
八条大路
0
1km
観世音寺
九条大路
五徳池（越田池）
西四坊大路
西三坊大路
西二坊大路
秋篠川
西一坊大路
羅城門
下ツ道
左京南辺特殊条里地区
中ツ道

平城京の条坊

平城京《へいじょうきょう》は七一〇年に藤原京《ふじわらきょう》から遷都《せんと》された都だ。七八四年に長岡京《ながおかきょう》に遷都されるまで七十四年間都だった。途中七四〇～七四五年の五年間は遷都が繰り返されたこともあり、ここで前期と後期に分けて考えられる。

平城京は朱雀大路《すざくおおじ》を中心線として、左京と右京があった。北から一条二条…また、中心から一坊二坊…と名付けられ、一つの区画は十六個に分割して一町二町…十六町と名付けられた。

条坊の数え方

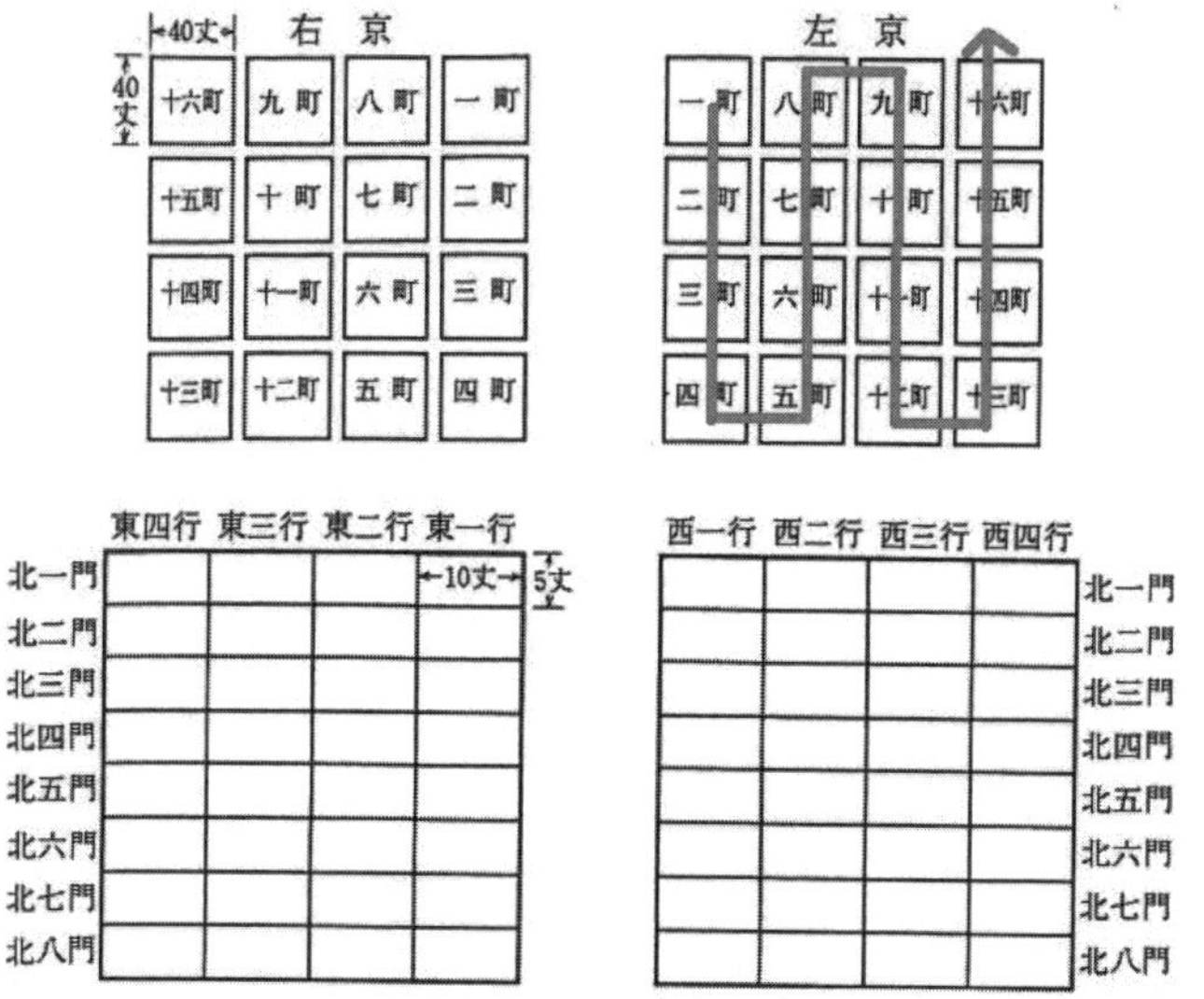

町の数え方と町内の四行八門

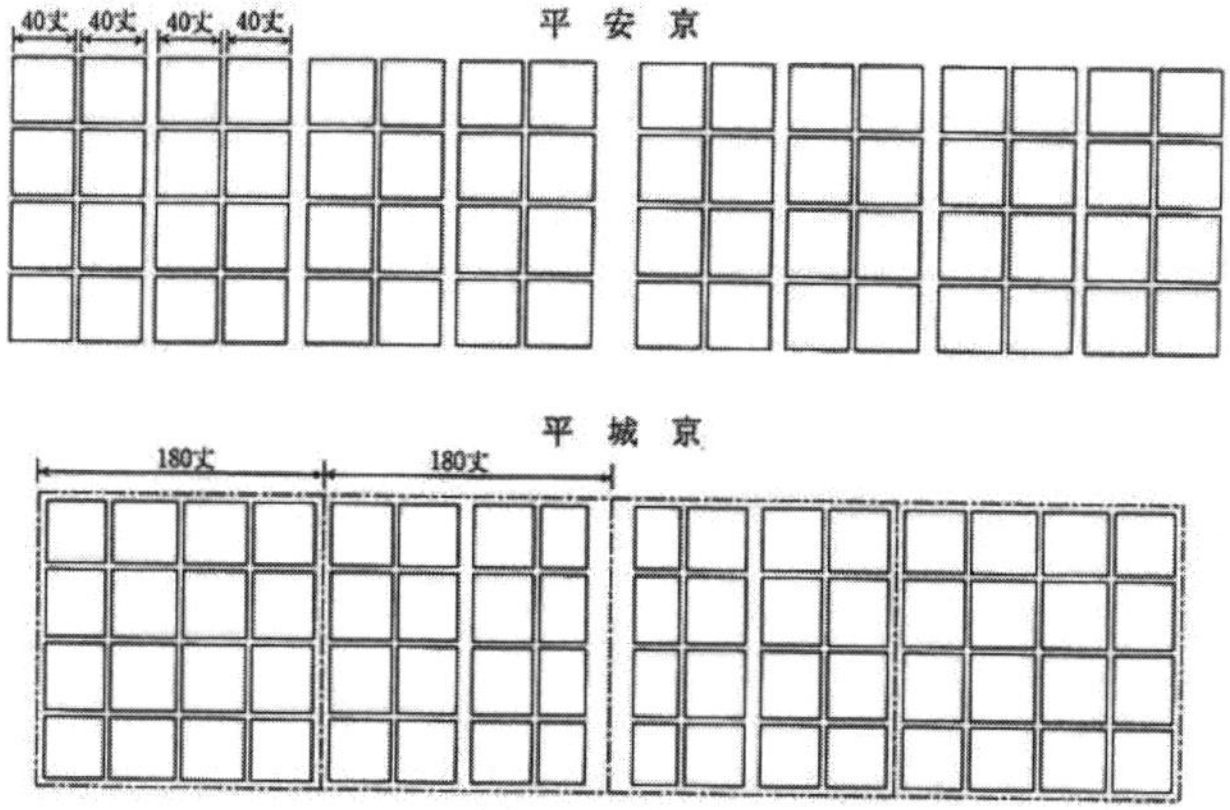

平安京と平城京の条坊の違い

発掘調査は少しずつ進められており、邸跡《やしきあと》が見つかることも多いが、誰の邸《やしき》だったのかまで分かる例は大分少ない。ただ、平城宮に近い場所の方が高級官僚の邸宅だったということは分かっていて、長屋王は少なくとも二か所の邸跡が分かっている。平城宮いざない館の第四室は奈良文化財研究所が展示の監修をしており、そこに二〇一九年段階で明らかになっている平城京のどこに誰が住んでいたかの略図もあるので、訪ねてみてほしい。

平城京には、南都七大寺《なんとしちだいじ》（東大寺（聖武《しょうむ》天皇）・西大寺（称徳《しょうとく》天皇）・大安寺《だいあんじ》（光仁《こうにん》天皇・南大寺とも）・薬師寺《やくしじ》（天武《てんむ》天皇・持統《じとう》天皇）・興福寺《こうふくじ》（藤原氏）・元興寺《がんごうじ》（元正天皇・聖武天皇）・法隆寺（聖徳太子…これは京外だが）をはじめとして、法華寺《ほっけじ》（光明《こうみょう》皇后）・海龍王寺《かいりゅうおうじ》（藤原不比等《ふひと》・土師《はじ》氏）など、多くの寺があった。京の範囲から外れる場所にも、新薬師寺（聖武天皇）・般若《はんにゃ》寺（聖武天皇）・秋篠寺《あきしのでら》（光仁《こうにん》天皇）・十輪院《じゅうりんいん》（元正天皇）・福智院《ふくちいん》（玄昉《げんぼう》）・長岳寺《ちょうがくじ》（淳和《じゅんな》天皇）・矢田寺《やたでら》（天武天皇）など、本書で取り上げてきた人物ゆかりの寺が多くある。寺は男色文化の根源ともされるが、奈良時代には男色を示す史料はない。しかし、「同房同室《どうぼうどうしつ》」など、いわゆるルームメイトとして過ごしたなんていう友情の話はある。性愛関係までは記述されないものの「ホモソーシャル」というような絆や、「ブロマンス」と分類できるような同性同士の絆は奈良時代にも確かにあったと感じられる。

本章では『万葉集《まんようしゅう》』に見える絆の物語を中心に紹介するが、『万葉集』が大伴家持《おおとものやかもち》という一人の貴族によってまとめられた書物になるため、家臣同士の絆の紹介も含まれる。また、たまに京を離れた歌も混じるが、それだけ絆の物語が感動を呼ぶような逸話を紹介していきたい。なお、『万葉集』は日本文学で研究されるのがメインの史料になる。このため、本章は日本古代史の研究からは少々離れ、フランクな感じで紹介していく。

藤原氏・大伴氏邸宅図

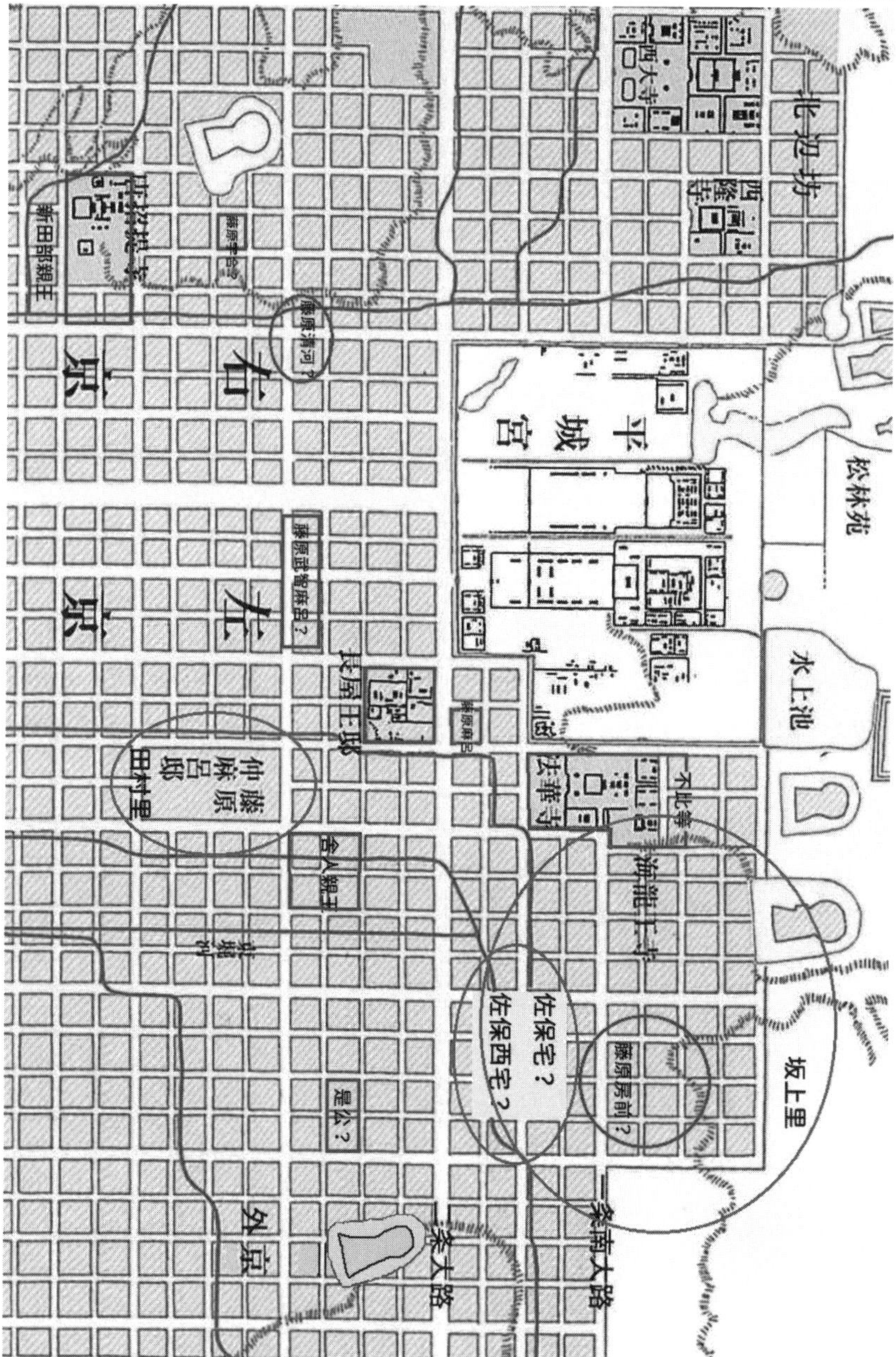
平城宮
右京
左京
外京
北辺坊
西大寺
西隆寺
新田部親王
藤原宇合
藤原清河？
藤原武智麻呂？
長屋王邸
藤原麻呂
藤原仲麻呂邸
田村里
舎人親王
法華寺
不比等
海龍王寺
松林苑
水上池
佐保宅？
佐保西宅？
藤原房前？
是公？
坂上里
一条南大路
一条大路

①「お前は渇きを癒《いや》す梨のよう」道昭《どうしょう》の墓 ―右京四条一坊《うきょうしじょういちぼう》

道昭《どうしょう》の墓は、平城京の右京四条一坊《うきょうしじょういちぼう》にあったと推定されている。禅院寺《ぜんいんじ》といって、飛鳥寺（元興寺）の子院が平城京に移転したものらしい（後に再び元興寺に吸収されて移転し、現在は廃寺）。唐招提寺の近く、北東のあたりである。地元の人には都跡《みやと》小学校の北辺りといった方が通じるだろうか。ＪＲ奈良駅からバスで薬師寺や唐招提寺に行く場合は、三条大路を南に曲がった直後に右側の車窓から見える辺りだ。

道昭は日本で初めて火葬された人とされる。（天皇では持統天皇が初めて火葬されたことになっている。）実は道昭が亡くなったのは平城京遷都前なのだが、余りにもスゴイ人だったためか、墓までが平城京にも移設されたらしい。

道昭については、結構有名な男同士の絆の逸話がある。孫悟空《そんごくう》に出てくる三蔵法師《さんぞうほうし》を知っている人は多いだろうが、あの三蔵法師のモデルとなったのが、玄奘三蔵《げんじょうさんぞう》という僧侶である。唐（中国）の人で、インドまで求められた経典を漢語に訳したことで有名な人物だ。膨大《ぼうだい》な量の翻訳を行ったその人と、同じ部屋に住んでお世話を任される時期があったのが、道昭である。特に可愛がられて同じ部屋に住まわされ、話を聞く機会も多かったという。その時聴いた話までが『続日本紀』には載せられている。

「私が昔、西域に旅した時、道中飢えに苦しんだが、食を乞《こ》う所もなかった。突然一人の僧が現れ、手に持っていた梨の実を私に与えて食べさせてくれた。私はその梨を食べてから気力が日々健やかになった。今お前こそはあの時の梨を与えてくれた法師と同様である」

と述べたと記されており、道昭を大切にしていたのは、過去に出会った恩人たる僧侶と道昭を重ねていたためとしている。ただ、道昭の人生への示唆も与えている。

「経論《きょうろん》は奥深く微妙で、究めつくすことは難しい。それよりお前は禅を学んで、東の国の日本に広めるのがよかろう」

と、経典研究は難しいからと禅の修行と普及をすすめた。（実は三蔵法師の「三蔵」とは称号の一つで仏教の経蔵・律蔵・論蔵の三蔵に精通した僧侶を指す。日本出身では霊仙《りょうせん》という僧侶が遣唐使と共に留学して「三蔵」となり、結局帰国しなかったが、そんな僧侶もいる。つまり道昭は師匠に「三蔵」を目指すことを勧められなかったことになる。）道昭は師匠の意向を守って日本に帰国した。その際、玄奘から舎利と経論、また『論語』から引用した「道を弘める」という言葉を贈られている。更に西域を旅した際に手に入れた霊験《れいげん》あらたかな鍋を与えた。道昭は帰路でもこの鍋で病人に食を与えて治療したが、復路の船上において、なかなか船が進まないのは海神竜王《かいじんりゅうおう》が鍋を欲しているからだといわれ、「玄奘から与えられた鍋をどうして竜王が欲するのだ」と文句を言いながらも、やむなく海中に投げ入れている（そのため、鍋については現存していない）。

『続日本紀』に記述された逸話として、弟子がひととなりを試そうと思い、道昭の便器に穴をあけておいた。そのため、穴から漏《も》れた汚物で寝具が汚れてしまった。しかし、道昭は微笑みながら「いたずら小僧が、人の寝床を汚したな」と言ったのみで、一言の文句もいわなかったとされる。

また晩年まで、熱心に座禅《ざぜん》を行っており、立つのも三～七日に一度という有様で、とある日、道昭の居間から香気が流れ出て、弟子達が驚いて、居間へ行くと、縄床《じょうしょう》という縄を張って作った腰かけに端座《たんざ》したまま息絶えていた。

遺言に従って、本朝初の火葬が行なわれたのだが、この時の焼け残った骨を親族と弟子達が争って集めようとしたとか。すると不思議なことに、つむじ風が起こって、灰と骨をいずこかへ飛ばしてしまったとされる。死後までも争いを避けようという人柄を示すための逸話と考えられるが、遺骨の分配を争う状況は、仏教の祖でもある釈迦《しゃか》の火葬後を彷彿とさせる。風に吹き飛ばされたならば、骨は残されていないし、墓の中には骨もないということになるが、…墓は存在し、（平城京には）移転もされている。

読みたい史料

・『続日本紀』文武四年三月己未《きび》条（十日）

②「君といる今日を忘れたくない！」―春日野

『万葉集』十巻の一八八〇首に「春日野の 浅茅《あさじ》が上に 思ふどち 遊ぶ今日の日 わすられめやも」という歌がある。原文は万葉仮名なので、一音に一漢字が充てられるが、現代の漢字を使って表すとこのようになる。「どち」というのは、古代の言葉で「友達」とか「朋友」という意味で、それを知ってから読むと、なにやら普通の友情以上のものすら感じさせる歌ともなっている。

春日野に遊びに来ている友人に呼びかけて、今日の日を忘れたくないものであると詠んでいる訳だが、ただの「どち」ではなく「思ふどち」なんて言葉を付けているあたり、相手に特別な思いがあるようだ。

この春日野がどこにあるかは、辞書では「奈良市街地東部、若草山、御蓋山《みかさやま》（三笠山）西麓《さいろく》の台地で、北は佐保《さほ》川、南は能登《のと》川に限られ、東は奈良公園内一帯から市街地に及ぶ。」とされている。東大寺・春日大社・興福寺や、「ならまち」をまるっと含んだ範囲だ。今、「野」に相応しいのは、東大寺近くの春日野や、春日大社の飛火野《とびひの》と呼ばれるあたりだろうか。木も少なく原っぱが広がる風景だ。春日野には国際フォーラム甍《いらか》が建てられているため、より原っぱに近いのは飛火野だろう。ここは鹿苑《ろくおん》という鹿の角切《つのきり》（秋）や鹿の赤ちゃん（初夏）を公開したり、傷ついた鹿の保護をしたりする施設の隣にあって、季節限定で鹿寄《しかよ》せという行事が行われている。ホルンを吹いて鹿を集め、餌のドングリをやるのだ。ホルンが鳴ると、鹿は一

グルーミングする鹿@奈良公園

列縦隊に並んで駆けてくる。飛火野に集まるのは数百頭で、なかなか見応《ごた》えがある。ちなみに奈良の鹿は千百～千三百頭程度らしい。人慣れしているものの、野生なので地道に愛護団体の人が数えるらしい。一年に五十～百頭も交通事故で亡くなるのには驚いた。これは奈良の自動車の教習所で習ったことだが、奈良に住むと自然と鹿を愛でるようになるものらしい。私も小さい頃は恐ろしくしかなかった鹿を、三年住むうちに触ってあったかいと思うようにまでなった。奈良には鹿注意の特別な標識があり、一般的な動物注意の標識とは角の向きが異なる。歴史的に奈良に鹿がいるのは春日大社の神様が鹿島《かしま》神宮（茨城県）から連れてきたということになっている。（鹿島神宮にも鹿が飼われている。）

　奈良の春日大社には、元々四柱の神が祀られている。平城京遷都の時に、鹿島（茨城県）から来た武甕槌命《たけみかづちのみこと》が一柱目だ。二柱目は、香取（千葉県）からの経津主命《ふつぬしのみこと》で、神護景雲《じんごけいうん》二年に称徳天皇が藤原永手に祀らせた。また、枚岡神社（大阪府）から、天児屋根命《あめのこやねのみこと》と比売神《ひめがみ》を三柱・四柱としている。驚いたことに、三柱・四柱の夫婦神からは子が生まれ（誕生日は長保五年（一〇〇三）三月三日）、若宮として祀られるようになった。十二月に四日ほどある「おん祭」はこの若宮様のための祭りで、御旅所（春日野の一部）に、旅行中の神様に（各種）芸能をご覧にいれるものだ。保延元年（一一三五）二月二十七日に関白藤原忠通により、万民救済のために、本宮と同じ規模の社殿を造り、翌年から必ず祭りを行ってきたらしい。

　春秋などの気候の良い季節は観光客でにぎわってもいるし、地元もお盆の燈花会《とうかえ》や、真冬の瑠璃会《るりえ》などで人集めもしていた。寒い中売られている、葛《くず》入りココアは、柔らかいチョコレートプリンを彷彿《ほうふつ》とさせ、とても美味しい。（とい

春日大社本殿

うより、葛が入ると餡系の和菓子でも胡麻豆腐でも一段味が良くなる。）これらの催しが、コロナ禍《か》でリモート配信がされるようになった時は、普段は非公開の神事《しんじ》まで配信され、奈良に居られない人のためだけでなく、奈良が好きで奈良に住む奈良人だった私にも、とてもありがたいことだった。

春日大社《かすがたいしゃ》本殿の近くにある宝物館は、春日大社の宝物を展示していて、数年前にリニューアルオープンしたのだが、この展示はＬＧＢＴフレンドリーな資料が一つは混じっている感じを受けている。藤原頼長の奉納した太刀であるとか、今でいう「オネエ」のような恰好《かっこう》をした力士の浮世絵であるとか、仲良くしている稚児《ちご》と僧の絵巻の一部であるとか…。学芸員さんにこっそり敬意を感じている。

読みたい史料

・『万葉集』巻十　一八八〇首

③「君といる今夜が明けなければいいのに」──橘諸兄《たちばなのもろえ》邸

橘諸兄《たちばなのもろえ》邸と書いたが、実は場所は不明だ。橘氏も平城京のどこかに邸宅を持っていたことは確かだが、確定できる地点の発掘はまだされていない。第四章の内裏の項で、元正天皇（太上天皇）と橘諸兄の関係を紹介したように、諸兄が大雪の日に、雪かきに奉仕できる距離《きょり》のようなので、おそらくは平城宮にそれなりに近い場所だろうと推定されるが……。

そして「君といる今夜が明けなければいいのに」と詠んだのは諸兄ではなく、息子の奈良麻呂だ。ただ、詠んだ時点では無位、まだ個人の収入がなければ、親の諸兄と同居していたかもしれないとの想定で橘諸兄邸としてみた。ただ、大臣まで勤めた橘氏が富裕層なのは確かなので、奈良麻呂邸は別にあった可能性もある。

とりあえず、橘奈良麻呂の邸宅には黄葉《もみじ》が植えられていたようで、それを眺めて酒宴をすることがあったらしい。そこで天平十年（七三八）十月十七日に大伴家持が詠んだ歌が次の歌だ。『万葉集』の八巻一五九一番目の歌になる。

（橘朝臣奈良麻呂結集宴歌十一首）

八／一五九一　黄葉乃　過麻久惜美　思共　遊今夜者　不開毛有奴香

黄葉《もみじば》の　過ぎまく惜しみ　思ふどち　遊ぶ今夜は　明けずもあらぬか

右一首内舎人大伴宿祢家持

以前冬十月十七日集二於右大臣橘卿之旧宅一宴飲也

訳するなら、黄葉《もみじ》が終わってしまうのを惜しんで親しい友達が集まっている今夜は明けないでほしい！といったところだろう。天平十年、大伴家持は内舎人《うどねり》という、天皇の傍《そば》に使える役目についたところ、橘奈良麻呂は（父の橘諸兄は右大臣として政治の中心になった年だが息子なので）まだ無位の十七歳という状態である。家持が三歳程度年長でこの時二十歳程度になる。同年代の若者たちによる酒宴だったのかもしれない。一晩中宴する文化は奈良時代の貴族も持っていた訳だ。男ばかりの世界だとそういったことは珍しくもないのかもしれないが、平安時代の貴族の夜通しの遊び（管弦《かんげん》）の文化はすでに奈良にもあったといえるのかもしれない。夜通し明かりを灯し続けることになる訳だし、今よりそれは随分大変なことだろうから、一定以上の富裕層に許された贅沢でもあるのかもしれない。

この宴会には、後に大友家持と恋の歌を交わした大伴池主も参加している。（恋の歌は後に詳述する。）約二十年後の天平勝宝《てんぴょうしょうほう》九歳（七五七年）に橘奈良麻呂が主体となって変を起こすが、すぐに鎮圧される。敗れた橘奈良麻呂・大伴池主《いけぬし》は厳しい拷問による獄死《ごくし》と推定されている。大伴家持も罪には問われなかったものの、翌年には因幡守《いなばのかみ》と京を離れる必要のある立場とされている。かつての恋人や友人が次々と亡くなっていくのをみることになった家持の心情は、どれほど悲しかっただろうかなど、思いを馳せてみる。

読みたい史料

・『万葉集』巻八　一五九一首

④「一緒に海を見にいこう」──大伴家持邸《おおとものやかもち》

『万葉集』十七巻の三九五四には大伴家持《おおとものやかもち》邸で行われた酒宴の際に詠まれた歌が残る。この家持は大伴家の邸宅を継承したと考えられ、場所も推定されている。大伴家が平城京に持っていた佐保《さほ》宅・坂上里の宅・田村里の家のいずれかになるだろうか。佐保宅は大伴家の本拠地とされ、佐保川沿いと考えられるので、平城宮左京一条三坊か四坊付近と推定できるらしい。現在の芝辻《しばつじ》町三丁目、近鉄の新大宮駅や奈良中央郵便局、佐保川小なども含まれる範囲である。ちなみに平城宮左京一条三坊は大原今城《おおはらのいまき》も住んでいたことが、天平二十年十月二十一日の日付がある奴婢《ぬひ》売買券（中村氏文書）から分かっている。今城は宴に参加して詠んだ歌が『万葉集』に残るので、近所の歌好きが集まった宴であったのかもしれない。

大伴家持は越中《えっちゅう》（今の富山県）にも館を持っていた。…というより正確には、国守館《こくしゅのやかた》という、県知事邸のような場所があり、越中国《えっちゅうのくに》に赴任した際には大伴家持もそこに住んだと考えられる。大伴家持が越中守《えっちゅうのかみ》として赴任した二か月後に、天平十八年（七四六）八月七日に、おそらく越中国の大伴家持の館で詠まれた歌が以下になる。

（八月七日夜集于守大伴宿祢家持舘宴歌）
十七／三九五四　馬並氏　伊射宇知由可奈　思夫多尓能　伎欲吉伊蘇〈未〉尓　与須流奈弥見尓
馬並《な》めて　いざ打ち行かな　渋谿《しぶたに》の　清き礒廻《いそみ》に　寄する波見に

天平十八年（七四六）八月七日は、大伴家持は二十八〜二十九歳ということになる。この宴を共にした誰かに対して、馬を並べて一緒に海まで寄せてくる波を見に行こう！と誘う歌になる。秋とは言え、きっと残暑厳しい日で、水遊びをしたくなったのだろう。渋谷は実は今の高岡市万葉歴史館の北三㎞程度のところにある雨晴《あめはらし》海岸の付近だという。今も渋谷《しぶたに》という地名が残るとか。大伴家持邸からは三・二㎞、徒歩で四十分ほどの距離だ。馬でのんびり行くなら、自転車のような感覚で十五分ほどだろうか。赴任《ふにん》先の周囲の探検といった趣だろうか。一緒に出掛けた人物は、同族の大伴池主《いけぬし》や久米広庭《くめのひろにわ》だろうか。

家持が弟を偲んで詠んだ歌も残される。『万葉集』十七巻の三九五八首は、弟の逝去《せいきょ》を悲しんで詠んだ歌とされる。

（哀傷長逝之弟歌一首）
十七／三九五八　麻佐吉久登　伊比氏之物能乎　白雲尓　多知多奈妣久登　伎気婆可奈思物
ま幸くと　言ひてしものを　白雲に　立ちたなびくと　聞けば悲しも

無事でと言ったのに、白雲になって棚引いていると聞けば悲しい事よ…と弟の死を悼んで詠んでいる。続く歌も似たような意味合いでの歌で、

十七／三九五九　可加良牟等　可祢弖思理世婆　古之能宇美乃　安里蘇乃奈美母　見世麻之物〈能〉乎
かからむと　かねて知りせば　越の海の　荒礒《ありそ》の波も　見せましものを
右天平十八年秋九月廿五日越中守大伴宿祢家持遥聞二弟喪一感傷作之也

弟の大伴書持《ふみもち》への挽歌である。こうなると前から知っていたら、越後の海の荒れた波も見せるのだったのに…というところだろうか。上記の宴会の歌（十七／三九五四）のひと月半後の歌である。かの宴会で弟にお前とは一緒に波を見

に行かないなんて、意地悪な一言をかけてしまい、それを後悔しているのだろうか…なんて妄想も起きる。親しい誰かが亡くなった後に、こういう経験をさせてあげればよかったと後悔する気持ちを上手に詠んでいて、うるっとくる。大伴家持の二十八～二十九歳よりも弟は若いだろうから、今の感覚では、随分若くして亡くなったようだ。

大伴家持は死去後すぐに藤原種継《ふじわらのたねつぐ》という桓武天皇のお気に入りの側近が暗殺された事件に嫌疑をかけられて、埋葬を許されず、官籍《かんせき》から除名とされている。子の永主《ながぬし》も隠岐国《おきのくに》に流罪《るざい》となったので、家持は貴族であったにも関わらず、墓を作ることすらできなかったことになる。邸もこの時に官に接収された可能性もあるだろうか。

上記の高岡市万葉歴史館は、大伴家持が国史として赴任した場所にあることから、赴任中に家持が詠んだ歌を中心に、人形による情景再現展示も行っていてお勧めだ。特別展でも大伴家持を取り扱ったものがあるが、後述する大伴池主との恋愛の歌は越中国で詠まれたものなので、特別展の図録は、古代のＬＧＢＴＱを語る上では欠かせない資料の一つだ。

読みたい史料

・『万葉集』巻十七　三九四五首・三九五四首・三九五八首・三九五九首

読みたい本

・高岡市万葉歴史館、第四回企画展図録『大伴家持―その生涯の軌跡―』、二〇〇〇
・高岡市万葉歴史館、第五回企画展図録『天平万葉』、二〇〇五
・高岡市万葉歴史館、第六回企画展図録『越中国と万葉集』、二〇〇九

⑤「あなたに毎日会いたい！」—中臣清麻呂《なかとみのきよまろ》邸

『万葉集』の二十巻四五〇四番目の歌は、中臣清麻呂《なかとみのきよまろ》邸での宴の際に詠まれた。

（二月於二式部大輔中臣清麻呂朝臣之宅一宴歌十〈五〉首）
二十／四五〇四　宇流波之等　阿我毛布伎美波　伊也比家尓　伎末勢和我世〈古〉　多由流日奈之尓
うるはしと　我が思ふ君は　いや日異《ひけ》に　来ませ我が背子《せこ》　絶ゆる日なしに

すぐれて美しい方だと私が思っている貴方は、いよいよ日ごとにおいでください、絶える日なしに…と詠んでいる。この前に歌は大伴家持が詠み、この歌の後は大原今城《おおはらのいまき》が読んでいる。大伴家持は以下のように詠んでいる。

二十／四五〇三　伎美我伊敝能　伊気乃之良奈美　伊蘇尓与世　之婆之婆美等母　安加無伎弥加毛
君が家の　池の白波　礒《いそ》に寄せ　しばしば見とも　飽かむ君かも

しばしば見ても飽きることのない君である、とは恋愛としたら、なかなかの熱い表現だ。しかし、それに対して上のように絶える日がなく来てほしいというのだから、家持よりも清麻呂は上手である。更に大原今城は、以下のように詠み、一連の歌の流れが終わる。

二十／四五〇五　伊蘇能宇良尓　都祢欲比伎須牟　乎之杼里能　乎之伎安我未波　伎美我末仁麻尓
礒《いそ》の裏に　常呼び来住む　鴛鴦《おしどり》の　惜《お》しき我が身は　君がまにまに

池にいつも来て泣く鴛鴦のように、大切な私の身は貴方のお側にありますよ、お気の召すままにどうぞ…といったところだろうか。いちゃいちゃ（睦《むつ》まじさ）が極まった所でひと段落といった感じのように思われる。複数名の男がこのように恋の歌とも取れるような内容の歌を詠み交わしている。二人のやり取りだけではなく三～四人で宴の席で詠んでいるのだ。この宴は梅の花見が目的であったようだが、当初から、梅の花の盛りを過ぎてしまったことを詰《なじ》るような歌から始まり、今目の前にいるから良いでしょと終る。実際に参加者の一部に恋愛感情があったどうかは置いておいて（もちろん、妄想はしているのだけれど）、一連のやり取りはホモソーシャルというのが適当そうだ。

中臣清麻呂《なかとみのきよまろ》は大中臣清麻呂《おおなかとみのきよまろ》とも言い、正二位まで登った奈良時代の大臣で、なんと八十七歳まで大臣だったとか。当時としてはかなり長寿だ。そこまで出世できた裏には、さらっとこういう歌を詠める素養《そよう》もあったのかもしれない。神祇《じんぎ》の家柄であるため、神祇官系の役職が多いが、天平宝字《てんぴょうほうじ》二年は淳仁《じゅんにん》天皇の治世で、中臣清麻呂は中宮院《ちゅうぐういん》に侍《じ》して淳仁天皇の勅旨《ちょくし》の宣布《せんぷ》・伝達《でんたつ》する任務をするなど信頼されていた。藤原仲麻呂の乱では（仲麻呂には敵となる）孝謙《こうけん》上皇についているのだが…。

中臣清麻呂の邸は、まだ場所が確定されていないが、家持や大原今城の家の近く、佐保宅付近に住んでいたのかもしれない。当時の高級住宅地だ。ただ、梅の花の盛りを逃したのは、仕事が忙しかったのか、それとも中臣清麻呂の邸は佐保宅などから距離があったのか…今後の発掘で明らかになったら、面白い。

読みたい史料

・『万葉集』巻二十　四五〇三首・四五〇四首・四五〇五首

⑥「伴侶を失った悲しみを酒で癒《いや》す」―二つの長屋王邸《ながやのおう》

長屋王《ながやのおう》邸は、平城京内では数少ない貴族の邸跡地と推定できる場所だ。奈良時代の平城京左京三条二坊は、大型商業施設の建設に伴う発掘で、大量の木簡が発見され、話題となったが、施工《せこう》の都合で、大急ぎでの発掘となったとか。発掘した土ごとコンテナに詰めて奈良文化財研究所に持ち帰り、かなりの年月をかけて、分別した。奈文研では水洗いと呼ばれる作業になる。そこで墨書《ぼくしょ》のある木簡が見つかると、どのような文字が書かれているかを解読し、それをホウ酸ホウ素溶液《ようえき》に漬けて仮保存することになる。そのまま溶液を追加して保存されているものもあるが、一部は中の水分をアルコールなどに置換《ちかん》する作業を経て、乾いた状態で観察できるようにする。また、樹脂《じゅし》で型取《かたど》りをしたり、3Dスキャナーや3Dプリンターなどを使ったりして、木簡《もっかん》の形状を再現した模造品を作成するなどの実験的な取り組みが長年行われている。

この場所が長屋王の邸であったことが確定されるのに必要な根拠は、単に木簡に「長屋王」を意味する文字があるだけでなく、長屋王宛のものと、長屋王が誰かにあてたものの双方がないと、ここが長屋王邸であったといえないのだ。単に発掘しただけではなく、そこにきちんと邸跡であることを示す木簡がないと学問的に認められない苦労が…実はたくさんある。

他にもたくさんの木簡が見つかっていて、研究者の間では二条大路木簡と呼ばれる木簡群なのだが、絆を示すものとして紹介したいものは、なんと漢詩がまるまる書かれている。

「山東山南落葉錦

巌上巌下白雲深
独対他郷菊花酒
破涙漸慰失侶心」

伴侶《はんりょ》の死の悲しさが、菊花《きっか》を浮かべた酒を飲んで流した涙によって、ようやく慰《なぐさ》められたという内容の漢詩である。これは平城宮跡資料館《へいじょうきゅうせきしりょうかん》の常設展でレプリカを見ることができ、たまに「地下《ちか》の正倉院展《しょうそういんてん》」という秋に行われる特別展でも展示される。発掘の際にSD五一〇〇と名付けられた溝から出土したもので、平仄《ひょうそく》という発音による分類（各行最後の漢字の発音の母音が共通するという漢詩のルール）から、七言古詩《しちごんこし》と考えられている。

　長屋王邸跡は、二〇二二年現在はミ・ナーラという商業施設名となっている。これも最初はそごうであったのが、何度も入れ替わることから、長屋王の呪いなんて呼ばれることもある。…長屋王は無実の罪（『続日本紀』には「私学二左道一。欲レ傾二国家一。」とある）で誣告《ぶこく》され、反論をせずに自刃《じじん》を選ぶという最期を遂げている。それだけでなく妻の吉備内親王《きびないしんのう》や子供達もみな亡くなるという壮絶《そうぜつ》さである。彼らが罪を犯したのではなく、無実だったということはいくつかの状況証拠から推測されている。中でも、長屋王の変の九年後、長屋王に仕えていた大伴小虫《おおとものこむし》は、長屋王の密告者（中臣宮処連東人《なかとみのみやこのむらじあずまひと》）と勤務（政事）の合間に碁《ご》をしていた際に口論となって、斬り殺したという記述があり、これも無実の一つの根拠とされたりもする。かつての主君の悪口でも言われたのか、それとも、赤穂浪士《あこうろうし》のように、仇討《あだうち》計画を立てていたのか…。発掘調査からは、長屋王の変の後、比較的すぐに邸は皇后宮となり、その後も奈良時代だけで二度は変遷があったことが分かっているとか。都の中心地（一等地）だから当然といえば当然かもしれないが、事件の記憶をなるべく早く消し去りたい政権の思惑もあったかもしれない。

　長屋王の屋敷地と分かっている場所は実はもう一か所ある。左京一条十五・十六坊、ウワナベ古墳の東南部分で出土した二棟続きの屋敷地がそう推定されている。『万葉集』では長屋王の作《さ》宝《ほ》宅《たく》という場所で、宴の際に詠まれた歌が採録されているし、長屋王が「佐保左大臣」と別名があったことが分かっている。ここの方が早くから長屋王邸と分かっていたため、上記の大型商業施設を長屋王邸と推定するためには、かなりの証拠が必要になったということもあるとか。

奈良文化財研究所のブログに作寶楼《さほろう》というものがある。研究のこぼれ話を集める趣向のブログだが、このタイトルはこちらの長屋王邸の名前から命名されたと思われる。奈良文化財研究所は懇親会を直会《なおらい》という古代語で呼ぶなどの不思議な慣習もあるなど、ふとした所で古代語が入り混じることがあり、しばらくはその文化そのものを面白く感じていた。

長屋王と吉備内親王の墓は、宮内庁に比定されたものが現在の平群町《へぐり》にある。駅から離れているため、少々行きにくいが、「長屋王御墓」とある石碑が整備されている。平地に盛り上げた形式の墓で、墓域に入るために細い水路もある。そこから徒歩五分ほどのところに「吉備内親王御墓」もある。坂の斜面沿いの区画である。

読みたい史料

・『続日本紀』天平元年二月辛未《しんび》条（十日）：長屋王の変
・『続日本紀』天平十年七月丙子《へいし》条（十日）：大友小虫が中臣宮処連東人を剣で殺した事件

⑦「同じ部屋に住んでいました」——元興寺《がんごうじ》の智光《ちこう》と頼光《らいこう》

智光《ちこう》と頼光《らいこう》は元興寺の中興《ちゅうこう》の祖とされる。奈良時代の後期の僧侶たちである。「同門同室」というから、同じ部屋で同僚のような関係で過ごした期間があったのだろう。現在の元興寺極楽坊《がんごうじごくらくぼう》には、智光と頼光が対のように並んで祀られている。

智光は『般若心経述義《はんにゃしんぎょうじゅつぎ》』『浄名玄論略述《じょうみょうげんろんりゃくじゅつ》』『無量寿経論釈《むりょうじゅきょうろんしゃく》』『法華玄論略述《ほっけげんろんりゃくじゅつ》』など、難解《なんかい》なタイトルの著作（内容はお経の解説）が数多くあり、当時も有名な学僧であったらしい。『日本霊異記《にほんりょういき》』という霊異譚《れいいたん》にも登場している。そこでは余りカッコイイ描かれ方ではなく、行基が大僧正になったことをねたんだことで地獄《じごく》に落ち、蘇生《そせい》してから後は行基《ぎょうき》に帰依《きえ》したという。行基は土木工事技術の知識を持ち、当初は国家から反逆者として警戒されていたが、後には大仏造立などのために、その技術を国家に買われ協力することになったという経緯がある。行基が大僧正になったのは、その功績のためなのだが、嫉妬《しっと》は人の世の常ともいうように、南都七大寺《なんとしちだいじ》で活躍している智光ですら、嫉妬をしたことがあるのだよという逸話である。

さて、智光と頼光の紹介に戻る。『日本往生極楽記《にほんごくらくおうじょうき》』には、智光が同門《どうもん》の頼光の往生を夢に見て阿弥陀浄土図《あみだじょうどず》（智光曼荼羅《ちこうまんだら》）を描かせ、極楽坊《ごくらくぼう》でみずからも往生したという伝がある。頼光が亡くなった時に共に過ごした年月を思い、「涙の落つること雨のごとし」と、涙を雨のように流していた智光が、その後に見た夢の中で、頼光が極楽浄土にいたのだ。ここに生まれ変わったのかと問う智光に頼光が手をつないで阿弥陀如来《あみだにょらい》の前に連れていき、阿弥陀如来は「この世界の美しさ（荘厳《しょうごん》）を眺《なが》めよ」と智光に告げる。「夢、覚《さめ》て思うに、その有様《ありさま》忘られず、涙、下ること数行、止めんとすれども絶えず」と、目が覚めても忘れられず、智光は涙を止めることができなかった…と、かなり具体的な描写である。

この智光曼荼羅も、元興寺極楽坊で見ることができる。曼荼羅《まんだら》の下部には池が描かれ、そこに描かれる僧侶二人が、智光と頼光をイメージして描かれているのはないかと解説している。

ちなみに、智光は和銅《わどう》二年（七〇九）～天平十九年（七四七）ないし、宝亀年間（七七〇～七八一）に生きたとされる。奈良時代の元興寺《がんごうじ》は都心の一等地でもある。そんなところでもお坊さん同士の男同士の絆が存在した…。そんなことを考えながら、元興寺を訪れるのも一興かもしれない。元興寺は、奈良時代は三論宗《さんろんしゅう》という南都六宗《なんとろくしゅう》の一つを宗派としていたが、現在では真言律宗《しんごんりっしゅう》（真言宗《しんごんしゅう》＋律宗《りっしゅう》で、唐招提寺《とうしょうだいじ》や西大寺、般若《はんにゃ》寺と同じ宗派）なっているとか。古代の塔の模型が現存する寺の一つでもある。屋根の一部に古代瓦が未だに使用されているということや小さな石仏が境内の片隅に並ぶことでも有名だ。

読みたい史料

・『日本往生極楽記《にほんおうじょうごくらくき》』建久巡礼記《けんきゅうじゅんれいき》元興寺条《がんごうじじょう》

⑧「主君の墓の側に！」―聖武天皇陵に侍った三人―

坂上忌寸犬養《さかのうえのいみきいぬかい》・鴨朝臣虫麻呂《かものあそんむしまろ》・禅師法栄《ほうえい》

聖武天皇陵がどこにあるかと聞いてすぐに思い浮かぶ人はかなり奈良・きたまちエリアに詳しい人かもしれない。答えは近鉄奈良駅からかなり北上して少し東に入っていったところなのだが、もちろんここは比定地で、本当かという確証はいまだない。将来宮内庁が発掘を許可することになれば、真相も明らかになるだろうが、大概の場合、これらの古墳は実際に奈良時代の天皇たちが生きた時代よりも二百年から三百年は前の四〜五世紀に造られたということが発掘で分かることが多い。しかし、作った古墳も維持管理をしなければ荒れ果てる訳で、奈良時代までそういった管理が行われてきたことも、近くのウワナベ古墳の発掘結果（二〇一九〜二〇二〇）から分かってきつつある。このウワナベ古墳も宮内庁比定《くないちょうひてい》の陵墓《りょうぼ》なので、発掘は超特例だ。

明治時代にどうしてここが聖武天皇陵とされたかというのは、平城宮の近くにあるからというのも大きな理由だろう。

聖武天皇の陵には、聖武天皇の死後に陵の側に侍りたいと申し出て許可された人がいたという。『続日本紀』天平勝宝《てんぴょうしょうほう》八歳五月乙亥《いつがい》条には、「久侍二禁掖一。深承二恩渥一。悲情難レ抑。伏乞レ奉レ陵。」と、聖武天皇の「禁掖《きんえき》（関係者以外立入禁止の内裏の内でも天皇のすぐ傍）」に久しく侍り、深く恩渥を受けたために、悲しみの情を抑え難く、伏して陵に奉じたか挙したかしたという三人がいたらしい。「奉」か「挙」としたのは、写本によって漢字が異なるためだ。「挙」なら、挙哀になるだろうか。「奉」なら、目上の人のお世話をするといった意味合いもある。とりあえず、聖武天皇の陵に特別に奉じた三人の行為を聖武天皇の娘である孝謙天皇がこれまでにない「寵臣」であると褒め称えたという。彼らの名は坂上犬養《さかのうえのいぬかい》・鴨虫麻呂《かものむしまろ》・禅師法栄《ほうえい》といった。坂上犬養は武で有名な坂上家の武人で子は苅田麻呂《かりたまろ》、孫は蝦夷征討で有名な坂上田村麻呂である。聖武天皇には左衛士督《さえじのかみ》（門の守衛隊長）として仕えていたらしい。その後も仲麻呂の暗殺を謀ったとして、藤原乙縄《おとただ》を捕らえもしている。造東大寺司長官《ぞうとうだいじしちょうかん》となったのは、聖武天皇との縁故《ゆえ》といった面もあったのかもしれない。鴨虫麻呂は鴨家としたら、神祇担当の氏族の一つになるだろうか。この二人は官人（俗人）であるため、坂上犬養は正四位上、鴨虫麻呂は従四位下に位階を上げられ、授刀舎人《たちはきのとねり》と呼ばれる従者を授かっている。また、出家している法栄は、聖武太上天皇の医薬僧だったが、太上天皇没後は山陵の側の庵で冥福《めいふく》を祈ったとされる。その後、天平勝宝《てんぴょうしょうほう》八年には、孝謙天皇が法栄の故郷の筑前（福岡県）の一郡の租税を免除するなどの特別措置を受けている。

　ここからは想像となるが、もしやこれは、武官系の官人・神祇系の氏族・仏教系の僧侶という面々ではないか。もしかしたら、あえてのこの三人の人選なのかもしれない。この三人が各界を代表して陵に侍ることを表明すること、それを褒め称えることで、聖武天皇の遺徳《いとく》というか、素晴らしい天皇であったのだということを示す意味合いがあったと解釈することもできるかもしれない。更に、孝謙天皇の治世も聖武天皇の威光を続かせるような意味合いもあったなんて考えられるかもしれない。申し出と褒賞《ほうしょう》そのものがデキレースという読解は歴史学あるあることでもある。

　聖武天皇陵は佐保山南陵《さほやまのみなみのみささぎ》と比定される。奈保山《なほやま》の元明天皇陵・元正天皇陵の南一・五㎞の場所で、皇后であった光明子と隣り合っている。周囲に佐保川の流れを配していて、見学自由だ。人がいない時は鹿が闊歩しているようで、近づくと陵の中に走り去っていく。なお、北西一㎞程の場所に、一歳で亡くなった光明皇后所

聖武天皇陵

産の皇太子基王の墓とされる「那富山墓《なほやまのはか》」がある。大仏鉄道遺跡《だいぶつてつどう》の鉄橋の近くの入口から、ハイキングコースを登っていき、右に入っていくと宮内庁が設置した柵と入口に到達する。木々の隙間から、拝所《はいしょ》が設置されていることが窺《うかが》える。ここには隼人石《はやといし》と呼ばれる獣頭人身《じゅうとうじんしん》の石（ネズミ人間（頭がネズミで体が人）・ウシ人間・ウサギ人間・イヌ人間を彫刻した石）が置かれているという。キモカワ（気持ち悪いけど可愛い）が追究された造形だ。元々は十二支の数、十二個があったのではとされている。ただ、基本的には拝所を含めて立入禁止となっているため、隼人石を見ることはできない。ハイキングコース状の道を右にそれずに登ると、大仏鉄道の鉄橋の上の道に出る。

読みたい史料

・『続日本紀《しょくにほんぎ》』天平勝宝《てんぴょうしょうほう》八歳五月乙亥条（二十二日）

⑨ 道鏡《どうきょう》は陵に侍っていた ―称徳《しょうとく》天皇陵

前項では聖武天皇の陵に侍った人物を三人紹介した。彼らを称えた称徳《しょうとく》天皇もまた陵に侍った人物がいる。かの有名な道鏡だ。道鏡は称徳天皇が亡くなった二年後に下野国《しもつけのくに》（今の栃木県）で亡くなった。梵文が読めたとあるので、サンスクリット語が読めたということになる。仏にも各種あるが、それらの仏を一字で示している不思議な記号のことだ。薬師如来《やくしにょらい》は「キャ」のような発音らしい。他にも釈迦《しゃか》や阿弥陀《あみだ》などを覚えておくと、どこかで役に立つかもしれない（お寺の仏像を見る時に理解が深まって面白いかもしれない）。

「御葬礼畢。奉レ守二山陵一。以二先帝所一レ寵」と、称徳天皇の威光を頼みにして、葬式が終わったのちも陵に侍ったなどという表現になっているが、この行動こそ道鏡が政治権力に興味があるタイプというよりも、純粋に称徳天皇ラブ！を貫いた証拠なのではないかと思う。道鏡はずしの気風も大いにあったとは思われるが、左大臣らの次代の天皇を決定する話し合いに参加しようと思えば、不可能な立場ではなかったはずなのに、参加すらしなかったのだから…。

陵に侍るという行動に感動して褒美を出すような感覚を持っていた称徳天皇は、おそらく道鏡が侍ったことをうれしく感じたのではないだろうか。例え、死の間際には傍に近づけなかったとしても…。

道鏡は称徳天皇の寵愛によって、称徳天皇と同じものを食べたり飲んだりし、天皇用の輿《こし》に乗りもしていたが、下野国薬師寺の別当となり、死去時は庶人《しょじん》と同じような扱いとされている。

下野国薬師寺には、「道鏡を知る会」なるが立てた、解説看板があり、道鏡はそこまで悪人ではなかったというような解説までである。西大寺は称徳天皇が発願《ほつがん》した寺であるが、そこでは道鏡を「怪僧《かいそう》」というような紹介をしている。その

【梵字】種子一覧

児玉義隆『梵字必携』朱鷺書房1991を参照して著者作成

大日如来（金剛	大日如来（胎蔵界）	阿弥陀如来	薬師如来	聖観音	釈迦如来	不空羂索観音	如意輪観音	千手観音	十一面観音
バン	アーク	キリーク	バイ	サ	バク	モウ(ボ)	キリーク	キリーク	キャ

馬頭観音	楊柳観音	准胝観音	日光菩薩	月光菩薩	勢至菩薩	普賢菩薩	文殊菩薩	虚空蔵菩薩	般若菩薩
カン	サ	ボ（ブ）	ア	シャ	サク	アン	マン	タラーク	ジニャ

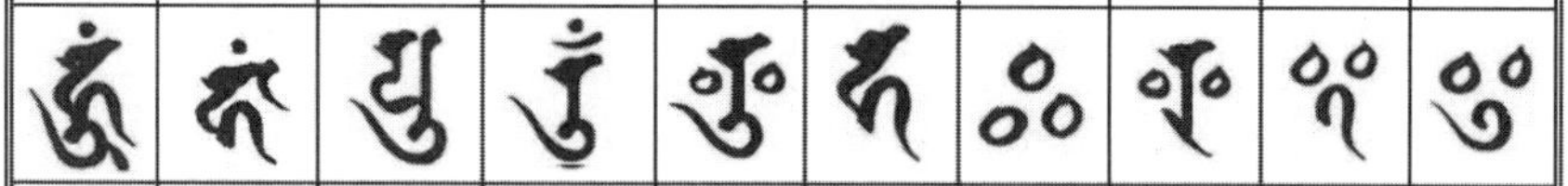

愛染明王	不動明王	弥勒菩薩	地蔵菩薩(書衣)	地蔵菩薩(福地・讃龍)	地蔵菩薩(不休息・天	地蔵菩薩(天日・破勝)	地蔵菩薩(弁尼)	地蔵菩薩(枳黒・護讃)	地蔵菩薩(黒衣・光味)
ウーン	カン	ユ	ロン	イ	カ	イ	イー	イ	イ

愛染明王	不動明王	降三世明王	軍荼利明王	大威徳明王	金剛夜叉明王	吉祥天	梵天	帝釈天	毘沙門天
ウーン	カンマン	ウーン	ウン	キリーク	ウーン	シリー	ボラ	イー	ベイ(バイ)

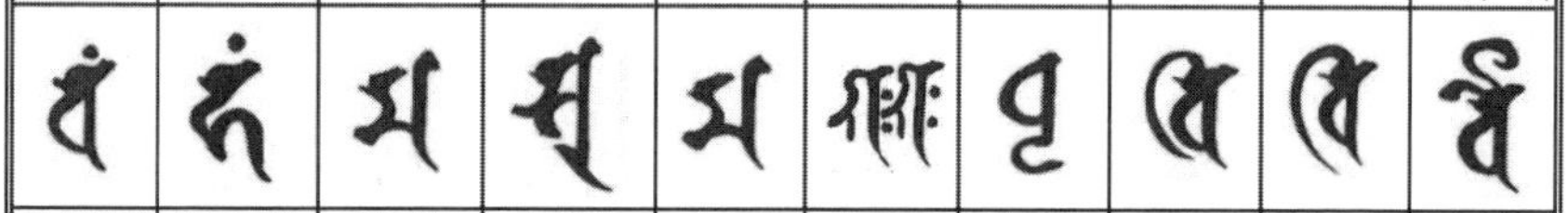

孔雀明王	荼枳尼天	摩利支天	弁財天	大黒天	歓喜天	持国天	増長天	広目天	多聞天
バン	カン	マ	ソ	マ	ギャク	ヂリ	ビ	ビ	ベイ(バイ)

・種子とは、仏を一字の梵字で示したもの。同字で違う仏を示す例や、同じ仏を異字で示す例も多い。

近くにこの会が寄贈したイケメン道鏡の像があり、そこではそこまでの酷い解説はない。

何が真実であるかは研究レベルで考える必要があるが、私は（感想レベルだが）そこまでの悪僧という認識を道鏡にもてないのもまた事実である。称徳天皇はきっとしばしの家族がほしかったのだという気すらしてしまう。まぁ、和気清麻呂《わけのきよまろ》と広虫姉弟《ひろむしきょうだい》は、穢麻呂《きたなまろ》とか狭虫《せまむし》とか、嫌がらせのような名前の変更を含めて、かなりの被害を受けたともいえる訳だが、明治時代以降の和気清麻呂の称えられっぷりに比して、道鏡はあまりに可哀想という風にも思うのだ。

称徳天皇陵は、大和西大寺駅の北口を出て、東に向かい、秋篠川《あきしの》を渡ってから北上する。駅から徒歩十五分程度だろうか。称徳天皇が崩御した西宮《にしみや》という場所は、現在復原した大極殿が建っている場所だから、そこから歩けば、二十～二十五分だろうか。成務天皇陵や垂仁天皇の皇后陵とも隣り合う古墳で、歴史散歩コースになっている。ここに道鏡が侍って冥福を祈ったのかと想像するのも、また感慨深い。

読みたい史料

・『続日本紀』宝亀《ほうき》三年四月丁巳《ていし》条（七日）

番外1・「逢えなくなるのは寂しいです」——大宰府——
大伴旅人《おおとものたびと》と沙弥満誓《しゃみまんせい》

『万葉集』では地方で詠まれた歌も採録されている。ここでは大宰府に派遣された大伴旅人《おおとものたびと》が任期を終えて、平城京に帰京する時に、残される大宰府での知り合いが詠んだ歌を紹介したい。
『万葉集』四巻の五七二首は、沙弥満誓《しゃみまんせい》が大伴旅人に詠んだ恋愛感情もうかがわせる歌である。

（大宰帥大伴卿上京之後沙弥満誓贈レ卿歌二首）
四／五七二　真十鏡　見不レ飽君尓　所レ贈哉　旦夕尓　左備乍将レ居
まそ鏡　見飽《みあ》かぬ君に　後《おく》れてや　朝夕《あしたゆうべ》に　さびつつ居らむ

何度見ても見飽きない（いつも会っていたい）君に残されて、朝夕に心寂しく思い続けるのだろうなと詠んでいる。慣れ親しんだのに、これから離れてしまうことへの寂しい気持ちを詠んだとされるが、男から男へ詠む歌としては、「見飽かぬ」などの表現は、なかなかに愛情深い表現と感じる。他の宴の参加者も旅人へのはなむけの歌を送っているのだが、気持ちが一番現れているのは、満誓の歌だろう。大宰府で二人はいったいどのような関係だったのだろうか。期間限定の付き合いと分かってはいただろうが、もしや現地妻のような存在であったりしたのだろうかと妄想したくなるような一首である。実は満誓は笠麻呂《かさのまろ》という俗名で、出家前は木曽路を開削した功績もある官人だ。生没年は不詳だが、歌のやり取りの時の年齢は、若くとも三十代後半だろうか。恋愛や人を思う気持ちに年齢は関係ないのだが。一応、俗人の旅人と出家者の満誓なので、妄想に留めておかねば、だ。…と思いきや、この歌には続きがある。

四／五七三　野干玉之　黒髪変　白髪手裳　痛恋庭　相時有来
ぬばたまの　黒髪《くろかみ》変はり　白《しら》けても　痛き恋には　会ふ時ありけり

真っ黒だった黒髪が白くなるほどの年になったが、心が痛い恋に会うことはあるのだなぁ…という意味だろう。満誓は出家の身、かつ白髪になるほどの年らしい。やはり若くても三十代後半だろうが、恋を自覚しているのだ。ホモソーシャル、いや、これはゲイということになるだろうか。

但し、両思いではなかったようで、大伴旅人は「友」はいなくて寂しいと返している。。

四／五七五　草香江之　入江二求食　蘆鶴乃　痛多豆多頭思　友無二指天
草香江《くさかえ》の　入江《いりえ》にあさる　蘆鶴《あしたづ》の　あなたづたづし　友なしにして

旅人が平城京に帰京する際にも通っただろう草香江（大阪府東大阪市日下町）という生駒山西側にあった広大な入江の鶴を読み込んで、友がいないので心細いと返している。「友達でいようね」の含意は、振り文句なのか、友として交際を続けたいということなのか、…現代の恋愛にも、性別を問わず通じそうな状況だ。

読みたい史料

・『万葉集』巻四　五七二首・五七三首・五七五首

番外2・「あなたと桜が見たい」―越中国（富山）―
大伴家持と大友池主の恋と友情

『万葉集』の中の男同士の恋として、有名なのがこの二人だろう。大友池主は女性だったりするのだろうかと思う位、普通に恋する気持ちを詠んだ歌だ。この二人は同じ大伴氏出身ということもあるのか、かなり長期間にわたって絆を築いたことが分かっている。平城宮にいた時も同じ宴に参加したことが、『万葉集』に残された歌から分かっているが、大伴家持が越中国《えっちゅうのくに》の国司として赴任した前後のやり取りの熱さはなかなかのものだ。この前後、家持は赴任先で病に倒れ、それを熱心に看病したのが池主だったらしい。池主は掾《じょう》という、国司の中では三番目の地位にあった人物で、家持はトップにあたる守であった。越中国に行く前も後も知り合いではあったようなので、単なる上司へのごますりとは考えがたい。また、表現が驚くほど熱いのだ。ちなみに家持よりも身分は低いが、数歳年上と考えられている。

十七／三九七七　安之可伎能　保加尓母伎美我　余里多々志　孤悲家礼許〈曽〉婆　伊米尓見要家礼
葦垣《あしがき》の　外にも君が　寄り立たし　恋ひけれこそば　夢に見えけれ

これは、天平十九年三月五日に家持が病で臥《ふ》している際に作った歌とされる。大伴家持が大伴池主に、垣根の外に君が立っている夢を見たのは、私が恋しく思っているからでしょうと詠んでいる。国司として赴任した越中で病に倒れた家持を、池主は親しく看病し、回復に至ったことになっているが、その間に詠まれたことになっている。

ひと月半後、家持は帰京することになる。行き先は平城京だ。この時に、悲しみの気持ちを述べがたく、代わりに詠んだ歌が次になる。

（入レ京漸近悲情難レ撥述レ懐一首并一絶）
十七／四〇〇七　和我勢故〈波〉多麻尓母我毛奈　保登等伎須　許恵尓安倍奴吉　手尓麻伎弖由可牟
我が背子は　玉にもがもな　霍公鳥《ほととぎす》　声にあへ貫《ぬ》き　手に巻きて行かむ

大伴家持が、大伴池主に天平十九年四月三十日に贈った歌である。あなたが玉であったら、手に巻き付けていくのに！といったところだろうか。赴任先で親しくなった池主との別れを惜しんで家持が詠んだとされるが、こういう歌がこのあたりで続く。次の歌も似たような感じで、大伴池主が返事として大伴家持に贈った歌になる。

（忽見二入レ京述レ懐之作一生別悲〈兮〉断腸万廻怨緒難レ禁聊奉二所心一首一并二絶）
十七／四〇一〇　宇良故非之　和賀勢能伎美波　奈泥之故我　波奈尓毛我母奈　安佐奈々見牟
うら恋し　我が背の君は　なでしこが　花にもがもな　朝な朝な見む

天平十九年五月二日だから、二日後の返事になる。恋しい私のパートナーは撫子《なでしこ》の花であってほしい、そうしたら、毎朝見ることができるのに！と、パートナーが遠い奈良の都に戻ってしまって、悲しみ堪えずに作った歌になる。恋心を思うと、しんみりする感じになる。ここで別れてしまう二人だが、その後もやり取りは続いた。
『万葉集』巻十八の四〇七四首は、桜が読み込まれる素敵な歌である。池主から家持に贈った歌になる。

十八／四〇七四　桜花　今曽盛等　雖二人云一　我佐不之毛　支美止之不レ在者
桜花《さくらばな》　今ぞ盛りと　人は言へど　我れは寂《さぶ》しも　君としあらねば

桜の盛りは今ですよと人はいうけれど、あなたといないので、私は寂しい…と詠んでいる。「寂し」を「さぶし」と読ませているあたり、近くにいる温かさがなくて寒いという意味合いも兼ねている感じで、やはりこれは男同士の恋の可能性が高いような感じがする。詞書《ことばがき》からは、池主から家持が送られた三首の内の一つだが、詞書がまた恋をしていなくては書けないだろうという表現で、遠くから家持がいるだろう北の方角を眺めていたり、近くに来たので益々恋しいと書いたり、会えるのはまだ先という家持からの手紙に、生別《いきわか》れのような悲しみを感じ、手紙を書こうとするものの文章の乱れが気になる…などと書かれる。純粋過ぎるほどの恋情の記録だ。家持は「促膝未期（膝を促けること未だ期せず）」、つまり、今はまだ膝を近づけて会うことを期待しないと池主に送ったと言っているから、恋情の表現には感動しつつも、この時期、情熱的過ぎる池主に若干引いていたのかもしれない。

天平二十年（七四八）三月十五日は、家持が三十歳程度になる。都には越中国に赴任する際に残してきた妻がもちろんいる。…とはいえ、同族でもあるため、この後の二人の交際はゆるやかに続いていったようだ。

池主とは恋愛関係にあったようだが、池主も含めたコミュニティも存在したらしく、友情を詠んだ歌もある。『万葉集』巻十九の四二四九首は、

（以二七月十七日一遷二任少納言一　仍作二悲レ別之歌一贈二貽朝集使〈掾〉久米朝臣廣縄之館一二首　既満二六載之期一忽値二遷替之運一　於レ是別旧之悽心中欝結　拭レ渧之袖何以能旱　因作二悲歌二首一式遺二莫忘之志一　其詞曰）

十九／四二四九　伊波世野尓　秋芽子之努藝　馬並　始鷹猟太尓　不レ為哉将レ別
石瀬野《いわせの》に　秋萩《あきはぎ》しのぎ　馬並《うまな》めて　初鷹猟《はつとがり》だに　せずや別れむ

大伴家持が天平勝宝《てんぴょうしょうほう》三年八月四日に朝集使《ちょうしゅうし》の掾《じょう》であった久米広縄《くめのひろなわ》の館で詠んだ歌だ。馬を並べて共に過ごしたのに、狩りさえしないで別れてしまったのは惜しかったなぁ…と仕事で遠方に行ってしまう友との別れを悲しんで、詠んでいる。久米広縄も大伴家持の越中国での知り合いのようで、館での宴会に家持も池主も参加している。

この二年後に、上記の大伴池主は左京少進《さきょうのしょうしん》や式部少丞《しきぶのしょうじょう》といった、京内での官職を得る。しかし、更に四年後に橘奈良麻呂の乱に加わり、未然に発覚した際に拷問を受けて死亡したと考えられているそうだ。家持はそれから三十年以上も長生きするが、池主の歌のすばらしさを伝えたくて『万葉集』を編纂したのかもしれない。『万葉集』の歌には詠まれた年が分かるものがあるが、やはり歌の数は三十歳位までに詠まれたものが多い。若い方がものごとに感動できるというのは、人間みなに共通することなのかもしれない。いや、段々と身分が上がり、仕事が忙しくなって、歌を詠む時間が取れなくなったということなのかもしれないが…。

読みたい史料

・『万葉集』巻十七　三九七七首
・『万葉集』巻十七　四〇〇七首
・『万葉集』巻十七　四〇一〇首
・『万葉集』巻十八　四〇七四首
・『万葉集』巻十九　四二四九首

第六章　平安京編 ①

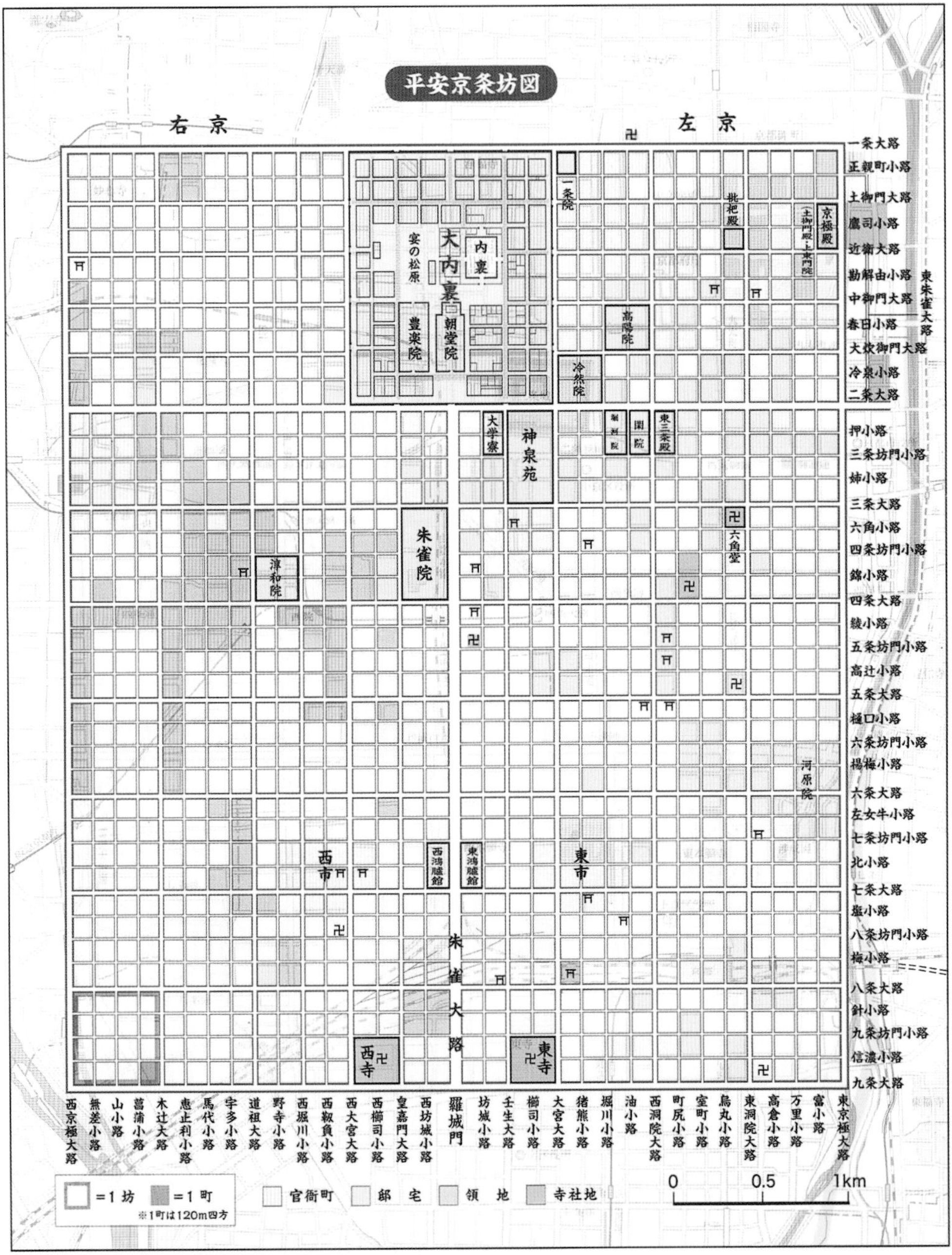

平安京条坊図
右京
左京
大内裏
内裏
宴の松原
豊楽院
朝堂院
一条院
枇杷殿
京極殿
（土御門殿・上東門院）
高陽院
冷然院
大学寮
神泉苑
堀河院
閑院
東三条殿
朱雀院
淳和院
六角堂
河原院
西市
東市
西鴻臚館
東鴻臚館
西寺
東寺
朱雀大路
一条大路
正親町小路
土御門大路
鷹司小路
近衛大路
勘解由小路
中御門大路
春日小路
大炊御門大路
冷泉小路
二条大路
押小路
三条坊門小路
姉小路
三条大路
六角小路
四条坊門小路
錦小路
四条大路
綾小路
五条坊門小路
高辻小路
五条大路
樋口小路
六条坊門小路
楊梅小路
六条大路
左女牛小路
七条坊門小路
北小路
七条大路
塩小路
八条坊門小路
梅小路
八条大路
針小路
九条坊門小路
信濃小路
九条大路
東朱雀大路
西京極大路
無差小路
山小路
菖蒲小路
木辻大路
恵止利小路
馬代小路
宇多小路
道祖大路
野寺小路
西堀川小路
西靫負小路
西大宮大路
西櫛笥小路
皇嘉門大路
西坊城小路
羅城門
坊城小路
壬生大路
櫛笥小路
大宮大路
猪熊小路
堀川小路
油小路
西洞院大路
町尻小路
室町小路
烏丸小路
東洞院大路
高倉小路
万里小路
富小路
東京極大路
＝1坊
＝1町
※1町は120m四方
官衙町
邸宅
領地
寺社地
0
0.5
1km

本章は、平安京遷都《へいあんきょうせんと》から五十年程度を扱う。桓武《かんむ》天皇から嵯峨《さが》天皇までだが、この二人は当時としては長期間在位したため、寵愛された記録が残る人物も結構多い。時代が下るために元々の文献の数が多くなるという事実もある。（史料によって残存状況は異なり、平安時代になると木簡は出土量が激減するが、地図資料は増える。）本書は天皇とつながりを持った人物に主眼を置いた叙述であるので、第四・五章の宮と京の分け方とは異なるが、第六・七章では、寵愛された人物の属性で分類してまとめて紹介していく。

七九四年の平安京遷都は平城京から直接ではなく、現在の向日市《むこうし》にある、長岡京《ながおかきょう》の十年を過ごした後のこととなる。平安京の場所については、前章で紹介した和気清麻呂《わけのきよまろ》も意見を述べたとされている。平安宮の真北には船岡山《ふなおかやま》（標高一一二m）があり、天子南面《てんしなんめん》も満たした四神相応《ししんそうおう》の地である。平安京は、東西約四・五km、南北約五・二kmの範囲に、格子状の街路を持つ都市であった。遷都当初は今の平野神社のあたりに宮を置いたともされ、少し後に東南の方角にあたる範囲（東西一・二km、南北一・四km）に平安宮（大内裏）が設置されたらしい。東は大宮通り、西は御前《おまえ》通り、北は一条通り、南はJR二条駅の少し北にある二条通り（朱雀門趾《すざくもんあと》より北）がその範囲だ。この道の名前は現在の通りの名前で、平安時代には異なる名前だった通りもある。東は大宮通りではなく大宮大路《おおじ》、西は御前通りではなく西大宮大路、北は一条通りではなく一条大路、南は二条通ではなく二条大路だった。他にも、現在では大通りの丸太町通りは春日小路だったり、現在は細めの竹屋町通りは大炊御門《おおいみかど》大路だったりと、大路小路の違いも含めて、かなりの変化がある。本書が扱う後の時代、平安時代にも平安宮が焼けることは何度もあった（安貞《あんてい》元年（一二二七）以降は内裏すら再建されなかった。）。焼け出された宮（天皇の居所）が里内裏《さとだいり》に遷ったり、離宮《りきゅう》がメインになったりして、江戸時代の初めに現在の京都御苑《きょうとぎょえん》のあたりに落ち着く。元々平安宮（大内裏）だった場所は、（現在でもハザードマップが白い、京都内ではレアな範囲で、良い土地なのだろう。）時々の有力者の邸や城になった時代もある。例えば、室町時代の応仁の乱の時には山名宗全《やまなそうぜん》の邸であったり、豊臣秀吉の天下統一の頃には聚楽第《じゅらくだい》の一部や、著名な戦国大名（例えば上杉景勝《うえすぎかげかつ》や黒田如水《くろだじょすい》など）邸跡であったりした。このため、応仁の乱の激戦地も程近い（堀河通り沿い。一条戻り橋の上流一km付近）し、江戸時代の三大大火などでも、複数回焼失した。このため、おおよその道の位置は継承されたが、大路小路や道の名前は変化してきた。今も京都には、通りの数え歌が東西（寺御幸麩屋富柳堺《てらごこふやとみやなぎさかい》…）・南北（丸竹夷二押御池《まるたけえびすにおしおいけ》…）ともにある。京都に住む場合は覚えておくと大変便利なのは確かだ。通りの名の変化に伴って、歌詞も変化してきたらしい。

京都アスニー（平安京創生館）という施設には、平安宮を含む平安京のジオラマ（千分の一サイズ）が展示されている。設定された時代は平安時代の終わり（院政期）だが、歴史学の全ての研究成果を活かして制作されたというだけあって、一見の価値がある。人によっては見飽きない詳細さだ。

京都は平安時代から江戸時代の終わりまで、千年以上も都だったこともあり、本書で扱う平安時代初期までの時代について、歴史学の立場からの立て看板を見ることは少ない。ただ、平城宮では実物大復元がされた大極殿《だいごくでん》（儀式空間の一つ）は今の千本丸太町《せんぼんまるたまち》交差点付近だった。千本通の西北に小さな「大極殿東端」の標《しるし》がある。（平安時代の朱雀大路《すざくおおじ》が今の千本通にあたるが、平安時代初期の大内裏の内側部分に道はなかった。）標よりも更に西北に小さな公園があり、「大極殿趾《だいごくでんあと》」の碑も建てられている。今後も実物大復元は難しいだろうが、その場に立てば、少なくともＣＧで当時の建物の偉容《いよう》が偲べるような仕組みづくり（できれば現地博物館がほしい）もされていくべきだろう。

大極殿の北側に『源氏物語《げんじものがたり》』の舞台である桐壺《きりつぼ》や藤壺《ふじつぼ》などの名を冠した後宮が置かれており、こちらは日本中古文学の立て看板がかなりの数設置されている。京都の歴史の地層を記した、それらの看板巡りも面白いので、気候の良い時にお勧めしたい。（なお、その際には京都アスニーで購入できる現代の地図と平安時代の地図を重ねたものを携行すると、より理解が深まる。）

大極殿趾の碑

京都の通り歌

・東西：寺《てら》、御幸《ごこ》、麩屋《ふや》、富《とみ》、柳《やなぎ》、堺《さかい》、高《たか》、間《あい》、東《ひがし》、車屋町《くるまやちょう》、烏《からす》、両替《りょうがえ》、室《むろ》、衣《ころも》、新町《しんまち》、釜座《かまんざ》、西《にし》、小川《おがわ》、油《あぶら》、醒ケ井《さめがい》で堀河の水、葭屋《よしや》、猪熊《いのくま》、大宮《おおみや》へ、松《まつ》、日暮《ひぐらし》に智恵光院《ちえこういん》、浄福《じょうふく》、千本《せんぼん》、果ては西陣

・南北：丸《まる》、竹《たけ》、夷《えびす》、二《に》、押《おし》、御池《おいけ》、姉《あね》、三《さん》、六角《ろっかく》、蛸《たこ》、錦《にしき》、四《し》、綾《あや》、仏《ぶっ》、高《たか》、松《まつ》、万《まん》、五条《ごじょう》、雪駄《せった》ちゃらちゃら魚の棚《うおのたな》、六条三哲《ろくじょうさんてつ》通り過ぎ、ひっちょう（七条）越えれば八九条《はっくじょう》、十条東寺《じゅうじょうとうじ》でとどめさす

京都の通りの名前

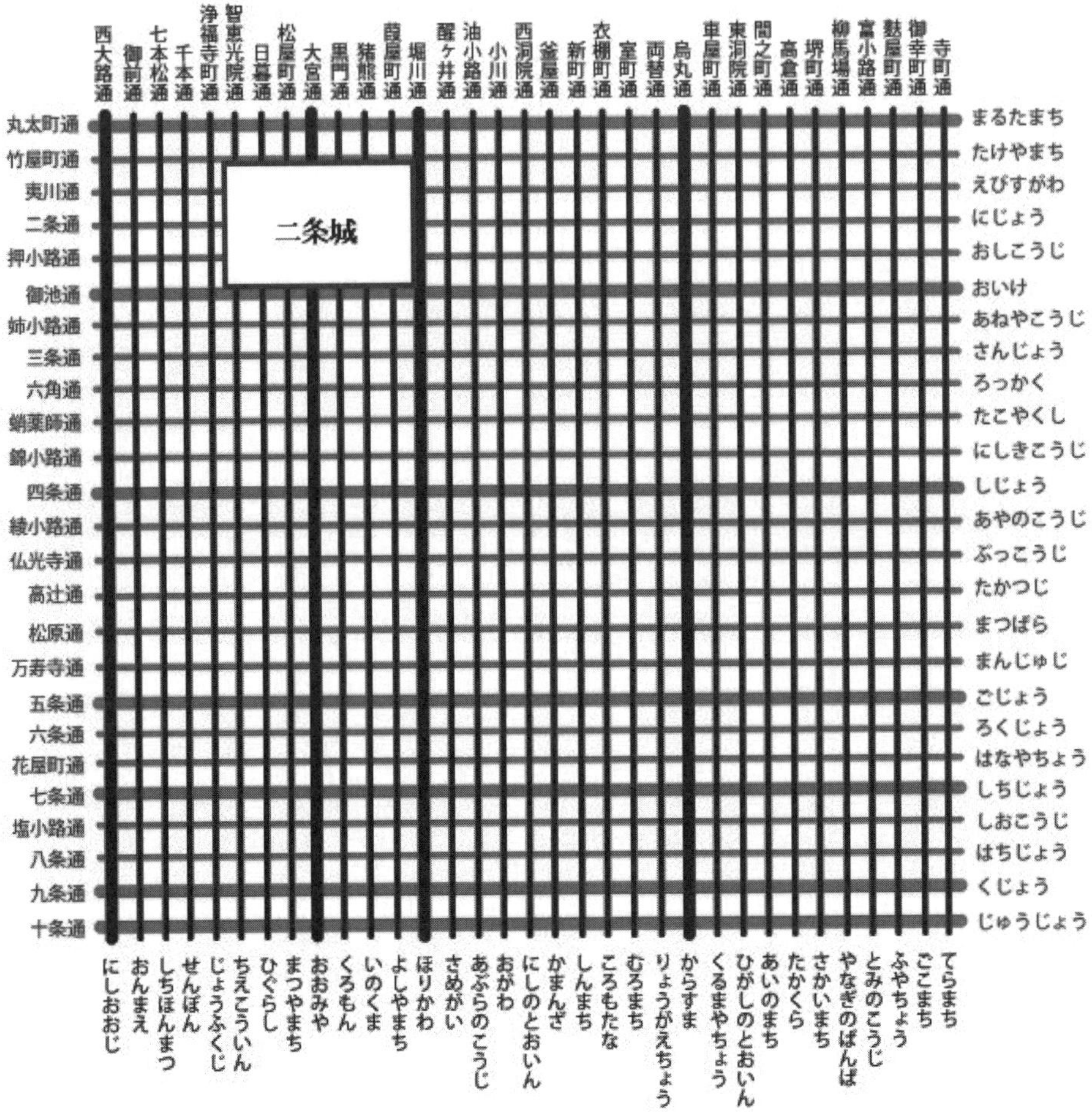
西大路通
御前通
七本松通
千本通
浄福寺町通
智恵光院通
日暮通
松屋町通
大宮通
黒門通
猪熊通
葭屋町通
堀川通
醒ヶ井通
油小路通
小川通
西洞院通
釜座通
新町通
衣棚町通
室町通
両替町通
烏丸通
車屋町通
東洞院通
間之町通
高倉通
堺町通
柳馬場通
富小路通
麩屋町通
御幸町通
寺町通
丸太町通
竹屋町通
夷川通
二条通
押小路通
御池通
姉小路通
三条通
六角通
蛸薬師通
錦小路通
四条通
綾小路通
仏光寺通
高辻通
松原通
万寿寺通
五条通
六条通
花屋町通
七条通
塩小路通
八条通
九条通
十条通
二条城
まるたまち
たけやまち
えびすがわ
にじょう
おしこうじ
おいけ
あねやこうじ
さんじょう
ろっかく
たこやくし
にしきこうじ
しじょう
あやのこうじ
ぶっこうじ
たかつじ
まつばら
まんじゅじ
ごじょう
ろくじょう
はなやちょう
しちじょう
しおこうじ
はちじょう
くじょう
じゅうじょう
にしおおじ
おんまえ
しちほんまつ
せんぼん
じょうふくじ
ちえこういん
ひぐらし
まつやまち
おおみや
くろもん
いのくま
よしやまち
ほりかわ
さめがい
あぶらのこうじ
おがわ
にしのとおいん
かまんざ
しんまち
ころもたな
むろまち
りょうがえちょう
からすま
くるまやちょう
ひがしのとおいん
あいのまち
たかくら
さかいまち
やなぎのばんば
とみのこうじ
ふやちょう
ごこまち
てらまち

1・寵愛《ちょうあい》したのはほぼ女性!

桓武《かんむ》天皇

✿絆を築いた人物:
①藩邸の旧臣ズ:藤原種継《ふじわらのたねつぐ》・槻本公老《つきもとのきみおゆ》
②大臣ズ:紀船守《きのふなもり》
③特殊技能系:等定《とうじょう》・常楼《じょうろう》・坂上苅田麻呂《さかのうえのかりたまろ》・安部男笠《あべのおがさ》
④親族関係:和家麻呂《やまとのいえまろ》・壹志濃王《いしのおう》・皇太子神野親王(嵯峨天皇)

桓武天皇は、今の京都、平安京に遷都した天皇である。七九四年のことで、私も「鳴くよウグイス平安京」なんていう語呂合わせで覚えた記憶がある。遷都した直後には都も宮も完成していた訳ではなく、ずっと造営が続けられていた。遷都直後は宮も今の平野神社あたりにあったという。中世の御土居の西北にも近いあたりで、金網越しに御土居を見ることもできる。そこから東南に宮を造っていき、現在の二条駅の北東、千本大路沿いに大極殿が造られたと考えられている。後宮の跡は民家が立ち並んでいるが、飲食店に改葬した部分で「RYOKIDEN(綾綺殿)」なんていう後宮の一つの名前を付けた店もある。跡地に建てたからこその名前だろう。この付近は後世、豊臣秀吉が甥の秀次のために聚楽第を建てた跡地でもあったとか。秀次はかなりの歴史オタクだったようで、史書を集めることを趣味としていたので、絶対に平安時代の宮の跡地に住みたかったのだろう…と私は見ている。私自身も古代の遺跡の上に現代のマンションが建ったらそこに住みたい!と思ってしまう派だ。(…とはいえ、大阪のイタスケ古墳のように、ずっと守られてきたものをこれから破壊するというのは止めておいてほしいと思う。)

桓武天皇はかなり多くの臣下との絆の記述が残る。在位二十五年と、前後の天皇の在位期間と比べてもかなりの長期間であったこともあるだろう。①東宮時代から関わった！藩邸の旧臣ズ、②大臣ズ、③特殊技能系、④親族関係に分類して紹介していきたい。

①東宮時代から関わった！藩邸の旧臣ズ：藤原種継《ふじわらのたねつぐ》・槻本公老《つきもとのきみおゆ》

桓武天皇については、東宮時代から関わった人々という方が、学問用語としても一般的だろう。次項以降は藩邸の旧臣ズという表現を使うが、意味は東宮時代から関わったということになる。

藤原種継は、長岡京造営途中で暗殺された桓武天皇の腹心の部下として有名だろう。夜を徹しての造営指揮の合間、夜間に射殺され、翌日邸で亡くなったという。暗闇から突然射られたため、犯人は不明であったが、種継の権力の大きさに反感を持った大伴継人《おおとものつぐひと》・大伴竹良《ちくら》など数十人が逮捕・訊問の結果、みな犯行を認めたため、斬刑《ざんけい》または流刑《るけい》に処せられた。大伴継人・佐伯高成《さえきのたかなり》らの陳述《ちんじゅつ》によると、故中納言大伴家持が相謀《あいはか》って、大伴・佐伯両氏に呼びかけ種継を除こうとし、皇太子早良《さわら》親王に申しでて、その事を遂行《すいこう》したというが、…訊問の結果であるので、真実かは不明だ。捕えられた人が東宮《とうぐう》（早良親王）に仕えていた人が多かったため、なんと桓武天皇の弟で皇太子であった早良親王まで乙訓寺《おとくにでら》に幽閉され、淡路に護送中に食を絶って亡くなったという。護送先はおそらく淳仁天皇が軟禁され、最終的に失命したのと同じ場所であろうから、護送先に気付いていた場合、未来に希望を失った面もあっただろう。

さて、藤原種継は、桓武天皇即位後に要職につき、その死が突然であったこともあり、桓武天皇は、「甚悼惜（甚だ悼み惜しんだ）」という。即日、正一位・左大臣が贈られたことなどからも、種継が桓武天皇の信任を厚く蒙《こうむ》っていたことが分かる。種継の子には藤原仲成《なかなり》と薬子《くすこ》がいた。平城太上天皇の変《へいぜいだじょうてんのう》、または薬子の変の薬子である。おそらく仲成と薬子は、早良親王の後に桓武天皇の皇太子となった長男の安殿親王《あて》（平城天皇）に仕え、その縁によって、平城天皇の即位後に権力を持ち、退位後にも重祚《ちょうそ》（再び天皇として即位すること）を企て、平城太上天皇の変を唆《そそのか》したと非難されるに至るのだろう。

種継は突然射殺されて可哀想な最期を遂げた訳で、桓武天皇は犯人捜しを徹底的に行ったが、少しやり過ぎて、次代にまで怨恨《えんこん》が残った面があるのかもしれない。二人の子供である仲成と薬子が一時は権力を持つものの、悲劇的な最期を迎え、国史《こくし》（国の編纂した歴史書）の一つ、『日本後紀』で散々に非難されることには、やはり因縁を感じる。ちなみに、おそらくこの薬子の変以降、宮廷における女性の立場は徐々に弱くなり、江戸時代まで女帝も即位しなくなる。女性の権力が縮小したと言って過言ではない訳で、その端緒《たんちょ》となったことには複雑な思いも持ってしまう。

平城京でも邸地の個人名まで分かるのは貴重な例だが、長岡京の発掘は、まだ宮の主要建物ですら万全でなく、藤原種継の長岡京での邸地はもちろん分かっていない。

槻本老《おゆ》は、光仁《こうにん》天皇の旧臣であり、更に山部《やまべ》親王（桓武天皇）派だったらしい。光仁天皇の即位直後に皇太子となった他戸《おさべ》親王が、老が山部親王（桓武天皇）と昵懇《じっこん》であると知ると、老《おゆ》を呼びつけて怒鳴り責めるなど、酷くイジメたという。後に巫蠱《ふこ》という呪いをした罪で他戸親王と母の皇后が捉えられた際に、反対に訊問に当たり、母子共に廃して国家の安寧《あんねい》を守ったという。桓武天皇はその思いを汲《く》んで、老の子供の槻本公奈弖麻呂《つきもとのきみなでまろ》を特別に従五位上としたという。

他戸親王には天武天皇の血を引いているというのに、途中で皇太子を廃されたことから、（大海人皇子（天武天皇）びいきな傾向のある私には）可哀想なイメージしかないが、この部分では暴虐《ぼうぎゃく》であったと非難している。但し、この記事は『類聚国史《るいじゅうこくし》』という菅原道真《すがわらのみちざね》による六国史《りっこくし》の抜き書きなので（古代に既に二次資料になっている訳だ）、信頼度は少し下げてみた方が良いだろう。槻本老が桓武天皇派になった状況や理由まで分からないのは残念だ。なお、槻本荘《つきもとのしょう》という場所が、奈良県高市郡《たかいちぐん》高取町《たかとりちょう》大字《おおあざ》森・同薩摩付近にあり、かつては大和国高市郡の荘園だったとされている。平安時代半ばの延久《えんきゅう》二年（一〇七〇）の『興福寺雑役免帳《こうふくじぞうえきめんちょう》』という、興福寺の使える労働力を記録した帳簿が残ることから、平安時代には興福寺が管理していたらしい。

②大臣ズ：紀船守《きのふなもり》

紀船守は、大概の日本史の人物（有名どころ）を載せる『国史大事典』にも項がない位、マイナーな人物だ。桓武天皇の即位後に急出世しているので、桓武天皇に引きたてられたことは確かなのだが、関係性を示す言葉は、『日本後紀《にほんこうき》』などの国史そのものには残らず（これは『日本後紀』が欠けているためかもしれない）、『公卿補任《くぎょうぶにん》』の尻付《しづけ》から復元された記述になる。『公卿補任』はその年の公卿（現在の大臣相当）の列記と注記（これが尻付）から構成され、『公卿補任』を書いた人物や後から書写した人物によって書き加えられたということも大いにありえる。つまり、信頼性が一段落ちるといっても良い。『公卿補任』の延暦十一年は、紀船守が公卿であった最後の年の記述になるが、四月二日に大納言正三位で亡くなった時に、「天皇甚見親重哀悼。不視事三日。詔贈正二位右大臣」と、桓武天皇が哀悼のために、政治を三日休んだとある。同じように『公卿補任』には坂上田村麻呂の父の坂上苅田麻呂も桓武天皇の「寵遇《ちょうぐう》」を受けたと書き込みもある。

紀船守の娘である紀若子《きのわかこ》を桓武天皇が宮人《きゅうじん》としており、第七皇子にあたる明日香《あすか》親王という皇子も産んでいる。桓武天皇の義理の父にもあたることから、桓武即位後に急出世したのだろう。若き日は弓を得意としていたのか、藤原仲麻呂の乱では初めに鈴印という天皇の玉璽《ぎょくじ》のようなものを奪おうとした、仲麻呂の息子の訓儒麻呂《くすまろ》を射殺した功績もある。乱の時、きっと坂上苅田麻呂の近くにいたのだろうと妄想も浮かぶ。

③特殊技能系：等定《とうじょう》・常楼《じょうろう》・坂上苅田麻呂《さかのうえのかりたまろ》・安部男笠《あべのおがさ》

等定は大僧都《だいそうず》という僧侶を管轄する立場であったが、八十歳を前に体力の衰えを理由に引退を申し出た。その時に桓武天皇が出した詔の中の表現として、「嘆㆑慕㆓其徳㆒」と徳を慕っているので、引退を嘆くというような内容が含まれる。

しかも七十歳過ぎから、再三にわたって引退を願っており、それをようやく認めたということのようだ。きっと明らかに老衰《ろうすい》している様であったのだろう。

奈良時代の僧侶は国家によって僧侶の身分を認められた公務員的な官僧《かんそう》と、僧と自称する私度僧《しどそう》の双方がいたとされる。官僧として認められるには、公験《くげん》という証明書を国家から発行してもらう必要があるが、これが得られれば、一生食べるには困らないという制度にもなっていた。

常棲は興福寺の僧侶だが、毎日般若心経《はんにゃしんぎょう》百巻や無染著陀羅尼《むぜんじゃくだらに》（お経）百八遍などを唱えることを日課として、「上酬二恩愛一」と、国家の恩愛《おんあい》に報《むく》い、衆生《しゅじょう》の救済も願ったという。きちんと書かれていないが、国家の待遇に対して、祈祷《きとう》でお返しをしたということで、延暦《えんりゃく》二十四年、桓武天皇の治世の終わりに勅で特別に秋篠寺《あきしのでら》に住むことを許された。亡くなったのは弘仁《こうにん》五年で嵯峨天皇の時であるが、桓武天皇の勅によって秋篠寺に住んだことになるので、桓武天皇との絆を築いたといえるだろう。

坂上苅田麻呂は、聖武《しょうむ》天皇の墓に侍《はべ》ることを申し出て、孝謙天皇に「寵臣」と褒められた坂上犬養の子で、初の征夷大将軍《せいいたいしょうぐん》としても有名な坂上田村麻呂の父である。代々武勇に優れる家柄で、恵美押勝《えみのおしかつ》の乱で中宮院《ちゅうぐういん》の鈴印を守って、孝謙上皇に勝利をもたらしてもいる。また、称徳天皇の死後ではあるが、道鏡《どうきょう》の計略を訴えた功績で昇進している。計略の真偽は不明だが、訴えたことが左大臣らの跡継ぎ決定に好都合であったのは確かだろう。長岡京への遷都前も藤原種継と共に、場所を検分しに行った記録がある。父と同じく天皇の側近く仕えた武官で、桓武天皇からの待遇も「寵遇優厚」であったという。

安部男笠は、桓武天皇から「寵」された唯一の男性である。桓武天皇が「寵」したと記述されるのはほぼ女性なのだ。『類聚国史』天長三年（八二六）五月丁卯《ていぼう》朔《ついたち》条に安部男笠が七十四歳で亡くなった記述があり、彼の人生の記録の内に「桓武天皇寵之」とある。安部男笠も性質が質素で才学がなかったと落とされている。仕事上は良い噂も悪い噂もなかったが、鷹を調教することには秀でていたとのことで、それで桓武天皇は安部男笠をお気に入りとしたように読める。

但し、安部男笠のことは『類聚国史』にしか載らない。『日本紀略』という史料では安部男笠の「寵」は取り払われている。また、『類聚国史』は菅原道真による六国史の抜書である点で、二次資料的な性格を持つ史料であるため、信憑性は落ちることになっている。奇しくも桓武天皇の皇女の高志内親王と同じ日に亡くなったとか。年は男笠が七十四歳なのに対して、高志内親王は二十二歳（しかも嵯峨天皇の十八歳年下の異母妹）なので、「天皇悲痛、久不視朝」とされる高志内親王と違い、男笠への嵯峨天皇（四十歳）の嘆きまでは記録されないが…。

④親族関係：和家麻呂《やまとのいえまろ》・壹志濃王《いしのおう》・皇太子神野親王（嵯峨天皇）

和家麻呂は、朴訥《ぼくとつ》な性格で才や学問がなかったが、桓武天皇の外戚であったために「特被擢進」と抜きんでて出世したとされる。なかなかのディスられ（けなされ）ぶりである。元々百済《くだら》の人であったとかで、公卿にまでなった外国人は初めてとされる。高位に就いてからも、昔の知り合いに会うと身分の低さを気にしないで手を握って言葉を交わしたことは周囲の人を感動させたとか。なんとなく現代の政治家の選挙時に様々な人と握手する姿を思わせる行動とも感じる。

壹志濃王は、桓武天皇より少し年上のイトコにあたる。天智天皇の子の志貴《しき》皇子（田原天皇）の孫で、湯原《ゆはら》親王の第二子だった。桓武天皇の父の光仁天皇は志貴皇子（田原天皇）の子なので、光仁天皇と湯原天皇は兄弟となるためだ。礼法を守らず尊大な性格であったが、酔うとよくしゃべりよく笑った。程よく酔うと桓武天皇に昔の話をして天皇を楽しませたという。要するにお酒の席の雰囲気を良くすることが得意だったということで、桓武天皇は「帝安レ之」と、警戒していなかったとある。桓武天皇より四歳年上のイトコという計算になるが、弟の早良親王ですら、皇位の簒奪を疑って死に追いやった桓武天皇の親戚としては珍しい例となるかもしれない。

皇太子神野親王（嵯峨天皇）は、「天皇尤鍾愛《しょうあい》」と、数多い兄弟の内でも特に桓武天皇に鍾愛されたと即位前紀にある。少し長いが「幼聡、好㆓読書㆒。及㆑長、博‐㆓覧経史㆒、善㆓属文㆒、妙㆓草隷㆒。神気岳立、有㆓人君之量㆒。天皇尤鍾愛也。」と幼い頃から聡く、読書を好み、成長した後は、経史をほぼ網羅し、文章を作ったり書いたりすることが得意で、天皇である器があった！とべた褒めしている。天皇なので当然と言えば当然だが。中務卿《なかつかさきょう》という国史《こくし》を作ることも職掌とする役所の長官を務めていたので、この辺の表現は嵯峨天皇が自らチェックできたのだろう。とは言え、『日本紀略《にほんきりゃく》』の表現なので、本来はもっと飾り立てられていた可能性が高い。兄の平城天皇が即位したのに伴って、皇太弟《こうたいてい》となり、数年で兄が体調上の理由で譲位し、嵯峨天皇として即位した。

退位した平城太上天皇が重祚《ちょうそ》を計ったのが前述の平城太上天皇の変で、薬子の変とも呼ばれてきた政変だ。戦闘には及ばなかったが、にらみあいにまではなったらしい。

平安初期の平安京の内裏《だいり》と、平城太上天皇の平城京の内裏は似たような構造であったことが、発掘調査から分かってきており、嵯峨天皇の兄への気の遣いぶりがうかがわれる。小規模ながら、乱後も院司《いんし》を設置していたようで、平城太上天皇が崩御する直前にそれらを返還する申し出がなされ、受理されたという記述もある。

読みたい史料

・『続日本紀《しょくにほんぎ》』延暦《えんりゃく》四年九月丙辰《へいしん》条（二十四日）：藤原種継
・『続日本紀』延暦五年正月戊戌《ぼじゅつ》条（七日）：坂上苅田麻呂
・『日本紀略《にほんきりゃく》』延暦十一年四月丙戌《へいじゅつ》条（二日）：紀船守
・『日本後紀』延暦十八年十二月乙未《いつび》条（二十一日）：等定
・『類聚国史《るいじゅうこくし》』延暦二十二年正月壬戌《じんじゅつ》条（十日）：槻本公老
・『日本後紀』延暦二十三年四月辛未《しんび》条（二十七日）：和家麻呂
・『日本後紀』延暦二十四年十一月丁丑《ていちゅう》条（十二日）：壹志濃王
・『日本後紀』弘仁《こうにん》五年十月乙丑《いっちゅう》条（二十二日）：常樓
・『類聚国史』天長《てんちょう》三年五月丁卯朔《ていぼうついたち》条（一日）：安部男笠
・『日本紀略』嵯峨天皇即位前紀：皇太子神野親王（嵯峨天皇）

2・常に側にいた臣下が！　嵯峨天皇

✿絆を築いた人物：
①藩邸の旧臣ズ：藤原冬嗣《ふじわらのふゆつぐ》・藤原三守《ふじわらのただもり》・安倍安仁《あべのあんじん》・橘貞根《たちばなのさだね》
②大臣ズ：藤原園人《ふじわらのそのひと》
③特殊技能系：賀陽豊年《かやのとよとし》・坂上清野《さかのうえのきよの》・高橋文室麻呂《たかはしふんやまろ》・菅原是善《すがわらのこれよし》・興世書主《おきよのふみぬし》・藤原継業《ふじわらつぐわざ》・甘南備高直《かんなびのたかなお》・朝野鹿取《あさののかとり》・滋野貞雄《しげののさだお》・滋善宗人《しげよしのむねひと》
④親族関係：源常《みなもとのときわ》・源啓《ひらく》・源定《さだむ》・源信《まこと》

嵯峨天皇は桓武天皇の次男で、平城天皇から譲位《じょうい》を受けて即位した。平城太上天皇の変（薬子の変）の後、元号で言うと弘仁《こうにん》・天長《てんちょう》・承和《じょうわ》にあたる約三十年間、パックス・サガーナなんて冗談めかされて紹介されもする平和な時代が続く。平和は文化の発展をもたらす。嵯峨天皇の時代の文化を弘仁文化といい、有名どころでは空海や小野篁《おののたかむら》がいる。

奈良時代に制定された律令は、この時代に施行細則とでもいうべき格式が整備され、『弘仁格《こうにんきゃく》』・『弘仁式《こうにんしき》』などは篇目《へんもく》など一部が残る。年中行事の次第を定めた『内裏式《だいりしき》』や、漢詩文集である『凌雲集《りょううんしゅう》』『文華秀麗集《ぶんかしゅうれいしゅう》』『経国集《けいこくしゅう》』も嵯峨天皇の命で編纂された。…こういうものを編纂させるくらい、嵯峨天皇自身が文化人なのである。空海・橘逸勢《たちばなのはやなり》とともに三筆《さんぴつ》と称される位、文字も上手だったとか。弘仁九年には礼法・服色や、宮殿・諸門の名を唐風《とうふう》に改めたりもしている。

子供も多く、なんと五十人以上！これらは『本朝皇胤紹運録《ほんちょうこういんじょううんろく》』という天皇家の家系図に載っている。一文字名前が好みだったようで、信《まこと》・常《ときわ》・融《とおる》などの名前が多い。余りに皇子や皇女の数が多すぎたため、財源削減を狙って、臣籍降下《しんせきこうか》させ、信・常・融らは、源氏を賜姓された。彼らは後に大臣などの要職を占め、皇親《こうしん》政治が行われたなんて表現もあるほどだ。

十四年間の在位の後に、琴や書を楽しみたい！と、弟である淳和天皇に譲位《じょうい》して、皇太后橘嘉智子《こうたいごうたちばなのかちこ》とともに冷然院《れいぜんいん》に住み、さらに十年後に淳和《じゅんな》天皇が皇太子正良《まさよし》親王（仁明天皇、嵯峨天皇の子）に譲位すると、洛西《らくさい》の嵯峨院《さがいん》に隠棲《いんせい》した。弘仁七年（八一六）には造られていた冷然院は、内裏の近くでもあり、焼失と再建を繰り返していたため、九五四年の再建時から冷泉院と改称された。江戸時代の初め以降、二条城の一部（北東部分）となっている。嵯峨院は貞観十八年に娘の正子内親王（淳和天皇の皇后でもある）によって、大覚寺という寺となり、承和の変で廃太子とされた恒貞《つねさだ》親王（僧としての名は恒寂《ごうじゃく》）が初代住職となった。

嵯峨天皇の墓所は、大覚寺の西北にある御廟山《ごびょうやま》の山頂に位置する。薄葬《はくそう》を命じ即日埋葬されたのが順守され、正確な位置は不明ということだが、宮内庁比定の場所は山頂ということになっている。山頂だけあって、なかなかの段数だが、頂上からは大覚寺や双ヶ岡《ならびがおか》を始めとして、内裏付近まで見わたすことができる。長く平和を保った帝王に相応しい美景である。

嵯峨天皇との絆を築いた人物も結構な人数にのぼるが、①藩邸《はんてい》の旧臣ズ、②大臣ズ、③特殊技能系、④親族関係に分類して紹介したい。

①藩邸の旧臣ズ：藤原冬嗣《ふじわらのふゆつぐ》・藤原三守《ふじわらのただもり》・安倍安仁《あべのあんじん》・橘貞根《たちばなのさだね》

まず、藩邸の旧臣ズから紹介したい。

藤原三守は、生涯、嵯峨天皇の身近にいたようだ。薨卒伝《こうしゅつでん》という貴族が亡くなった時の伝記には「以㆓蕃邸之旧臣㆒、殊賜㆓栄寵㆒焉」という表現がある。藩邸《はんてい》の旧臣、つまり、即位前の邸から仕えていた臣下として、嵯峨天皇の即位後に殊更《ことさら》に栄寵《えいちょう》を賜ったとある。一歳差であることや、血筋などの検討も含め、乳母子《めのとご》ではないかと考える研究者もいる。妄想モードに入ると、単なる乳母子以上の関係では…と想像したくなる。即位前から仕えるのは、即位後の出世を狙っての行動であったとしても、嵯峨天皇が譲位すると宮中を辞めて嵯峨院《さがいん》に侍ったというから、単なる主君と臣下を超えた関係性があったものと思われる。役職も辞めるから、収入も大きく変化（しかも減少）するだろうに、それでも天皇の退位についていくのは、多くの官人の中でも稀《まれ》である。ただ、何人かは存在しているのが、平安時代初期のすごさでもある。ちなみに、次に紹介する藤原冬嗣は退位後も官の役職に留まり、国政への関与を続けた。その後、五年程は隠居生活を共にしていた…とはいえ、嵯峨天皇自身の生活全般の管理という仕事はしていただろう。ただ、やはり有能かつ血統も確か、経験も豊富という人材は稀少だったのか、五年後に官職に復帰している。薨卒伝には逸話も残される。「立性温恭《りっせいおんきょう》」と性格は穏やか、かつ決断力があったという表現になる。宮中に通勤する途中で詩人に会うと、下馬して通り過ぎるのを待ったといい、その態度が人々に称賛されたとか。おそらく、三筆の一人で、学問や読書、作詩など文化的なことを好んだ嵯峨天皇と、性格が合うところがあったのだろう。

藤原冬嗣は、嵯峨天皇よりも十一歳年上にあたる。平城天皇と関係の深かった藤原真夏の兄弟にもあたる。嵯峨天皇の即位前から仕えて、即位後に急速に昇進している。また、平城太上天皇《へいぜいだじょうてんのう》の変（薬子の変）の際に初代の蔵人頭《くろうどのとう》に任じられている。その後も順調に昇進を続け、嵯峨天皇の退位直前には右大臣、臣下の筆頭にまで登っている。退位の際には嵯峨天皇が冬嗣に承認を求める詔を出している。冬嗣は退位に反対しているが、嵯峨天皇は自身の意志は既に決まっているとして退位する。また嵯峨天皇は冬嗣の邸に行幸したという記述が『類聚国史《るいじゅうこくし》』に存在する。これらのことから、冬嗣が嵯峨天皇の厚い信頼を受けていたことは確かなのだが、薨卒伝にあたる年月日は『日本後紀』から失われてしまった部分であり、そこに残る「寵」などの嵯峨天皇との関係を示す記述はない。ただ、文徳天皇が即位したときに曽祖父にあたるために追贈《ついぞう》を受けた際の表現には「寵」が使われる。冬嗣には嵯峨天皇の漢詩に応じて漢詩を作ったり、同じテーマで漢詩を読んだりする素養もあったようで、嵯峨天皇が編纂した『凌雲集』『文華秀麗集』『経国集』の三つの漢詩集に漢詩を掲載されている。一つだけ、冬嗣と多治比清貞と思われる人物の関係が滋野貞主によって「情人（愛人）」と表現される漢詩が『経国集』にある。花をつける頃の柳を冬嗣邸（閑院）に植えることを願った様を「柳条八許尺　戴取寄情人」とするのだ。冬嗣は香も嗜んだようで、冬嗣流の梅花・侍従・黒方（六種の薫物の三つ）の調合まで存在したと『薫集類抄』（平安末期）にある。琴書を楽しみたい気持ちも退位の理由の一つであった嵯峨天皇には魅力的な存在だっただろう。

驚きなのは、嵯峨天皇と三守と冬嗣は、妻を介して親戚関係にあたることだ。嵯峨天皇と三守は妻同士が姉妹（橘嘉智子《たちばなのかちこ》と橘安子《たちばなのやすこ》）なのだが、三守の姉（美都子《みつこ》）を冬嗣は妻としている。なんという強固な関係だろうか。冬嗣の子は良房《よしふさ》・長良《ながら》・順子《じゅんし》・良相《よしみ》など有名人が多いのだが、彼らの母は美都子になる。この下の世代が天皇の祖父として権力を握っていくことになる素地はきっとこの三者とその妻たちの関係にあるのだろうなということは強く感じる。

藤原冬嗣の邸は平安京左京三条二坊、閑院《かんいん》と呼ばれる場所（今は京都市立京都堀川音楽高校の東、堀川御池交差点の東北東の敷地）だ。ここは藤原良房をはじめ、子孫にも受け継がれていく場所だが、嵯峨天皇が退位後しばらく住んでいた冷然院《れいぜんいん》とかなり距離が近い。それまで天皇として内裏に住んでいたはずだが、内裏より近い。

藤原冬嗣は嵯峨天皇の譲位《じょうい》後三年で薨去《こうきょ》しているが、嵯峨天皇が冷然院に住んだのは、退位後により一層の冬嗣との文化的な交流を期待してのことかもしれない。もちろん、その側には三守もきっと侍っていたに違いないが…。

安倍安仁は、有能なワーカホリック官人なイメージがある。近江国《おうみのくに》の権大掾《ごんのだいじょう》であった時に上司（介）の藤原弟雄《おとお》と「深相親善」と深く親しい関係を築き、政事《せいじ》を委任されたが、大変有能で名が朝廷に知れ渡った。その後も国の治め方が優れていると褒められ、ついに嵯峨太上天皇の院に侍るように勅があり、「甚親任」と非常に親任された。滞っていた院の諸事が、安仁が来て十日ほどでスムーズに行えるようになったので、「深嘉レ之」と、深く喜ばれたとか。嵯峨天皇の推挙でついに参議という政治に意見を言える立場にまでなる。しかし、安仁が去った嵯峨院は再び混乱が生じ、ついに安仁は、昼は朝廷に仕え、午後は嵯峨院に仕えるという二重生活を送ることになった。人の二倍働くなんてワーカホリックだ。朝廷は院に仕えやすい官職に配置換えを行うほどだった。文徳天皇は皇太子の家庭教師筆頭（東宮大夫《とうぐうだいぶ》）に安仁をつけた。天皇に意見できる大納言に昇進したが、「志尚謙虚。愛レ公如レ家」と謙虚な性格かつ、公を家のように愛していたので、俸禄は中納言相当にしてほしいと上表し、帝は感動して珍しく認められている。政治に精通し、文章を読みこなし、決議する際も滞ることがないなど、有能な人材であった表現がされている。身長は六尺三寸と一九〇cmでかなり大きく、姿は「姿皃環偉」と立派な風だ。性格は「沈深有二威重一」とどっしりと落ち着いていたという。安仁は大学出身ではないが、息子八人は皆、対策《たいさく》という（大学寮の）試験を通過したなんてことも、死去時の薨卒伝には記される。

橘貞根は、嵯峨天皇の皇后の橘嘉智子の親族であるために幼い頃から嵯峨太上天皇に仕え、「頗蒙二恩幸一」とすこぶる恩幸を蒙ったという。美しい髭《ひげ》の持ち主で、ガタイが良いというよりも胴回りが太かったらしい。才学がなかったが、常に嵯峨院の南北両宮に侍ったとか。仁明天皇の外戚にあたるための出世と、けなされてもいる。

②大臣ズ：藤原園人《ふじわらのそのひと》

藤原園人は日本古代史の平安初期を専門としたことがなければ、聞きすらしない名前かもしれない。園人は桓武天皇の皇后乙牟漏《おとむろ》の姉妹の子供（桓武天皇が義理の伯父となる血統）で、嵯峨天皇の東宮傅《とうぐうふ》（東宮大夫）であったため、「藩邸の旧臣」の一人としても数えられる。「藩邸の旧臣」の割には、京よりも地方官の経歴が長いため、地方政治に詳しく、園人の上奏は国史にもかなり残っている。特に優れた上奏だけ国史に採録されたと考えられているので、奏上を作る文章力にも秀でていたに違いない。園人の上表内の表現として、「冒レ寵苟進」と自分が寵に値しないので恐れ多いというような表現を用いている。園人は、例えば、財政が厳しいので無駄遣いをやめようということを奏上している。その理論は通っているが、国家財政レベルの話だと、やはり目の前の蔵に大量に財産がある訳で、宴などは奏上前後で変わらず開かれていたらしい。但し、数多い嵯峨皇子女の臣籍降下などの方向での支出抑制は認められた。有能な官吏であった園人は、忙しすぎて暇がなかったのか、漢詩は作らなかったようで、嵯峨天皇の三つの勅撰集にも一つも採録されていない。

③特殊技能系：賀陽豊年《かやのとよとし》・坂上清野《さかのうえのきよの》・高橋文室麻呂《たかはしふんやまろ》・菅原是善《すがわらのこれよし》・興世書主《おきよのふみぬし》・藤原継業《ふじわらつぐなり》・甘南備高直《かんなびのたかなお》・朝野鹿取《あさののかとり》・滋野貞雄《しげののさだお》・滋善宗人《しげよしのむねひと》

賀陽豊年は、実は平城天皇の家庭教師である。しかし、平城天皇とは一定の距離を保って、諫言《かんげん》も行っていた。平城太上天皇の後には隠居しようとしたが、嵯峨天皇がその才能や低すぎる身分を惜しんだという。基本的には漢詩の先生といった学者さんだ。

坂上清野は、田村麻呂の第四子ということで、武門の家の坂上家で生まれ育ったこともあり、武芸は絶倫《ぜつりん》とても優れていた。嵯峨天皇が東宮であった時に十八歳で東宮に仕えていたが、天皇が武徳殿《ぶとくでん》に出御した時に、三人で競射《きょうしゃ》をして勝利したとか。これによって、「天皇甚奇愛レ之」と珍重され、二十七歳の若さで陸奥《むつ》の鎮守将軍《ちんじゅしょうぐん》に任じられ、嵯峨天皇の治世の最後の方、弘仁十三年には右近衛少将《うこのえしょうしょう》になる。しかし嵯峨天皇が退位した後は薩摩守《さつまのかみ》などに落とされた。以後長く地方官ばかりである。死の直前、嵯峨天皇の孫にあたる文徳天皇の初めに正四位下となるが、数カ月で亡くなってしまう。意図的に官職を避けていたとあるので、天皇の即位で官職に変化があることに不満を抱いていてもいたのだろう。

高橋文室麻呂は、鼓《つづみ》と琴《こと》の名手である。上皇となった嵯峨天皇に九歳で仕えていたが、直接鼓と琴を習ったというから驚きだ。しかも他に共に習った人で及ぶ者がいなかったため、「琴師《ことし》」と号をもらったとか。十六歳で元服して蔵人《くろうど》となる。蔵人は天皇の側近が任じられることが多く、天皇の代替わりごとに任命しなおされる。このため、天皇との個人的な関係が深い職と考えられている。高橋文屋麻呂もその一例となる。前述のように鼓と琴の名手であったことから、本康《もとやす》親王と光孝《こうこう》天皇に鼓と琴を教えたという。本康親王は香の調合でも有名で、『薫集類抄《くんじゅるいしょう》』にも本康親王の調合が残る。光孝天皇は百人一首の「君がため　春の野にいでて　若菜つむ　我が衣手に　雪は降りつつ」を詠んだ人でもある。秀でた技を貴族間でも教習しあっていたことが分かる。膳臣《かしわでのおみ》と錦部《にしごり》が祖父母の苗字で、父の彦公《ひこきみ》が高橋に改姓し、父が五経《ごきょう》を読んだために嵯峨天皇に仕え、子の文屋麻呂《ふんやまろ》も幼少時から嵯峨上皇に仕えたという来歴とある。父とは異なる特技になるが、高橋文屋麻呂は鼓と琴によって、四代の天皇に寵幸《ちょうこう》されたという。三十九歳で亡くなったというのは、現代の感覚だと大分若い。ただ、当時は四十歳で長寿祝いをするので、定年直前程度の感覚だったのかもしれない。「従五位下行越後介《えちごのすけ》」という身分が卒伝《そつでん》の最初に記されるが、これは位階が従五位下（県知事レベル）であるが、官職は越後国《えちごのくに》（今の新潟県、かなり富裕な国）の介（二番目、副県知事）なので、位階が官職より高いことを示すために「行《ぎょう》」という字が入っている。楽器に優れたとはいえ、天皇に仕えた縁で副県知事までは出世できたと考えるとすごいかもしれない。ただ、越後介の任にはつかずに亡くなっているので、文屋麻呂はおそらく京都（嵯峨野含む）で一生を終えたと考えられる。

菅原是善《これよし》は、学問の神様で名高い菅原道真の父である。学問の神様の父もまた学者だった。（ちなみに是善の父は遣唐使だったらしい。）しかも幼い頃から聡《さと》く、かなりの英才教育を受けたようで、十一歳で嵯峨天皇の前で書を読み、漢詩を賦《ふ》した（創った）という。その後は学問を続け、文章得業生《もんじょうとくぎょうせい》という給付奨学金を貰える大学院生のような立場となり、文章博士《もんじょうはかせ》という大学教授相当の立場になった。おそらくこの読書と賦詩の影響で天皇の覚えがめでたくなり、東宮の家庭教師である春宮学士《とうぐうがくし》や大学頭《だいがくのかみ》などを初めとして学者として出世し、大学寮で授業をする仕事を経て、殿上《でんじょう》に侍った。この春宮《とうぐう》は道康《みちやす》親王で、文徳天皇として即位後は天皇の侍読《じどく》として『文選《もんぜん》』『漢書《かんじょ》』を講義し、清和天皇にも『群書治要《ぐんしょちよう》』を講義したとされる。そして是善には著名な弟子が多い。小野篁《おののたかむら》・都良香《みなもとのよしか》・大江音人《おおえのおとんど》など、結構な有名人らの師匠でもあった。彼らと『文徳実録《もんとくじつろく》』の編集や、『貞観格式《じょうがんきゃくしき》』の選定もした。他の仕事として、型式の決まっている詔書《しょうしょ》・願文《がんもん》・鐘銘《しょうめい》などを起草《きそう》しているし、詩だの家集《かしゅう》だの編纂した書物は百二十以上になる。歴史を学んだ一人としては驚きの仕事量だ。清和天皇の治世の半ばで参議《さんぎ》となり、政治にも関与する立場にまでなっている。『扶桑略記』によって、補われた部分になるが、「天性少レ事、世体如レ忘。常賞二風月一、楽二吟詩一。最崇二仏道一、仁‐二愛人物一。孝行天至、不レ好二殺生一」と性格は世間体を忘れず、風月《ふうげつ》を鑑賞しては詩を吟《ぎん》じ、仏道を崇《あが》め、仁愛もあり、孝行も尽くし、殺生を好まなかったという。ザ・学者らしい性格だ。

興世書主《おきよのふみぬし》は「殊憐其進退」と東宮時代の嵯峨天皇がその進退について、大変心配したとされる人物だ。性格は「恭謹」で恭しく慎み深いとされ、「容止可レ観」と人の目を引き付ける容姿であったらしい。また、運動能力に優れていたのか、身軽で高い岸に躍《と》んだり、深い水を浮いて渡ったりできたらしい。更に琴も歌も上手で大歌所《おおうたどころ》という儀式時の歌を司る役所の別当として、節会の時には常に供奉《ぐぶ》していたらしい。更に新羅琴《しらぎごと》まで弾けるようになったとか。代々内薬司《ないやくし》の侍医《じい》の家系で、書主《ふみぬし》は高い位にはつかなかったが、侍医の息子ということで、嵯峨天皇と知り合ったのだろう。また、嵯峨天皇は即位直前にしばしば体調を崩しているし、東大寺の正倉院の薬を治世の最初、薬子の変の後に検分させている位だから、薬に興味があったことは間違いないだろう。侍医の息子ながら、芸事に秀でた書主は、嵯峨天皇に心配されていた面があったのではないかとも思われる。また、近畿住まいにこだわっていたのか、備前守《びぜんのかみ》となった時も筑後守《ちくごのかみ》となった時も前任国の和泉《いずみ》に行ったきり帰ってこないとか、病で任務ができないということで、結局、京都市内勤めに異動されたなんてことを二度もやらかしている。嵯峨天皇も心配する訳だ。

藤原継業《つぐなり》は、桓武天皇の恩人である藤原百川《ももかわ》の第三子で、緒嗣《おつぐ》の弟にあたる。また、桓武天皇に嫁ぎ、淳和天皇を産んだ旅子《たびこ》も姉にあたる。そのような訳で天皇の外戚《がいせき》にあたることになり、「降恩」と恩を降して、最終的に淳和天皇即位後に従三位まで出世する。また性質は質直で堂々としていて、射・琴・歌を好んだという。薨卒伝《こうしゅつでん》にそのように書いてある訳だが、つまり、政治の方の才能が抜きんでていたという評価はない。外戚だから三位《さんみ》という高い位についたのだとも解釈できる。決してけなしてはおらず、普通評価といった感じだ。ただ、晩年は門戸の修繕をせず、「高橋里第」で薨去《こうきょ》したという。セルフネグレクト状態に陥っていたのだろうか。もしくは、射・琴・歌を好んだというから、鼓と琴の名手だったという高橋文屋麻呂の邸を「高橋里第」と表現しているのだろうか…三十歳ほど藤原継業《つぐなり》が年上とはいえ、何かしら交流があったのかもしれないなどの妄想も生まれる。文人としても名高い嵯峨天皇にも好まれる要素を持っていたのだろう。

それにしても、嵯峨天皇と絆を築いたと記述のある臣下は多い。六国史の残存状況も影響があるだろうが、嵯峨天皇以降の数代の天皇にわたって存在が指摘されている「藩邸の旧臣」体制、天皇が即位前に作った人脈による即位後の出世が提唱《ていしょう》され始められるだけはある。

甘南備高直《かんなびのたかなお》は有名人ではないが、最後の臣下の常陸守《ひたちのかみ》（今の茨城県知事）だった。前任者（佐伯清岑《さえきのきよみね》）の不正会計がばれたことで、国司任務を停止された不運な人である。ただ、損失分は高直の徳を慕って、部下や民衆が補填《ほてん》したという。嵯峨太上天皇も情けをかけ「嵯峨太上天皇復垂眷憐」として、荘園の収益から高直《たかなお》の必要分を出したとか。この事件によってか、これ以後常陸国は親王の直属《ちょくぞく》となった。この時に常陸太守に任じられたのが、桓武天皇の皇子の一人の賀陽《かや》親王だ。建立した京極寺付近の田のために人形を造ったエピソードが『今昔物語集』二十四巻二話にある。賀陽親王は平安京の中でも高陽院《かやいん》という場所に住んでいた。二条城の北東、堀河丸太町《ほりかわまるたまち》交差点の北東あたりだ。遷都当初の大極殿《だいごくでん》の真東にもあたる。ここは藤原道長の息子の頼通《よりみち》が気に入って保安《ほあん》元年（一〇二一年）頃邸宅にし、以後、何度も焼亡《しょうぼう》と再建を繰り返しつつ、里内裏《さとだいり》として使われた歴史がある。後白河法皇《ごしらかわほうおう》も一時ここに住んでいたとか。平安時代の後半の政治はここで動いていた…と考えると感慨深いが、話を甘南備高直に戻そう。甘南備高直は母の死に大きなショックを受け、半年ほどで亡くなったという。これはちょっとマザコン度が高いのではないだろうかという気もする。しかし、少し考えてみると、甘南備高直はおそらくこの事件で官位はあるものの散位《さんい》という役職なしの身分になってしまう。時禄《じろく》や季禄《きろく》といった給与がない訳だから、母の死は経済的打撃でもあったかもしれない。前任者の責任でパラサイトシングルにならざるを得なかったと考えると、今の親の年金に頼って暮らす中高年といった社会問題も想起され…、正直可哀想だ。また、甘南備高直の父は遣唐使として入唐した経歴がある。高直は一八八㎝と超高身長であったというから、詳しいことは不明とされる母は、もしかすると唐で甘南備高直の父と知り合って日本に来た女性だったのかもしれない。

朝野鹿取《あさののかとり》は、就いた官職が嵯峨天皇と共にあったといって過言ではない。『史記《しき》』『漢書《かんじょ》』を学び、大学寮《だいがくりょう》の試験である対策《たいさく》に合格し文章生《もんじょうせい》となった。その後遣唐使の准録事《じゅんろくじ》として一年間入唐《にっとう》した。皇太子であった神野《かみの》親王（のち嵯峨《さが》天皇）の侍講《じこう》（家庭教師）をつとめたのと共に、『日本後紀《にほんこうき》』『内裏式《だいりしき》』の編纂にも携わった。神野親王は国史編纂も職掌とする中務卿《なかつかさきょう》をつとめているから、朝野鹿取とは仕事上の交流が存在したことになる。これが機縁《きえん》となってか、嵯峨天皇即位後すぐ、弘仁《こうにん》元年（八一〇）に蔵人となり、翌年それまでの侍講の功労として、「恩勅」で従五位下となった。その後も左衛士佐《さえじのすけ》・左衛門佐《さえもんのすけ》・左近衛少将《さこのえしょうしょう》と武官を歴任し、中務大輔《なかつかさたいふ》・民部大輔《みんぶたいふ》を経て、弘仁十四年（八二三）に蔵人頭《くろうどのとう》に任ぜられるが、嵯峨天皇の譲位によって、天皇ごとに変化する蔵人頭を辞任した。天皇の即位前に築いた人間関係に基づいて、即位後の出世が決まり、退位と共に役職を退くという経歴は、嵯峨天皇以降多くの例が見られるようになる。専門家はこれを「藩邸《はんてい》の旧臣」体制と呼んだりしているが、朝野鹿取もその一人としてカウントされる。慎み深く、政務に明るく、官吏として才能があると称えられ、人の評判も良かった…など、『続日本後紀《しょくにほんこうき》』では褒《ほ》めされている。やっぱり天皇の家庭教師の影響力の大きさはかなりのものがあるのは確かだ。

滋野貞雄《しげののさだお》は、嵯峨天皇お抱えの宮廷詩人といったところだろうか。若くして大学で学び、漢詩を良く作ったことで、嵯峨天皇に近侍として選ばれ、「恩寵稍密」と恩寵《おんちょう》を受けた。大学は神泉苑の西隣にある大学寮という、現在の東京大学のような施設だった。習える科目は法律（明法堂院《みょうぼうどういん》）・算術（算堂院《さんどういん》）・儒学《じゅがく》（明経道院《みょうぎょうどういん》）・紀伝道《きでんどう》・詩文・歴史・中国語・書道（以上は都堂院《とどういん》）で、貴族の子弟を中心に学問を身に付けた。（　）内は大学寮内の建物を南から記したものだ。大学寮の南には、勧学院《かんがくいん》（藤原氏）・弘文院《こうぶんいん》（和気氏）・学館院《がっかんいん》（橘氏）・奨学院《しょうがくいん》（王氏）など貴族が建てた氏族用の寄宿舎（大学別曹《べっそう》）も建てられるようになった。

学問好きの嵯峨天皇ゆえの内裏に近い大学寮の場所だろうか…なんて妄想も浮かぶ。貞雄は、身長は六尺（一八〇cm）越えの美男で、娘の岑子を嵯峨天皇の孫の文徳天皇に嫁がせ、生まれた二人の皇子と二人の皇女は源朝臣を賜姓された。少納言《しょうなごん》や侍従《じじゅう》として仕えることがメインだったのか、国司《こくし》として際立った業績は聞こえなかったが、性格は仁愛に溢れ、競う気持ちというものがない人物だったとか。ちなみに、任国も京都に近い場所が多い（備前《びぜん》・丹波《たんば》・但馬《たじま》・摂津《せっつ》など）。任地に赴《おもむ》いてもすぐに京に戻れるような配慮があったといえるだろうか。やはり、近くに置いておきたいと思われる人物だったのだろう。

滋善宗人《しげよしのむねひと》は、嵯峨上皇が教えを請うた一人だ。退位後に経学《けいがく》（儒教の経典である経書《けいしょ》の研究解釈）を学ぼうというのだから、嵯峨天皇は「生涯学習」など呼ばれる現代の観念も持っていたことになる。宗人は経学に優れたことから、嵯峨院に召されて侍ることになり、仁明天皇にも直接講義を行ったとか。今の岡山県である備中国下道郡《びっちゅうのくにしもつみち》出身だったが、学館院《がっかんいん》という橘氏の設置した大学寮の宿舎に出入りし、大学博士の御船氏主《みふねのうじぬし》について学んだ。氏主は志を同じくする宗人を「後代之礼聖」と讃《たた》えたとか。淳和《じゅんな》天皇の天長《てんちょう》年間についに美作博士《みまさかのはかせ》となった時に、嵯峨太上天皇に召され、左京に住むことを許された。性格は「沈静」と落ち着いていて、志は「雅正」と模範的で、自ら儒者としてあるべき素行を守り、宮中で公卿らと会うことはなかっ

大学寮平面図

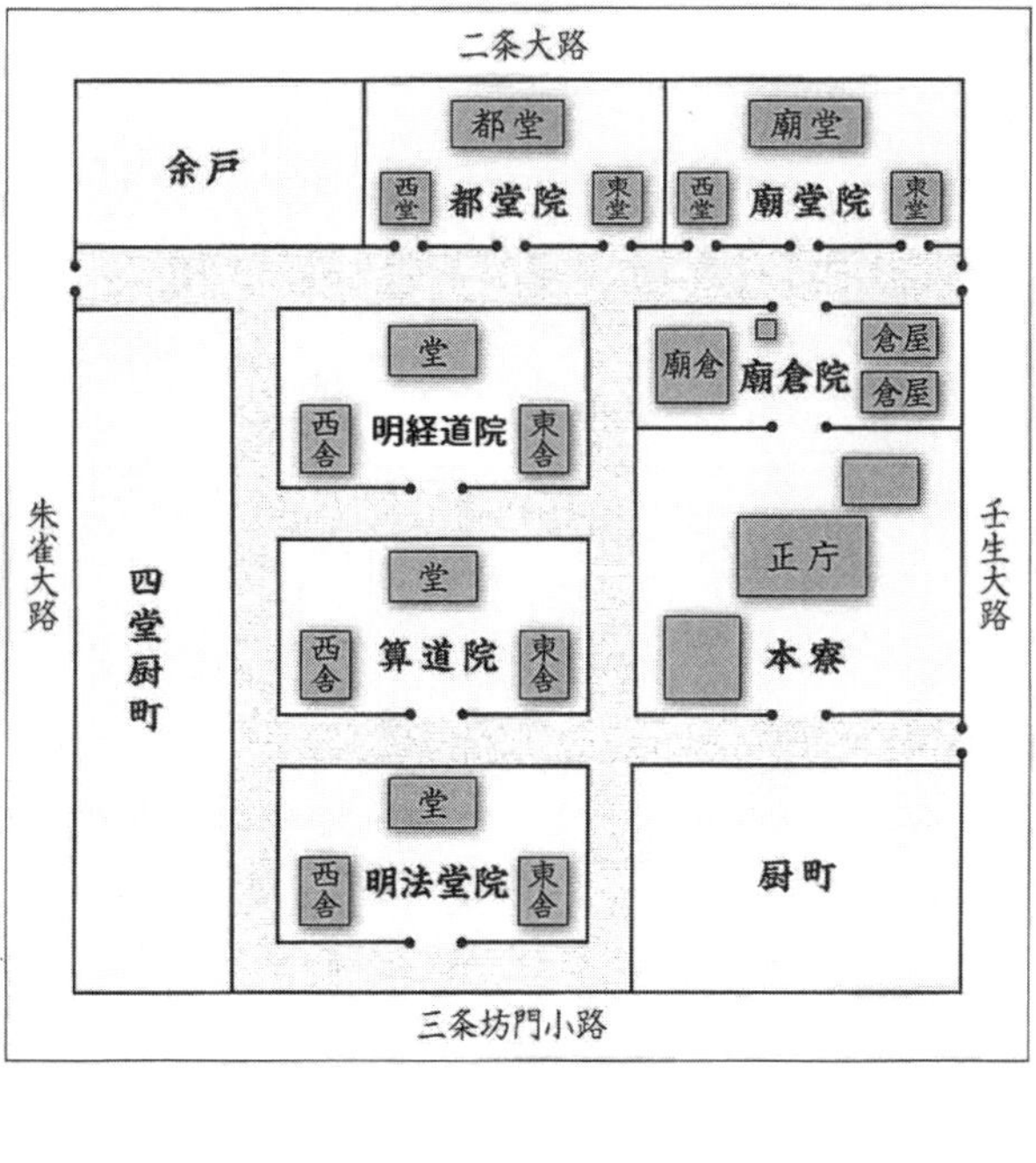

たとある。貴族を見るだけで儒者の行いに背くことになるとは、かなり厳しい。しかも、嵯峨上皇に直接教えながらである。嵯峨天皇が上皇になった後だから、冷然院《れいぜんいん》ないし嵯峨院で滋善宗人の授業が行われたのだろう。

④親族関係：源常《ときわ》・源啓《ひらく》・源定《さだむ》・源信《まこと》

源常は、「ときわ」と読む。雅な発音である。嵯峨天皇の皇子の一人だが、臣籍降下して源氏となった。息子の内でも特に寵愛されたため、四歳の時に左京一条一坊という内裏のすぐ近くに邸を与えられたと『新撰姓氏録《しんせんしょうじろく》』という平安時代の苗字の由来辞典に記される。ちなみに、兄弟姉妹の信《まこと》・弘《ひろむ》・明《あきら》・潔姫《きよひめ》・全姫《またひめ》・善姫《よしひめ》も一緒だ。戸主は六歳の兄信《まこと》であったとか。どこに誰が住んでいたかは、平安時代の初期の段階でもあちこち変わるが、一条一坊は大内裏の東北すぐで、とにかく近い。常は、容儀《ようぎ》が閑雅《かんが》で言論は和やかだったとか。「才能の士」と称えられている。事実でないことを言って他人をおとしいれる、讒佞《ざんねい》の徒を憎んで親しまなかったこともあるため、丞相《じょうそう》の器だと世間の人に言われたとか。天皇の皇子であることに加え、性格も穏やかで悪を憎むとは、スーパーヒーローのような書かれ方だ。父の嵯峨天皇に寵愛されたのも、常が「操行深沈《そうこうしんじん》、風神清爽《ふうしんせいそう》」であったと、落ち着いた行いと爽やかな精神性ゆえとか。出世も早く、天長五年（八二八）に十七歳で従四位下となり、二十歳で従三位、二十一歳で中納言となり、三十三歳で左大臣と最高位に登り、十年程政治の首班をつとめた。『公卿補任《くぎょうぶにん》』では東三条左大臣《ひがしさんじょうさだいじん》との別名も称されるから、薨去《こうきょ》の頃に、東三条の邸に住んでいたこともあるのだろう。東三条の邸は、今の御池通り、烏丸御池駅から西に五分ほど歩いたところにあり、御金《みかね》神社なんていう小さな神社もある付近だ（名前ゆえか、正月は意外なほどの参拝客が並ぶ）。後に藤原良房（八〇四～八七二）の邸宅となったとか、醍醐《だいご》天皇の皇子の重明《しげあきら》親王の（九〇六～九五四）の邸であったとか、説明版にあるが（しかも年代が入れ替わっている）、その前には源常《ときわ》が住んでいた時代があるのだろう。ちなみにこの屋敷（東三条邸）は有名な復元模型が京都文化博物館にあり、「ザ・平安貴族の邸」としてイメージされる人も多いだろう。筆者も小学生の時のカラー図解にも載せられていたのを今でも覚えている。

源啓《ひらく》は、嵯峨天皇の晩年の子供で、なんと若い頃の子である常《ときわ》の養子ともなっている。同じ源氏に臣籍降下したということになるが、お気に入りの子である常の養子にする位だから、母の山田氏も寵幸を蒙り、「啓特所鍾愛」と他の子供よりも特別に可愛がられたという。常は子のように親愛して、学者を招いて師として読書をさせたため、文章を好んだ。同時に射や音楽、歌も得意だった。このため、女性に興味がなく、性格は「謹厚」だったため、弟たちに「推敬《すいけい》」された。面白いのは、源直《すなお》と親密の契りがあり、共に出家入道しようといつも語らっていたと書かれることだ。結果的には四十一歳で、急病で亡くなり、その願望は果たせなかったようだが、これは間違いなく「ホモソーシャル」な関係性の内でも「ブロマンス」…というより一層親密な関係性を示すだろう。「親密の契り」が将来共に出家すること！なんて記事は一度読んだら忘れられないだろう。

源定《さだむ》も、嵯峨天皇の子で、母は百済王慶命《くだらおうけいみょう》だった。名前が残る女性だけでも妻が多すぎるような感覚だが、女官だった母が寵愛され、産まれた定も愛を集めた。それなのに、なんと淳和《じゅんな》天皇の子としたという。淳和天皇も定を愛し、寵姫を母として定めたため、源定には、父母が二人いると言われたとか。天皇二人が父となるとはすごいことだ。但し、その分、喪に服する回数も二倍となり、役職をしばらく停止することになったともある。親に愛される子は、親も可愛がる。性格は温雅《おんが》で、音楽を愛した。なんと邸に鼓《つづみ》・鐘を備えており、午前中の勤務が終わると、必ず眺めていたとか。ただ、宮の内で成長し、世俗の艱難《かんなん》を知らなかったため、人々の暮らしやその苦しさについて問うこともなかったという。別の世界の人を地で行った感じ…もするが、『日本三代実録《にほんさんだいじつろく》』の編者もちょっと反感を持っていたから、こんな記述を残したのかもしれない…とも思われる。

源信《まこと》も嵯峨天皇の息子の一人だが、上記の高橋文屋麻呂《ふんやまろ》と共に、嵯峨太上天皇が「親自教習」と自ら親しく琴を教えたという。笛・鼓《つづみ》・琴《こと》・箏《そう》・琵琶《びわ》の技を究め、鷹《たか》と馬を使った射猟も興味を持っていた。書伝を読むことを好み、草隷《そうれい》の書を好《よ》くし、図画も巧み…と歴史や文学を愛し、アートの才能にも恵まれていたようだ。多才である。六歳で臣籍降下して源朝臣の姓を賜わり弟妹四人と共に、左京一条一坊に貫付《かんぷ》されて戸主となったと、『新撰姓氏録《しんせんしょうじろく》』にある。内裏にもかなり近いのだが、この邸の位置から、北辺左大臣《きたのべのさだいじん》と別名がある（後に大臣になる）。嵯峨源氏《さがげんじ》の一人として、淳和天皇が即位した頃から出世し、天皇に意見をいう役職の中納言《ちゅうなごん》や大納言《だいなごん》を経て、朝廷のナンバー二の左大臣にまでなった。ただ、伴善男《とものよしお》の計略にかかり、応天門《おうてんもん》の変の首謀者として一時疑いをかけられ、邸を朝廷からの兵に囲まれるなんてことまで起きる。天皇に確認したところ預かり知らぬこととなり、囲みは解かれたが、ショックだったのだろう、源信《まこと》は出仕しないようになってしまった。結局、応天門の変は伴善男が犯人として遠流《おんる》に処されることになるが、出仕拒否をしたまま亡くなった。気晴らしで出かけた猟で、自分で脱出できないほどの深い泥にハマっての事故死だとか。一度蘇生したものの数日後に亡くなったというから、心筋梗塞《しんきんこうそく》での事故か、はたまた数日で命を奪うような寄生虫でも体に入ってしまったのだろうか。嵯峨天皇の息子という血統と多才さ、かつ、性格は「風尚不恒《ふうなおつねならず》」と普通でなく気高かったなんて書かれているのに、随分可哀想な最期だ。

読みたい史料

①藩邸の旧臣ズ：藤原冬嗣・藤原三守・安倍安仁・橘貞根

・『日本紀略《にほんきりゃく》』天長《てんちょう》三年七月己丑《きちゅう》条（二十四日）：藤原冬嗣

・『続日本後紀《しょくにほんこうき》』嘉祥《かしょう》三年七月壬辰《じんしん》条（十七日）：藤原冬嗣

・『続日本後紀』承和《じょうわ》七年七月庚辰《こうしん》条（七日）：藤原三守

・『日本三代実録』貞観《じょうがん》元年四月二十三日条：安倍安仁

・『日本三代実録』貞観十五年八月二十八日条：橘貞根

②大臣ズ：藤原園人

・『日本後紀』弘仁《こうにん》六年六月丙寅《へいいん》条（二十七日）：藤原園人

読みたい史料

③特殊技能系：賀陽豊年・坂上清野・高橋文室麻呂・菅原是善・興世書主・藤原継業・甘南備高直・朝野鹿取・滋野貞雄・滋善宗人

・『日本後紀』弘仁六年六月丙寅《へいいん》条（二十七日）：賀陽豊年
・『日本文徳天皇実録《にほんもんとくてんのうじつろく》』嘉祥三年八月己酉《きゆう》条（四日）：坂上清野
・『日本三代実録』貞観六年二月二日条：高橋文室麻呂
・『日本三代実録』元慶《がんぎょう》四年八月三十日条：菅原是善
・『日本文徳天皇実録』嘉祥三年十一月己卯《きぼう》条（六日）：興世書主
・『続日本後紀』承和九年七月丁酉《ていゆう》条（五日）：藤原継業
・『続日本後紀』承和三年四月丙戌《へいじゅつ》条（十八日）：甘南備高直
・『続日本後紀』承和十年六月戊辰《ぼしん》条（十一日）：朝野鹿取
・『日本三代実録《にほんさんだいじつろく》』貞観元年十二月二十二日条：滋野貞雄
・『日本三代実録』貞観五年正月二十日条：滋善宗人

④親族関係

・『日本文徳天皇実録』斉衡《さいこう》元年六月丙寅《へいいん》条（十三日）：源常
・『日本三代実録』貞観十一年八月二十七日条：源啓
・『日本三代実録』貞観九年十月十日条：源定
・『日本三代実録』貞観十年閏十二月二十八日条：源信

番外・弟子ラブ♥な一面も!? 最澄《さいちょう》と風信帖《ふうしんじょう》

最澄《さいちょう》といえば、天台宗《てんだいしゅう》の開祖《かいそ》として有名だろう。伝教大師《でんぎょうだいし》や叡山《えいざん》大師というのも最澄を指す。また空海は真言宗《しんごんしゅう》の開祖である。弘法大師《こうぼうだいし》、御大師様《おだいしさま》なんて呼ばれもするが、聞いたことがない人はいないのではないだろうか。二人は同じ遣唐使で唐に留学した。船は別で、空海は第一船、最澄は第二船だったとか。最澄は八か月程度の短期留学で、空海は二十年の予定だったものが三年で帰国した。最澄は大量のお経を帰国時に持ち帰ったイメージ、空海は恵果《けいか》という師から奥義を学んで帰ったイメージだ。

有名な話かもしれないが、この二人は、元々仲が良かった。帰国後にも経典《きょうてん》の貸し借りや、灌頂法《かんじょうほう》の伝授などで親しく往来している。予定を早めて帰国した空海が咎《とが》めを受けなかったのも最澄の心配りがあったとか。一番親交していた頃に、空海が最澄に送った書状は風信帖《ふうしんじょう》として書物の手本にもなっている。「風信帖」では、空海は最澄のことを「金蘭」と表現している。「金蘭《きんらん》の交わり」という極めて固く親密な友人関係のことを指す言葉があるが、親しい交わりをしている相手として最澄を認めていることになる。時代の宗教の巨匠《きょしょう》二人がこんな風な手紙を交わすほどの関係とは…！

ただ、二人の関係は二つの要因で疎遠《そえん》になっていってしまう。一つ目は理趣経《りしゅきょう》、二つ目は泰範《たいはん》という弟子の存在だ。

一つ目の理趣経は、最澄が空海に貸してくれと頼んだ経巻の一つなのだが、空海は激しい言葉で拒絶する。まだこれを読む資格は最澄にはないと批判する。理趣経の内容は性愛に絡んだものであるためとされる。性的な満足を得ることが悟りに近いとかなんとか、ぶっ飛んだ内容を漢字で難しく書いてあるようなイメージだ…現代でも性について話題にすることはとても難しい。超親密な人にしか話さないという人が多いのではないだろうか。その結果、現代においても誤解に基づく行き違いは多く起きていると思うし、セクハラ逮捕なんていうのも、性的同意（セクシュアルコンセント）についての誤解などが原因ということはたくさんあると思う。ともかく、性愛に関する記述も多い理趣経を、一番弟子でもない最澄が借りたいと申し出たことを、空海はセクハラと捉えてしまったのかもしれない。であるからこその激しい非難なのかもと感じてしまう。

二つ目の泰範《たいはん》は、元々最澄がかなりの信頼を置く弟子だった。後を継がせようと考えたこともあるようだが、最澄が泰範を含む身の回りの僧侶と共に、空海に教えを受けるようになり、空海の教えを知ったことによって考えを変え、なんと師匠を最澄から空海に変えてしまうのだ。あっさり書くとこれだけなのだが、最澄にとっては弟子の離反はかなりのショックだったらしい。最澄が泰範に送った書状には、いかに泰範を大切に思っているかが切々と訴えられている。

「久隔㆓清音㆒、馳恋無㆑極。伝‐㆓承安和㆒、且慰㆓下情㆒。」と始まるのが、いわゆる久隔帖《きゅうかくじょう》で、「久しく会っていなかったのでこの上なく恋しく思っています。」安らかに過ごすと聞いて、気持ちを慰めています…」といった内容になる。ちょっとこれは恋ではないか…と思ってしまうのは、私だけではないだろう。例え最澄と泰範が性愛を含んだ関係にあったにせよ、今は別の場所で修業しているのだから、これには泰範もきっと困ったに違いない。最終的には空海に相談して、最澄への返事を代筆してもらっている。空海は泰範が密教漬《みっきょうづ》けになっているのを恨まないでやってほしいというような内容の返事をしている。泰範は後に空海の十大弟子《じゅうだいでし》の一人として数えられるほど、密教に入れ込んで修業をしたとか。…元々、最澄と一緒に空海から教えを受けることになった訳なので、最澄自身が、泰範が空海に惚《ほ》れ込む原因を作ったことにもなる訳だが…。この二人（三人）の関係のＢＬ読みは結構有名かもしれないが、やはり番外としてでも取り上げねばならないだろう。

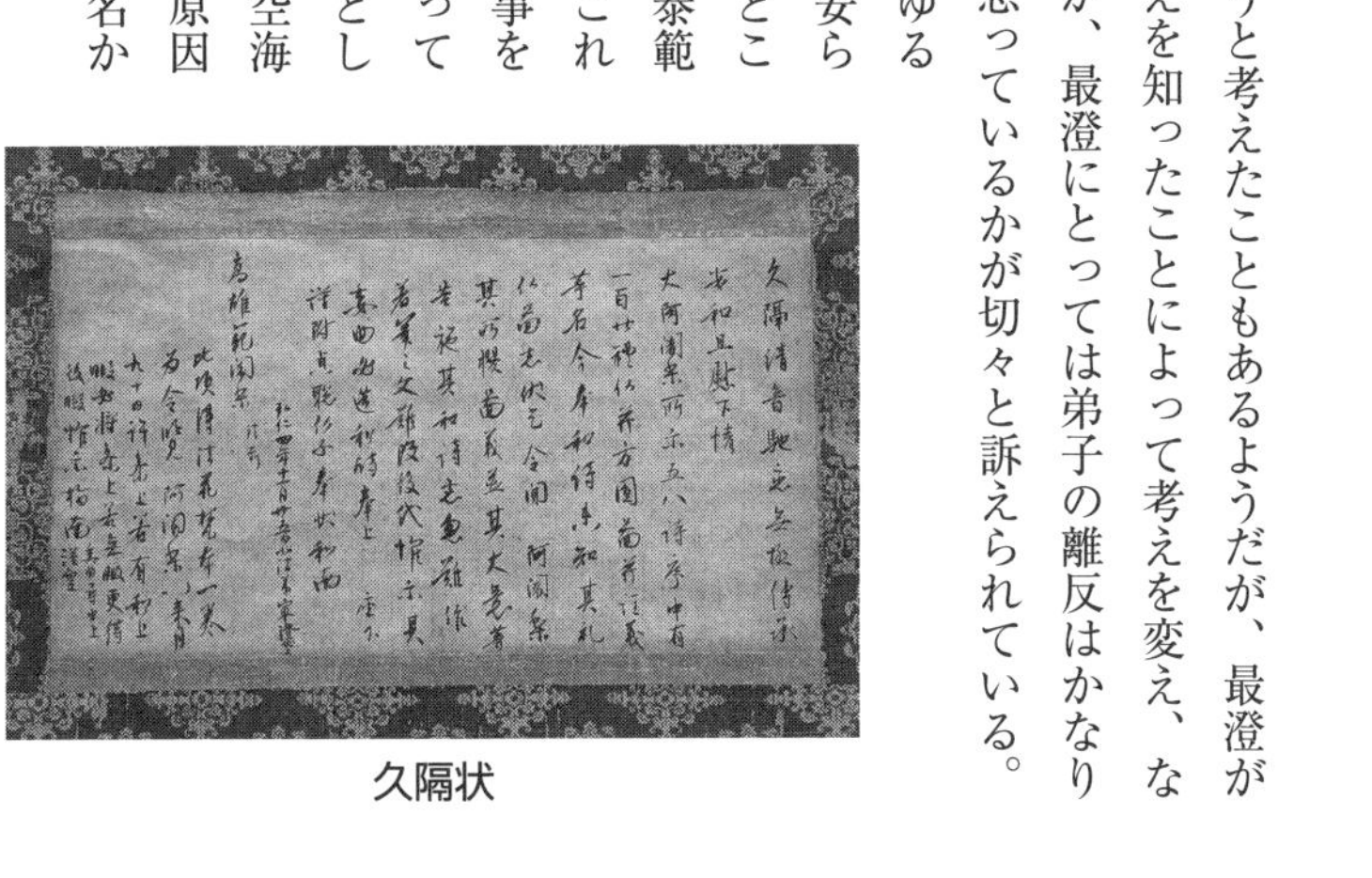

久隔状

これらの逸話から教えの内容として、真言宗の方が優れているというような考え方もできるが、大量に経典を持ち帰って研究は後から時間をかけてやるとした天台宗は、新しい経典の読解に基づく、新たな考え方を生み出す懐があった。鎌倉新仏教《かまくらしんぶっきょう》の教祖がほぼほぼ比叡山《ひえいざん》で学んだ経歴があり、今でも比叡山では法然《ほうねん》（浄土宗開祖）も親鸞《しんらん》（浄土真宗開祖）も栄西《えいさい》（臨済宗開祖）もここで学んだよ！なんて紹介をしている。

おかざき麻里の『阿・吽』という漫画は、最澄と空海を題材にした歴史漫画だ。性愛要素はあるが、主人公の恋愛要素はゼロで、悟りとは何かを求めて修行する僧侶の生き様をリアルに描く。少々人がすぐに死に過ぎる感じもあるが、読むだけで平安初期の日本古代史のトリビアを学べる作りになっていてオススメだ。

読みたい史料

- 「風信帖《ふうしんじょう》」：空海が最澄に
- 「久隔帖《きゅうかくじょう》」：最澄が泰範に

番外・「君の死が心から悲しい」空海《くうかい》と甥《おい》の智泉《ちせん》の逸話

空海《くうかい》は真言宗の祖でもあり、今も高野山の奥の院に生きているということになっている。毎日二回食事が供され続けているという。たまたま空海の御膳を作る役をした経験のあるお坊さんと知り合いで、聞いたところ、実際にお出しして下げたものは彼らが食べているとのことで、作る人の好みのものを作るそうだ。朝は軽く、昼は豪華にだそうである。…ちなみに夕食はない。胡麻豆腐《ごまどうふ》も高野山だけに頻出ラインナップらしい。

既に人ではない感もある偉い人である訳だが、その空海の生身の感情を記したことで有名な文章も残っている。これを知ると、最澄との交流がそこまで深くはなかったと思ってしまうかもしれない。

空海が入唐《にっとう》して三年間学んだことは有名だが、そこにまで同行した弟子がいたらしい。彼の名前は智泉《ちせん》といい、実は空海の甥にあたるという。歳の差は十五歳で、仏教の世界でも一番弟子という存在だったらしい。その智泉は三十七歳の若さで亡くなってしまう。空海より先である。空海はそのことを大変に悲しみ、「亡弟子智泉が為の達嚫《たっしん》の文」というものを残している。

文中では、「哀《かな》しい哉《かな》、哀しい哉、哀が中の哀なり。悲しい哉、悲しい哉、悲しみが中の悲しみなり。」なんて表現がある。元は漢文だが、このようなことを書き残している。悲しいと十回も書き重ねているのだ。「影の如く随って離れず」とか「吾飢《われう》うれば汝《なんじ》もまた飢う。吾楽しめば汝も共に楽しむ」とか、いつも一緒にいた様子が書かれる。「覚りの朝には夢虎なく、悟りの日には幻像なしといへども、しかれども猶、夢夜の別れ不覚の涙に忍びず。」と意識せずに涙が零《こぼ》れ落ちるなんて状態である。最愛の人の死にあったら、きっとこうなるに違いない。この後、空海は十年間生きるが、生涯で一番悲しかったのは智泉の死にあったことに違いない。

日本の男色《なんしょく》の祖として空海の名前が挙がることがある。多分事実ではないが、この達嚫文《たっしんもん》の表現から、そのような想像をした昔の人はきっとそれなりの数いたに違いない。江戸時代、男色は日本の文化の一つであったと言って過言でないのだから…。

読みたい史料

・『性霊集《しょうりょうしゅう》』八「為亡弟子智泉達嚫文」：空海が亡弟子智泉に

第七章　平安京編　②

大内裏周辺図

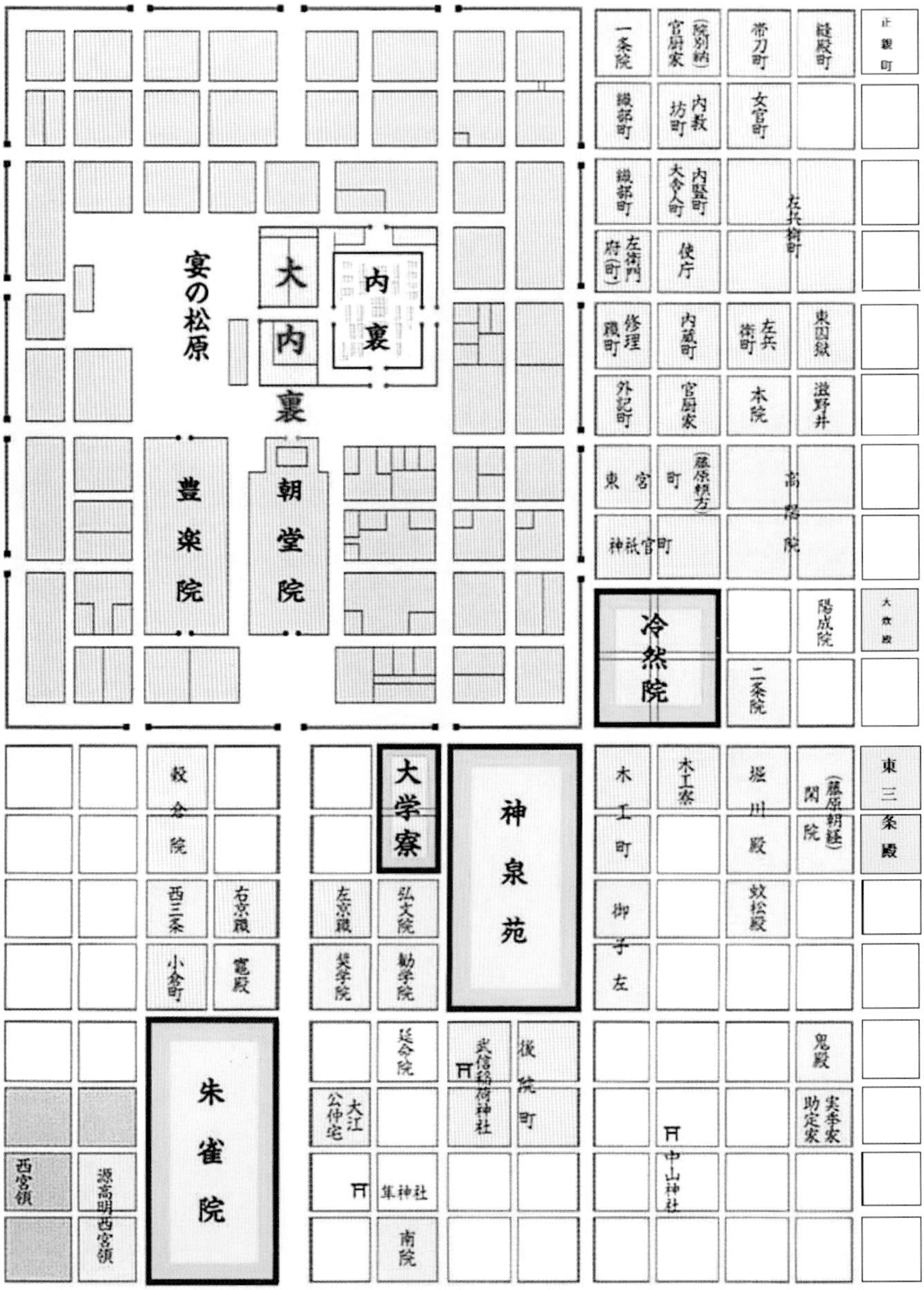

一条院
(院別納)宮厨家
帯刀町
縫殿町
止観町
織部町
内教坊町
女官町
織部町
内竪町
大舎人町
左兵衛町
左衛門府町
使庁
宴の松原
大内裏
内裏
修理職町
内蔵町
左兵衛町
東囚獄
外記町
宮厨家
本院
滋野井
東宮町
(藤原朝方)
高陽院
神祇官町
豊楽院
朝堂院
冷然院
陽成院
大炊殿
二条院
大学寮
神泉苑
木工町
木工寮
堀川殿
(藤原朝経)閑院
東三条殿
穀倉院
西三条
右京職
左京職
弘文院
蚊松殿
御子左
小倉町
竈殿
奨学院
勧学院
延命院
武信稲荷神社
後院町
鬼殿
大江公仲宅
実季家
助定家
朱雀院
中山神社
西宮領
源高明西宮領
隼神社
南院

大内裏平面図

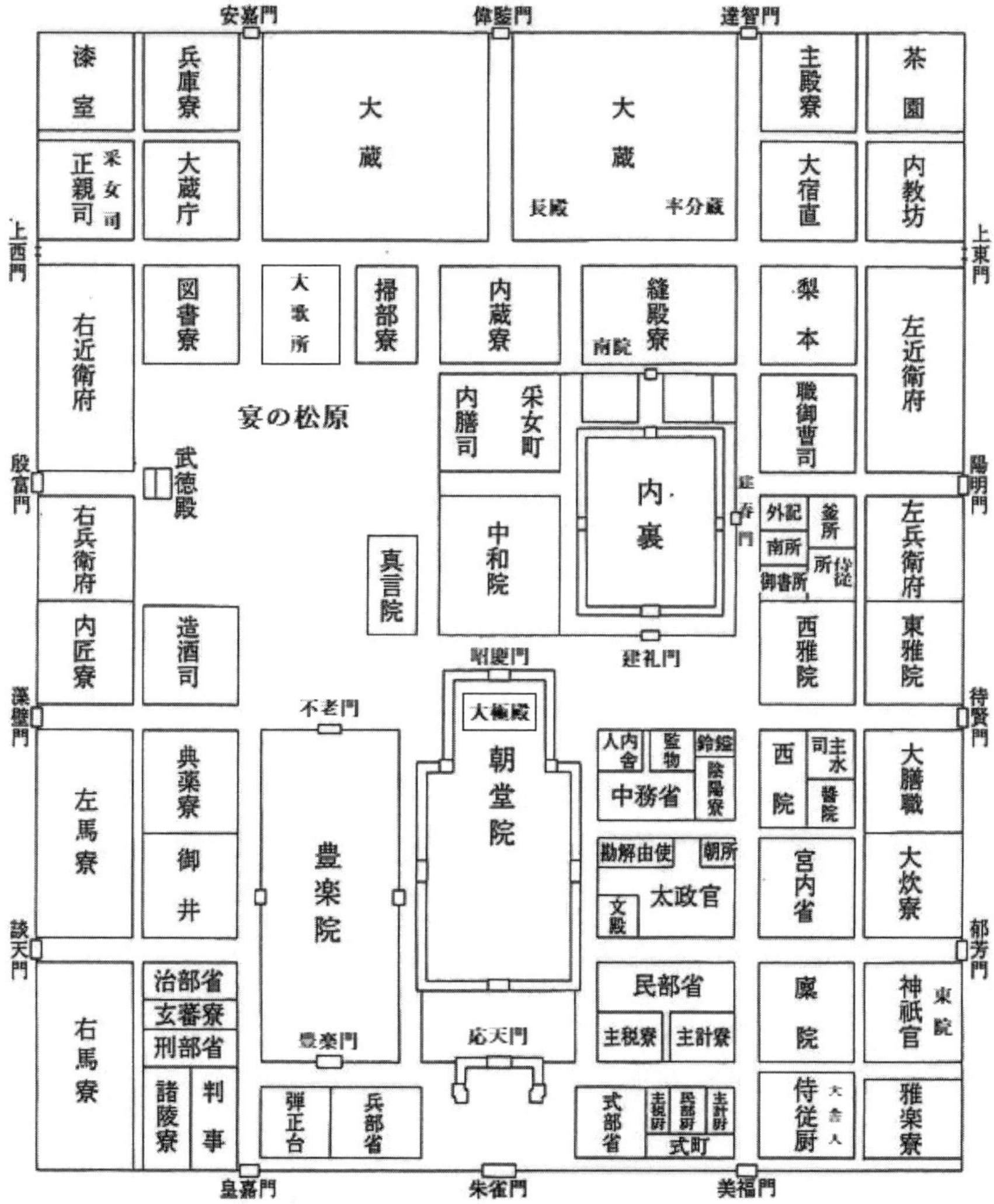

平安宮推定復元図

平安宮内裏・朝堂院・豊楽院

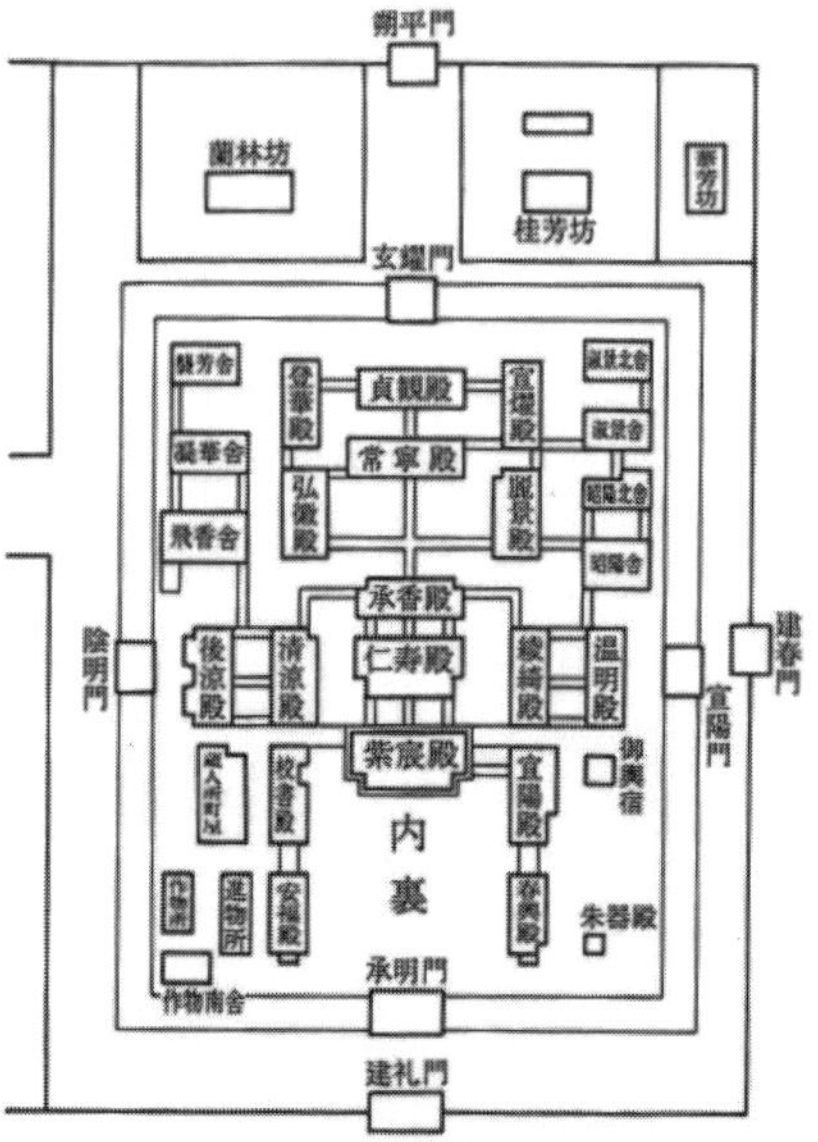

平安宮内裏推定復元図

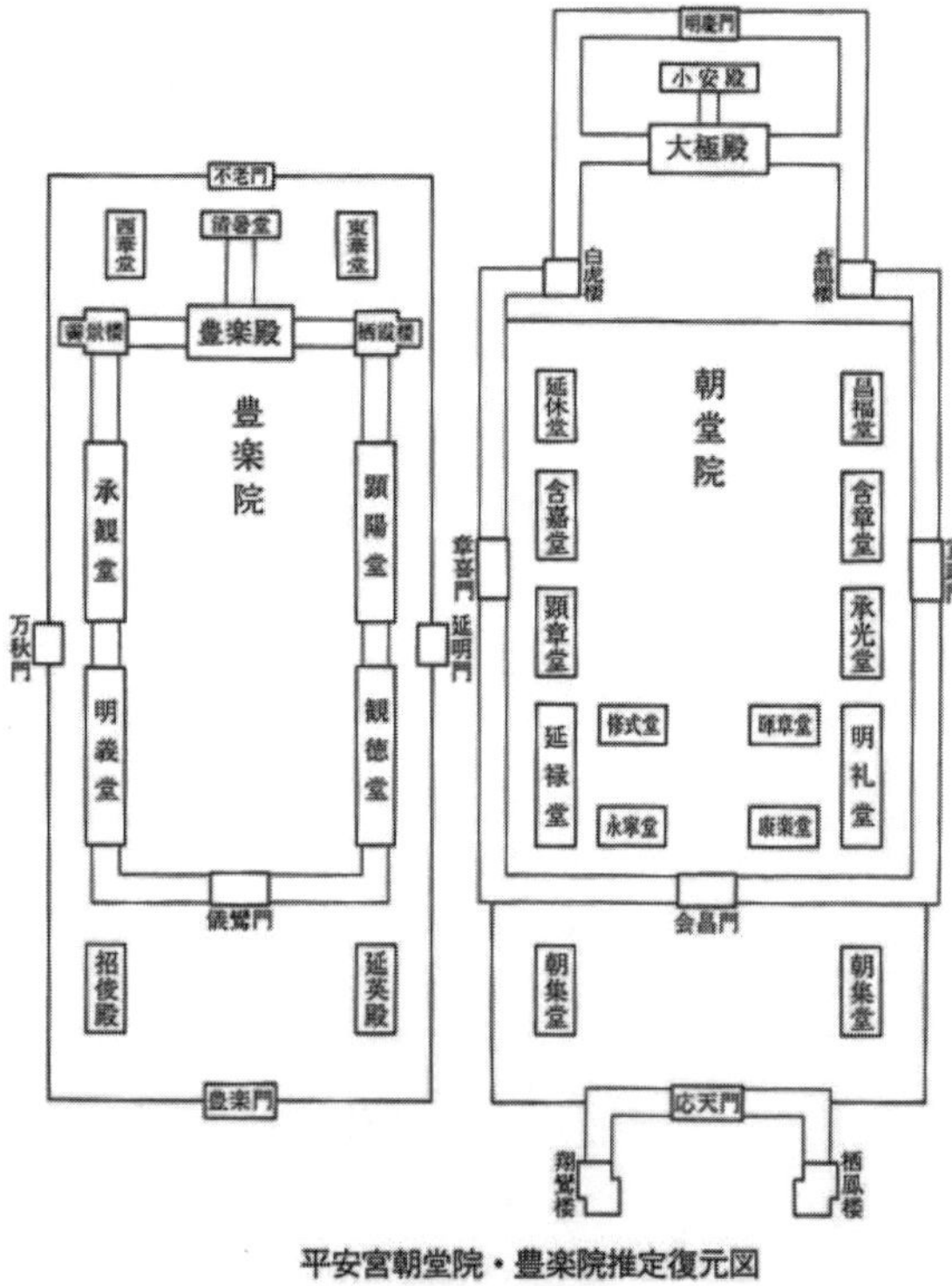

平安宮朝堂院・豊楽院推定復元図

本章では、都が平安京《へいあんきょう》に遷って、少し落ち着いてきたころを扱いたい。平安時代の最初の五十年～百年程度だ。藤原氏台頭《たいとう》のきっかけになった承和の変の頃からはじめたい。終わりは、菅原道真《すがわらのみちざね》が遣唐使《けんとうし》を廃止し、いわゆる「国風文化《こくふうぶんか》」がはじまったとか教えるところだ。もっとも近年では「国風文化」といいつつも、海外の影響を大きく受けていた証拠が論じられていたりする。国主体での使いはなくなったものの、僧侶をはじめとして、かなりの人数が国を行き来しており、大量の書物が中国からもたらされ続けていたのは変わらない。

この時期は藤原良房《よしふさ》が台頭《たいとう》して、摂関《せっかん》政治の礎を作った時期とされる。藤原氏が貴族の多数を占めるようになるのは、実はこれ以降のことなのだ。奈良時代も藤原四兄弟に代表されるように藤原氏はそれなりの立場を占めていたが、天然痘《てんねんとう》で兄弟四人が短期間で亡くなったこともあり、奈良時代から平安初期にかけては、まだまだであった。それが、承和の変をきっかけとして、藤原良房が急速に五段階以上出世したことを皮切りに幼帝の即位と摂関政治が行われるようになる。その後の五摂家（近衛《このえ》・鷹司《たかつかさ》・一条・二条・九条）はみな、藤原の子孫ということになっている。

この時期を「承和転換期」として捉える研究が近年発表された。藤原氏の台頭と書いたが、有力貴族の台頭と、それ以外の貴族の没落というのが正確だ。貴族間に格差が生まれたことになるが、その原因は律令国家の財源であった調と庸（税金）がきちんと納められなくなったことがある。税金を集めてその一部を給与としていた弱小貴族は、経済的に困窮して有力貴族の配下となる。その結果、上位貴族のみが生き残る形になる。これを院宮王臣家《いんぐうおうしんけ》と呼ぶが、名前の通り天皇家も有力貴族の最たるものとして、経済力をキープしようとしている状況を表した言葉になる。

文化的には、和歌の復興や漢詩の変化（白居易《はくきょい》の漢詩の影響を受けた）、楽舞《がくぶ》の隆盛と変容などがある。また、極楽往生を願って貴族が臨終出家《りんじゅうしゅっけ》をするようになったことは、仏教における浄土信仰の派生という捉え方もできる。更に、遷都によって都市化したことで疫病が流行するようになり、恨みを持って亡くなった貴族を祀る御霊信仰《ごりょうしんこう》もはじまった。ケガレ意識の変化も指摘され、内裏のケガレで神事が中止されたり、内裏内での女官の懐妊や月経もタブー視され始めたりしたのだとか。平安初期の男性優位がより強まったような感じを受ける。

考古学の立場からは、京内で緑釉陶器《りょくゆうとうき》（緑色の釉薬《ゆうやく》をかけて仕上げた陶器）が出土するようになったことや、内裏のみで白色土器が大量に出土するようになる時期にあたるという。

調と庸（税金）の収集率減少もあって、平安時代に入ると、律令体制が崩壊したとされてきた。しかし、この数十年はむしろ不備が訂正され、体制が強化されたと読み解かれるようになっている。官僚だけでも政治が遂行できるようになったため、天皇が幼年であったり、突然死したりしても、政治が回るようになったということだ。ただ、やはり天皇は最終的な認可を下す役割を担っていたため、かなり忙しかっただろう。

なお、本書が扱う時代は六国史の扱う時代までである。具体的には、国家が編纂した歴史書である六国史の最後、『日本三代実録』が記述する範囲である。その後も未来の編纂のための資料収集などはされていたようだが…。約二百年後、平安時代の終わり（院政期）に藤原通憲《ふじわらのみちのり》（信西《しんぜい》）が『本朝世紀《ほんちょうせいき》』を編纂する命令を受けており、そこに含まれる卒伝《そつでん》は六国史のものと似ている（寵愛された人物の記述も散見される）が、とりあえず、性格の似た史料群の一区切りは六国史の最後までとなる。

清和天皇から光孝天皇までの三代の天皇は、寵愛されたと考えられる人物が少ないが、これは、『日本三代実録《にほんさんだいじつろく》』の性格によるものではなく、国史の編纂が『日本三代実録』で中止されたことによるだろう。ある天皇に寵愛された家臣の卒伝が記録されるのは、その天皇の在位期間の後である事例が多い。このため、『日本三代実録』の後の国史が存在しないことは、似通った編纂方針を持ち、似た視点で寵愛に関する記事を載せている史料がないということになる。つまり、天皇と絆を持った（ホモソーシャルな関係を築いた）人物の記録が辿《たど》りにくくなる。日本古代史の研究上も、六国史《りっこくし》の後は、貴族の日記や法制史料がメインの史料になるため、研究テーマもこれに沿ったものになりがちである。もちろん貴族の日記には「寵愛」などの言葉は使われるが、編纂を経ていない個人の視点の記述のため、六国史までの時代とは性格が異なる。これに留意して研究を進める必要がある。

1・乳母子《めのとご》の吉野ラブ♥ 淳和《じゅんな》天皇

✿絆を築いた人物：
①藩邸の旧臣ズ：藤原吉野《ふじわらのよしの》
②大臣ズ：清原夏野《きよはらのなつの》
③特殊技能系：藤原関雄《ふじわらのせきお》・藤原衛《ふじわらのまもる》・菅原峯嗣《すがわらのみねつぐ》
④親族関係：正道王《まさみちおう》・皇太子恒貞《つねさだ》親王

淳和《じゅんな》天皇は、甥《おい》の仁明《にんみょう》天皇に譲位し、子孫が皇位に就かなかったのと、薄葬《はくそう》（簡素な葬儀）を望んで亡くなったためか、なんとなく儚《はかな》げなイメージもある天皇だ。

　このあたりの即位事情は少し厄介《やっかい》かもしれないので、簡単に説明しておく。薬子《くすこ》の変で平城太上天皇《へいぜいだじょうてんのう》の子であった高岳《たかおか》親王が皇太子を廃されたため、大伴《おおとも》親王（後の淳和天皇）が中務卿《なかつかさきょう》（詔勅《しょうちょく》という天皇の言葉を伝える役目などを担う、八省《はっしょう》で一番重要とされる中務省のトップ）から兄の嵯峨天皇の皇太子となった。即位の際には、嵯峨天皇の子の仁明天皇を皇太子とし、そのまま譲位した。仁明天皇は皇太子を淳和天皇の子の恒貞《つねさだ》親王としたが、嵯峨上皇の直後に起きた承和《じょうわ》の変によって、恒貞親王の即位は実現しなかった。嵯峨天皇と淳和天皇の子孫が交互に即位することを、嵯峨天皇は理想としていたし、淳和天皇もそのつもりがあったようだが、実現しなかったというところだろう。この淳和天皇の「子孫を皇位につけるつもり」は結構本気度が高かったのではないかという論文もある。恒貞親王の血統は大変良いし、妻も内親王で、間に男の子も生まれていた。ただ、それは逆に言えば、藤原氏や橘氏などの有力な家臣のバックアップがないことにもなる。それもあってか親王任国《しんのうにんごく》や勅旨田《ちょくしでん》を置くなど、皇室財政の強化も行《おこな》った。勘解由使《かげゆし》

（県知事の監査役）とか検非違使《けびいし》（京内の警察）とか、歴史で暗記が必要な役職を設置したのも淳和天皇だったりする。

淳和天皇も、嵯峨天皇と同じく、天皇の間は内裏に住んでいたが、譲位後は淳和院《じゅんないん》に引っ越した。現在の阪急西院《さいいん》駅の付近で、平安京の条坊の数え方からすると、右京四条二坊のあたりだ。遠いとはいえないが、嵯峨天皇の引っ越した先である冷然院《れいぜんいん》よりも、内裏から少し距離がある。淳和天皇が淳和院にうつった際に西院春日神社《さいいんかすが》（淳和院の礎石とされる石がある）をつくり、境内で藤花《とうか》の宴を催したことから、四月二十九日に西院春日神社では藤花祭が行われている。承和の変で子の恒貞親王が廃太子となったためか、淳和天皇が絆を持ったとされる人数はかなり少ない。五十六歳で崩御《ほうぎょ》した兄の嵯峨天皇とほぼ同じ五十五歳で、隠居所の淳和院で亡くなった。譲位を受けた兄の嵯峨天皇よりも二年早い。

淳和天皇陵は、京都市西京区大原野南春日町の西方にそびえる大原山（小塩山）の山頂に位置する。薄葬を望み、国忌《こき》や荷前《のざき》という儀式も停止したため、『延喜式《えんぎしき》』諸陵寮《しょりょうりょう》には祀《まつ》るべき陵として、淳和天皇陵を載せない。比定地も変化した経過もある。ちなみに薄葬そのものは、淳和天皇だけでなく、元明天皇や嵯峨天皇も望んでいるので、そこまで珍しくはないのだが、やはり継続的に祀られないと場所も分からなくなってしまう。薄葬を望む場面の逸話《エピソード》（後で紹介する藤原吉野とのやり取り）も、儚げなイメージも生むのかもしれない。

淳和天皇との絆が分かる人物は、七人だ。①藩邸の旧臣ズ、②大臣ズ、③特殊技能系、④親族関係に分けて紹介していく。

①藩邸の旧臣ズ：藤原吉野《ふじわらのよしの》

藤原吉野は、淳和天皇と同い年で、東宮時代に東宮主蔵監正《くらのつかさのかみ》という役職で、東宮の蔵や宝物の管理を任されてもいたらしい。一言でいえば、淳和天皇に追従する人生を送ったが、実は即位前は一時期、遠江国《とうとうみのくに》（今の静岡県）に出向していたらしい。その際に、下向する吉野に贈った大伴親王の七言絶句《しちごんぜっく》が『文華秀麗集《ぶんかしゅうれいしゅう》』にある。

餞二美州掾藤吉野一、得二花字一、一首　令製

今宵儵忽言離別　　今宵《こよい》儵忽《たちま》ちに言《ここ》に離別《りべつ》す
不レ慮分飛似二落花一　　慮《はか》らずありき分れ飛びて落花《らっか》に似むとは
莫レ怨白雲千里遠　　怨《うら》むこと莫《なか》れ白雲千里《せんり》の遠きを
男児何処是非レ家　　男児何《いず》れの処か是れ家に非《あら》ぬ

思っていなかった別れを花の散る様《さま》に例え、遠くに離れてしまうことを怨《うら》まないようにと詠んでいる。このことからも弘仁四年時点で既に淳和天皇と吉野が親密な関係を持っていたことがうかがえる。二人の関係には乳母子《めのとご》説もあるが、わざわざ漢詩を贈る仲とは…と妄想もしたくなる。吉野は国司として成果を上げ、淳和天皇の即位で京に戻った後に、出世が始まった。従三位権中納言《じゅさんみごんのちゅうなごん》で右近衛大将《うこのえだいしょう》まで出世したが、仁明天皇の即位の時には正三位となったのに、淳和上皇につき従って、右近衛大将を辞任した。更に七年後に淳和上皇が崩御した時には他の官職の辞職まで願い出ている。崩御の間際《まぎわ》に淳和上皇は吉野を呼び寄せ、薄葬を命じる。この際に「天皇なのに質素すぎる！」と異議を申し立てたとか。愛した主君ゆえの行動と思うとキュンとくる。もちろん、淳和上皇の意向通り薄葬となるのだが、淳和天皇と藤原吉野は、嵯峨天皇と藤原三守にも似た、近しさ（ホモソーシャルな関係）があるのも事実だ。その後、承和の変が起きた際には、淳和天皇の皇子の恒貞親王を擁立《ようりつ》しようとした罪に連座《れんざ》したとされ、九州の大宰員外帥《だざいいんがいのそち》に左遷され、三年後に山城国《やましろのくに》に戻るが、翌年に亡くなっている。少年の頃から故郷を出て学び、人に問うことを恥とせず、性格は寛大で良く衆を容れ、賢人のようであったとか。手に書を持たないで、弟子を教誨《きょうかい》したが、柔和であって、過失を見ても怒るのではなく、論理的に諭し、法に違わなかったと表現される。肉食をしなかったというが、儚《はかな》げなイメージの淳和天皇と似た性格だったりするのではないか…など妄想してみたくなる。

②大臣ズ：清原夏野《きよはらのなつの》

清原夏野は、良吏として有名な人で、実は先祖は皇族で、『日本書紀』を編纂した舎人親王の曾孫《ひまご》にあたるらしい。嵯峨天皇が即位した際に皇太子となった淳和天皇の東宮の亮《すけ》（次官）として仕え、即位後に蔵人頭《くろうどのとう》となった。右大臣にまで登り、『日本後紀《にほんこうき》』・『令義解《りょうのぎげ》』・『内裏式《だいりしき》』など、平安初期を知るためには欠かせない歴史書・法律書・儀式書の編纂にも関わった。漢詩作成も大変愛していたらしい。

夏野は嵯峨野の近くにある双ヶ岡《ならびがおか》あたりに山荘があり、珍しい花々を植えたため、そこに淳和天皇や仁明天皇が行幸して漢詩を詠んだこともある。夏野の山荘は、三十年程後、仁明天皇の子の文徳天皇が天安寺という寺にして伽藍《がらん》を整えた。天安《てんあん》二年に建てた寺だから天安寺というが、年号から名付けられた寺名は他にも貞観寺《じょうがんじ》や、元慶寺《がんぎょうじ》、仁和寺《にんなじ》など四つの年号が連続してある。当時の流行だったのだろう。三百年後の平安時代後期に鳥羽天皇の中宮《ちゅうぐう》待賢門院璋子《たいけんもんいんたまこ》が法金剛院《ほうこんごういん》として復興し、現在まで続いているという。法金剛院を再興した璋子は絶世の美女として有名だ。白河《しらかわ》天皇の養女で、鳥羽《とば》天皇に嫁ぎ、後白河《ごしらかわ》天皇など、七人の子を儲《もう》けているが、後ろ盾《だて》の白河上皇が亡くなった後は美福門院得子《びふくもんいんなりこ》に権勢を奪われ、法金剛院で出家することになったという。今も法金剛院の庭は季節の花が育てられており（特に蓮の寺として有名）、夏野や璋子を想起しながら見学するのも一興だ。法金剛院の隣の双ヶ岡には六世紀後半から七世紀前半の古墳も二十四基あり、双ヶ岡古墳群と呼ばれる。名前に「双」が使われるが、音の「ならび」が実情に近く、頂上は「一の丘」「二の丘」「三の丘」の三つがある。「一の丘」の頂上付近には、明治四十五年に建てた「右大臣贈正二位清原真人夏野公墓」とある石碑もあり、明治には夏野の墓とされていたことが分かるが、発掘調査で六世紀後半から七世紀初頭（清原夏野より二百年程前）の豪族首長墓と判明したことも近くの看板に書かれる。

③特殊技能系：藤原関雄《ふじわらのせきお》・藤原衛《ふじわらのまもる》・菅原峯嗣《すがわらのみねつぐ》

藤原関雄は、変わり者で、公務員試験（文章生試《もんじょうせいし》）に合格したのに、勤めずに東山に住んで「東山進士《しんし》」なんて言われていたらしい。淳和上皇は「嘉㆓其為人㆒」と関雄の性格を評価して、出仕を再三求め、九年後にようやく出仕したとか。そんな訳でそこまで高い位には登らなかったが、音楽が得意で関雄を気に入った天皇からは秘譜《ひふ》をもらいもしている。秘譜をもらったのは、国史大事典では淳和天皇とされているが、直前に淳和太上天皇とあるので、関雄が亡くなった時点の天皇である仁明天皇からの可能性もある。関雄は書も巧みで南池院・雲林院《うりんいん》の壁書《へきしょ》を書いたとか。実は現在でも関雄の書は見ることができる。東京国立博物館所蔵でe国宝というサイトからでも見ることができる、円珍《えんちん》の入唐《にっとう》に際して書かれた「治部省牒《じぶしょうちょう》」の一番後ろに関雄の署名があるのだ。こういう「牒」という形式の文書は一番下の位の人間が最後に署名するため、おそらく全文が関雄の書いた書体になる。一字一字丁寧に話して書いてある。整った字だ。紙面に多くの朱印が捺してあるが、これは「太政官印《だじょうかんいん》」という文字の印で、文書の改竄《かいざん》防止のためと考えられている。日にちや人名の上に集中して捺《お》されていることが分かる。

藤原朝臣衛《まもる》は、藤原内麻呂の十男であり、母は藤原永手《ながて》の娘である。十八歳で文章生試に及第し、遠江守《とうとうみのかみ》・式部大輔《しきぶのたいふ》・大宰大弐《だざいのだいに》・弾正大弼《だんじょうのだいひつ》・右京大夫《うきょうだいぶ》などを歴任し、正四位下にいたった。良吏・硬骨《こうこつ》の人と伝えられる。「帝甚器㆑之」と淳和天皇が立派な才能の持ち主と認めた記述がある。

菅原峯嗣は、医者の家系だったが、淳和天皇が東宮だった時に、峯嗣は春宮《とうぐう》藩邸に侍っていた。しかし、家業を継ぐことを願って、医得業生《いとくぎょうせい》となったらしい。医得業生は彼の例から始まったとか。試験に合格して、左兵衛医師《さひょうえのいし》・医博士《いはかせ》・内薬佑《ないやくのすけ》と、医者としての昇進を続け、八年後に侍医になった。淳和天皇が譲位した後、東宮時代に仕えたことを思って、峯嗣を侍者とし、「寵遇」は「優渥」で「頗超㆓傍人㆒」であった。嘉祥《かしょう》二年に越後守《えちごのかみ》となった時には峯嗣を淳和院《じゅんないん》に侍らせた。橘嘉智子《たちばなのかちこ》（太后《たいこう》）にも薬湯《やくとう》を献上したとか。典薬頭《てんやくのかみ》にまでなったが、五年後に自ら摂津国《せっつのくに》豊島郡山荘に隠居し、俗と交わらず薬草を育て、老を養って七十八歳まで生きた。当時としては長生きだ。太后に御薬湯を奉った時に、体を気遣われ、都に近いために勤務のしやすい播磨介《はりまのすけ》に遷ったというから、話術も巧みだったのかもしれない。元々出雲岑嗣だったらしいが、晩年に菅原に改姓したらしい。峯嗣は家名を落とさず、治療には必ず効果があったといわれ、勅によって、諸名医らとともに『金蘭方《きんらんほう》』という医術書を撰した。残念ながら、今は『金蘭方』は残らないが、針灸《しんきゅう》の道に特に詳しく、弟子もその技術を良く受け継いだとか。淳和天皇の東宮時代に仕えていたからこそ、医者の中でもエリートコースを歩んだ一生だったのだろう。

④親族関係：正道王《まさみち》・皇太子恒貞親王《つねさだ》

正道王は、淳和天皇の子供かつ孫だ。どういうことかというと、淳和天皇の長男、恒世親王《つねよ》の長男として生まれたが、父である恒世親王が二十二歳で亡くなったこともあって、祖父淳和天皇の養子となったからだ。淳和天皇から殊更に鍾愛され、いつも殿上にいたため、十六歳で元服して、二年後に侍従《じじゅう》、翌年には武蔵守《むさしのかみ》となったが、翌年に二十歳で亡くなってしまう。父と同じくやたらと短命だ。実は父恒世親王は、淳和天皇と高志内親王《こしないしんのう》の子供なのだが、この二人は父が同じ桓武天皇という異母キョウダイ同士でもある。高志内親王は十七歳で恒世親王を産み、四年後に二十一歳で亡くなっている。三代続けて二十歳程度で亡くなるとは、短命の遺伝子が何かしらありそうだ。正道王の母は不明であるが、DNAが近すぎるための悲劇という感じを受ける。近親相姦の最たるものとも言えるのだから…。淳和天皇は高志内親王の没後に、嵯峨天皇の娘である正子を妻とし、仁明天皇の皇太子となる恒貞親王《つねさだ》を設けているが、上記のように承和の変で廃されてしまう。複雑な血縁関係だが、正道王が常に殿上にいたのは、両親ともに天皇の子供（皇子・皇女）という、なかなか特殊な事情によるものだろう。

恒貞親王は、淳和天皇の第二子で、おじいちゃんは桓武天皇一人きり…という「桓武純血種」とでも呼びたくなる血統の一人だ。桓武天皇は子供同士を結婚させる例が多いので、他にもいるが…。イトコの仁明天皇の即位に伴って皇太子となった。イトコを皇太子にするのは異例のことというのもあり、淳和天皇は何度も固辞したが、嵯峨上皇の意向もあり、結局皇太子となった。父淳和上皇と伯父の嵯峨上皇が亡くなってすぐに承和の変が起きるが、恒貞親王を推戴《すいたい》しようとした人々がいたことを理由に廃太子《はいたいし》にされた。恒貞親王自身の非は書かれない。廃太子の直前に、父である淳和天皇に対する恩についての発言が残る。承和の変で廃太子となった後は、右京四条一坊の淳和院東亭子に住んで仏道に入り、嵯峨院であった場所が大覚寺となった際にも関わった。元皇太子だけあり、頭が良く、経史《けいし》・文章・書・琴を嗜《たしな》んだとか。死の穢《けが》れを嫌う内裏で殺人事件を起こしてしまって廃位となった陽成天皇の後に即位を打診されたが断ったという。同年に亡くなっているから、体調の問題もあったのかもしれないが、もう皇位にはこりごりというところもあったのかもしれない。大覚寺のすぐ南、京都府立北嵯峨高校の周辺には、恒貞親王の陵墓参考地（入道塚古墳）と、恒貞親王の母、正子内親王の陵墓参考地（円山古墳）がある。高校の敷地が二つの古墳を隔てているような立地で、有栖川（後世に有栖川宮の名の元にもなった川）沿いにある。周辺には狐塚《きつねづか》古墳なども含めて四つも古墳があるが、陵墓参考地とそれ以外ではやはり整備に差がある。明治時代の比定は必ずしも正しくないかもしれないが、比定によって最低限の整備がされている面もある。もちろん、学術的な発掘調査がほとんどできなくなった「弊害《へいがい》」は認識しておかなければならないが（なお近年は稀に学術調査が行われる例もある）。

七人の内でも一番の推しは藤原吉野《よしの》だろう。淳和天皇からもらった漢詩が今も残っているのと、亡くなる時に身近にいて、泣く泣く薄葬を受け入れたというのが、グッとくる。

読みたい史料

①藩邸の旧臣ズ：藤原吉野

・『続日本後紀《しょくにほんこうき》』承和十三年八月辛巳《しんし》条（十二日）：藤原吉野

②大臣ズ：清原夏野

・『続日本後紀』承和元年七月甲戌《こうじゅつ》条（二十五日）：清原夏野

③特殊技能系：藤原関雄・藤原衛・菅原峯嗣

・『日本文徳天皇実録《にほんもんとくてんのうじつろく》』仁寿《にんじゅ》三年二月甲戌《こうじゅつ》条（十四日）：藤原関雄

・『日本文徳天皇実録』天安元年十一月乙未《いつび》条（二日）：藤原衛

・『日本三代実録』貞観十二年三月壬午《じんご》条（三十日）：菅原峯嗣

④親族関係：正道王・皇太子恒貞親王

・『続日本後紀』承和四年八月丁巳《ていし》条（二十六日）：正道王

・『続日本後紀』承和九年七月乙卯《いつぼう》条（二十三日）：皇太子恒貞親王

2・崩御を悲しみ出家した寵臣が！　仁明《にんみょう》天皇

✿絆を築いた人物：
①藩邸の旧臣ズ：藤原富士麻呂《ふじまろ》・良岑宗貞《よしみねのむねさだ》・橘岑継《たちばなのみねつぐ》・橘真直《まなお》・佐伯雄勝《さえきのおかつ》
②大臣ズ：藤原緒嗣《おつぐ》・藤原長良《ながら》・藤原良房《よしふさ》・藤原良相《よしみ》・伴善男《とものよしお》
③特殊技能系：空海・大村直福吉《おおむらあたいふくよし》・小野篁《おののたかむら》・藤原嗣宗《つぐむね》・藤原岳守《おかもり》・紀安雄《きのやすお》・実敏《じつびん》
④親族関係：皇太子恒貞《つねさだ》親王・橘清友《たちばなのきよとも》・淳和《じゅんな》後太上天皇・正道王《まさみちおう》・嵯峨《さが》太上天皇・常康《つねやす》親王・成康《なりやす》親王・素然《そぜん》（源明《みなもとのあきら》）・正行王《まさゆきおう》・藤原有貞《ありさだ》

仁明《にんみょう》天皇は、桜を花の代表にした天皇だ。花と言えば「梅」というのが奈良時代までの定番であったが、仁明天皇の頃から、花と言えば「桜」となったという。おそらくその理由は「左近《さこん》の桜」だろう。南殿（紫宸殿《ししんでん》）という場所に植えられた植物が橘と梅だったものが、橘と桜となったのが、記録からはっきり分かるのがこの頃なのだ。枯れてしまった梅を桜に植え替えたという。紫宸殿は、元々、天皇の私的空間であった内裏の中の建物で、大極殿や豊楽殿のように儀式目的で建てられた建物ではなかった。しかし、平安中期以降の火災などで大極殿が廃れると、紫宸殿で儀式を行うようになり、応仁の乱以後の即位式は（昭和天皇まで）紫宸殿とされるようになったという。現在の京都御苑では、紫宸殿は儀式空間、清涼殿は天皇の昼間の私的空間のような位置づけと解説される。

既に扱った履中《りちゅう》天皇の盃《さかずき》に桜が舞い降りたために磐余稚桜宮《いわれわかさくらのみや》と命名した逸話《エピソード》もあるし、聖武天皇の和風の名前（和風諡号《わふうしごう》）は「天璽国押開豊桜彦天皇《あめしるしくにおしはらきとよさくらひこ》」と桜も含まれる。平城宮跡歴史公園は今も奈良の桜の名所の一つだ。更に言えば、仁明天皇の父、嵯峨天皇も清水寺内の地主《じしゅ》神社付近を通過した時に、桜に心惹かれて車を戻させた「御車返《みくるまがえ》しの桜」もあったりする。

それでも天皇が毎日見る庭に桜が植えられたことが、「花と言えば桜」となったターニングポイントなのだろう。

また、音楽も大変好み、内宴（近しい者だけの宴）では、自ら吹き、踊り、作曲までしていたらしい。

話が逸れたが、仁明天皇は嵯峨《さが》天皇の子供で、前代淳和《じゅんな》天皇の甥《おい》にあたるが、淳和天皇即位に伴って、皇太子となった。その後、淳和天皇から譲位《じょうい》されて即位した。仁明天皇は、更に淳和天皇の子供の恒貞《つねさだ》親王を皇太子としたが、承和の変で恒貞親王擁立派《ようりつは》が密告されたことをきっかけに、自身の子である道康《みちやす》親王（後の文徳《もんとく》天皇）に皇太子を変更した。

文化的なことを大事にするのは、嵯峨天皇から引き続いてのことだが、仁明天皇は歴史には少し関心が低かったらしい。なんと歴史学の大学教員相当の公務員を減員しているのだ。歴史学者にとっては、大変な痛手だっただろう。歴史学のポストが減らされることは、今も歴史学者たちが直面している（目指す立場の者としてはゆゆしき）問題でもある。

清水五条にある六波羅蜜寺《ろくはらみつじ》の近くに西福寺《さいふくじ》という寺がある。六道《ろくどう》の辻《つじ》と呼ばれるあたりでもある。ここは仁明天皇の母の橘嘉智子《たちばなのかちこ》が安産祈願したり、幼少期の仁明天皇の病平癒を願ったりしたところ、効果があったという。仁明天皇は自分で調合までこなすほどの薬フェチでもあった。かなり頻繁《ひんぱん》に心臓の痛みを感じていて、年々症状が悪化したことから、周囲の医者の止めるのも聞かず、金属を原料とした薬「金液丹《きんえきたん》」を服用し、体調が良くなったと、自ら述べたとある。一応、万病に効く薬とされていたらしいが、医者よりも薬に詳しいレベルの知識を有していたようなのはすごい。心臓の痛みは天皇の立場としてのストレスゆえか、心筋梗塞の類だったのか…。ちなみに仁明天皇は正月に発病して、発症から二か月程度の闘病《とうびょう》で三月に崩御《ほうぎょ》した。死の直前の遺言には医者の制止を振り切って毒にもなる金属製の薬を飲んだから、この年まで生きられたのだと思うと言っている。今の四十は若いが、当時は四十で長寿の祝をしたので、この年まで生きられた感覚になるのだろう。母である嘉智子も五月に亡くなっている。息子に先立たれた心労だろうか。

仁明天皇は、藩邸の旧臣体制が指摘される天皇の一人でもある。仁明天皇と絆を築いたとされる人物は、史料の残存状況もあり、本書で扱う中では一番人数が多くなっている。①藩邸の旧臣ズ・②大臣ズ・③特殊技能系・④親族関係と簡単に分類して紹介していく。

①藩邸の旧臣ズ：藤原富士麻呂《ふじまろ》・良岑宗貞《よしみねのむねさだ》・橘岑継《たちばなのみねつぐ》・橘真直《たちばなのまなお》・佐伯雄勝《さえきのおかつ》

藤原富士麻呂は、仁明天皇の即位直前に東宮に仕えたことで恩遇《おんぐう》を蒙《こうむ》ったとされる人物だ。性格は温雅《おんが》であって、弓馬《きゅうば》の術に長けていたためか、近衛《このえ》という天皇に最も近い場所を守る武官（右近衛権将監《うこのえごんのしょうげん》→近衛少将《このえのしょうしょう》→近衛中将《このえのちゅうじょう》）をつとめた。承和の変では首謀者《しゅぼうしゃ》とされた伴健岑《とものこわみね》・橘逸勢《たちばなのはやなり》らの逮捕に当たったり、廃皇太子《はいこうたいし》（恒貞親王）の剣を蔵人所《くろうどどころ》に進上したりもしている。長く近衛に仕えて、兵士の人気が高かったため、仁明天皇は将帥《しょうすい》の才能があると考えて、承和《じょうわ》十三年に陸奥出羽按察使《むつでわあぜち》に任命した。赴任の日に天皇は清涼殿で、丁重に詔《みことのり》し、衣と綵帛《さいはく》を贈ってもいる。四年後に帰朝した際にも仁明天皇は直接顔を合わせてねぎらっているが、直後に疽《そ》が背に発して四十七歳で亡くなった。奇しくもこの冬の面会の後に体調を崩して、二人とも春に亡くなっている（仁明天皇は二月、富士麻呂は三月。年の差は六歳）。疽《そ》は悪性のできものというから、末期がんだろうか。もし伝染性の病気だとしたら、この面会の時に感染が起きた可能性もあるのかもしれない…など妄想もしてみたくなる。近衛《このえ》でも人気があったらしいが、その死は皆に悲しみ惜しまれた。富士麻呂は、若い頃、大学に学び『史記《しき》』『漢書《かんじょ》』にも詳しかったらしい。国立大学出身の歴史オタク…と考えると、なにやら親しみを感じる。ちなみに息子の藤原俊行《としゆき》は百人一首の「住之江の　岸による波　よるさへや　夢の通い路　人目よくらん」を詠んだ人物でもある。

良峯宗貞《よしみねのむねさだ》は、六歌仙の一人の僧正遍照《へんじょう》の出家前の名前だ。宗貞は桓武天皇の孫でもある。百人一首は「天津風《あまつかぜ》　雲の通い路　吹き閉じよ　乙女の姿　しばし留めん」との歌が採録されているためもあり、好色なイメージもあるが、実は仁明天皇の寵臣でもあった。主君であった仁明天皇の崩御後すぐに出家し行方知れずとなる。初七日で皇太子道康《みちやす》親王（文徳天皇）の陣を守る役目であったが、そこで哀慕《あいぼ》止まず出家（失踪《しっそう》）した。『今昔物語《こんじゃくものがたり》』では道康親王（文徳天皇）の周りの人々が、仁明天皇の寵愛あつく、才能に溢《あふ》れた宗貞の悪口を吹き込んだためとするが…。しばらくは行方知れずで、妻子が探しても仁明天皇の女御が探しても分からなかったが、五年後には比叡山で受戒《じゅかい》したことが分かる。その後、修業を重ねて仏教界での出世を遂げる。比叡山で師とした人物も、慈覚大師《じかくだいし》（円仁）・智証大師《ちしょうだいし》（円珍）といった唐への留学経験もある超一流だ。後に扱う光孝《こうこう》天皇とも若い頃から知り合いで、天皇の子孫且官人という共通点がある。光孝天皇即位後には宮中に招かれ、徹夜で歌を詠んで談笑することもあったとか。出家後にかなりの数の歌を詠み、『古今和歌集《こきんわかしゅう》』に十七首入集しているだけでなく、序文に六歌仙の一人として「歌のさまはえたれどもまことすくなし」なんて、良いのか悪いのかよく分からない評価をされている。絵に描いた美女に例えられるから、歌の言葉遣いが巧みで、実際よりも歌の方がよく聞こえるということだろうか。家集《かしゅう》として『遍昭集《へんじょうしゅう》』も作っていたりする。陽成《ようぜい》天皇の頃には元号を冠した寺の一つである元慶寺《がんぎょうじ》を建立してもいる。遍照の墓は現存しており、今も住宅街の中に土盛り《ども》がある。ちなみに、息子には素性《そせい》法師という僧侶がいる。彼は百人一首で「今来んと　言ひしばかりに　長月の　有明の月を　待ち出でつるかも」という僧侶ながら女性の気持ちを詠んだ歌として有名な歌を詠んだ。これは父である遍照の仁明天皇への「愛」を見ながら育った影響かもしれない…と思ってしまうのは、私だけではないだろう。妻子を捨てる点のミソジニーには共感できないのだが…。

橘岑継《みねつぐ》は母（田口継丸の娘で真中という名前だったらしい）が仁明天皇の乳母をつとめていた。後述の橘真直《まなお》の兄であり、子には橘氏継《うじつぐ》がいる。母が乳母《めのと》だった関係からか、東宮時代の仁明天皇に仕えた関係で寵幸を蒙《こうむ》ったという。典型的な「藩邸《はんてい》の旧臣」で「近衛→参議ルート」での出世をした。性格は寛緩《かんかん》で、少年の頃から愚鈍で文書を好まなかったが、仁明天皇が岑継に才がないのを見て、「岑継は大臣の孫で帝の外戚なのだから、もし才識があれば、公卿の位も叶うだろうに、どうして読書しないのだろう」と嘆いたのを聞き、恥じ恐れて、心を改めて師について学問に励み、書伝の意の旨をほぼ理解するまでになったとか。天皇の一言は大きい。承和七年（八四〇）二月には夜中に雷雨が非常に激しかったために、嵯峨院に様子見に派遣された記録があるから、この時も仁明天皇の側にいたのは確かだろう。

橘真直は、橘氏公の第三子である。前述の橘岑継が十二歳年上の兄にあたるが、父という説もある。息子には橘葛直《くずなお》がいる。唱歌が上手く、仁明天皇に殊に憐愛されたとある。仁明天皇の即位と共に出世して、承和の変の後に武官を勤めた経歴から、藩邸の旧臣としてカウントされる一人である。亡くなったのは三十七歳と若めである。

佐伯雄勝《おかつ》は、仁明天皇が東宮であった時に、殊に親愛されたため、仁明天皇即位後に数官を歴任したという。右近衛少将などを勤めたが、四十三歳で亡くなった。

②大臣ズ：藤原緒嗣《ふじわらのおつぐ》・藤原長良《ながら》・藤原良房《よしふさ》・藤原良相《よしみ》・伴善男《とものよしお》

藤原緒嗣は、七十歳まで生き、仁明天皇の治世、承和の変の一年後に亡くなった。このため、仁明天皇が「哀以悼レ之」とか「宜崇寵贈」とかの表現を含む追贈の詔を出しているが、緒嗣が頭角を現したのは平城天皇の時だし、そこに至ったのは、父の藤原百川が桓武天皇を即位させた恩人だったからだ。桓武天皇が亡くなる直前に意見を聞いた二人のうちの一人でもある。平安京造営や蝦夷《えみし》征討についての意見を聞き、国費の費《つい》えになるから中止した方が良いという若い緒嗣の意見を取り入れたのだ。緒嗣は次の平城朝でその言葉通りの政治を行った。例えば地方ごとに観察使《かんさつし》を設置して、国司の任務を監視して国家の収入チェックをしたし、蝦夷征討を任じられた時は多賀城の官人の待遇アップは計ったものの、蝦夷と戦闘行為に及ぶことはなかった。政治に緒嗣なりの信念が感じられる。桓武天皇から淳和天皇までの国家の歴史をまとめた『日本後紀』の編纂には首班《しゅはん》として関わっている。『日本後紀』は卒伝という貴族が亡くなった際の記述にプラス面ばかりでなく、マイナス面を合わせて書くという特徴があるが、その方針には緒嗣の意図が関わったとされる。若くして参議（大臣）となり、長生きしたこともあって、長く参議（大臣）を務めたし、太政官のトップを務めた時期も五年ほどある。

藤原良房《よしふさ》は、藤原冬嗣の息子だが、仁明天皇の義理の兄にもあたる。仁明天皇の姉にもあたる潔姫《きよひめ》を正妻としているためだ。臣下の身分で天皇の皇女を娶《めと》るのは「初」という。但し、二人の間に男子はなかった。そのため、跡継ぎは兄弟の長良の子を養子として迎えている。仁明天皇が良房に「非常之寵」を加えたという記述は、彼が（清和）天皇の祖父にあたることになった追贈《ついぞう》の詔の中でのことだ。ただ、仁明天皇の皇太子が交代する大事件でもあった、承和の変の黒幕は良房とされる（結果的に良房が一夜で大出世した）など、仁明天皇の治世での出世ぶりは目を見張るものがある。

藤原長良《ながら》は、仁明天皇のお兄ちゃん的な存在だろう。嵯峨天皇の項で紹介した冬嗣の子で、藤原良房や良相の兄弟にあたる。子の基経を良房の養子兼後継者としている。政権の首班の一人でもあったが、位階は弟の良房に先を越されてもいる。この長良、仁明天皇に対してツンデレを地で行っているのだ。仁明天皇より八歳年長であり、仁明天皇の東宮時代に朝夕侍座《じざ》して仕えた。桜と月が綺麗な夜（この表現がそのままあるのだ！）に、仁明天皇が戯れに射を行い、天皇が力比べをしたいと思っても、冠帯を修めて、敢えて馴れ馴れしくすることはなかったという。それなのに嘉祥三年の仁明天皇の崩御の後には父母のように哀泣《あいきゅう》絶えない状態となり、仁明天皇が極楽に行けるように、肉食を断ったほどであった。ツンデレと言わずしてなんといったらいいかという逸話の持ち主だ。

藤原良相《よしみ》は、藤原良房の弟だ。平安京では数少ない邸跡が分かっている貴族だ。現在のJR二条駅の西側は、平安時代は平安京右京三条一坊六町と割り振られた区画にあたるが、そこの発掘調査で、「三条院釣殿高坏」と書かれた墨書土器が見つかったため、この場所が良相の住んでいた西三条邸にあたると考えられるようになった。良相の薨卒伝は珍しく残っている。幼い頃から、大学で学び、仁明天皇の即位と同時に禁中に侍ることになった。なんと仁明天皇と同い年にあたる。出世は順調で、承和の変の際には廃されることになった恒貞親王の住まい（なんと冷然院で仁明天皇と同居中だったので、建物は別だったのだろうか）を取り囲む役目を果たしたとされる。仁明天皇は元々体が弱かったためか、医者を寵愛してもいたが、薬を自分で調合するのが趣味で、調合した薬に効き目があるか、周囲の人で試そうとしたらしい。みな嫌がって飲む人がなかったが、良相は一息に飲み干したという。君臣の義を果たしたと仁明天皇は感動したと記されるが、同い年なこともあって、友人としての信頼を表した逸話のような感じも受ける。文徳天皇が即位すると、皇太子とされた惟仁親王《これひと》（後の清和天皇）の春宮大夫《とうぐうだいぶ》とされ、右大臣までなった。政治を主導する一人であった訳で、一時は兄長良の出世を追い越すほどだったらしい。長良はツンデレな面があるため、仁明天皇の生存中は少し慇懃無礼《いんぎんぶれい》な面があったとされる（崩御後は肉断ちをして、子を亡くした親のように悲しんだとか）が、このためだろうか…。延命《えんめい》院・崇親《すうしん》院を作り、藤原氏の貧窮《ひんきゅう》者に施しを与える事業もしていたらしい。良相は粗食《そしょく》で痩《や》せていたとされ、同じように痩せ気味の伴善男とも仲が良かった。応天門の変で当初疑われた源信の邸を囲んだのも藤原良相と伴善男というコンビっぷりだ。最終的には伴善男が遠流《おんる》とされてしまうのだが…。兄良房とは十歳の年の差があったため、後継者とも目されていたようだが、応天門の変の後に、基経《もとつね》が後継者となることが確実になったとされる。文学の士を愛しており、貧しい学生に綿や絹を与えたり、夜中に文が得意な学生に詩を作らせて褒美を与えたりもしていたらしい。貞観九年十月に職場で病を得て、十日に邸で亡くなったという。祖父の友人かつ東宮時代に一番お世話になった人としてか、清和天皇は三日間、政治を執らなかった（廃朝《はいちょう》）という。

伴善男は、応天門の変で失脚した人物として、教科書でも名前が出てくる有名人だ。大悪人なイメージな善男だが、優れた言語能力を駆使して、出自にしては異例の出世を果たしたものの、ちょっとやり過ぎて、最終的に反感を買って応天門の変で陥れられたといったところだろうか。善男も仁明天皇の東宮に仕えている。応天門というのは平安宮の大内裏の中にある朝堂院《ちょうどういん》の南側にある門だ。平城宮では、朱雀門《すざくもん》と大極門《だいごくもん》（大極殿院南門）の中間に朝堂院の南門もあるから、それを指すということになるだろうか。応天門の変は、国宝の『伴大納言絵巻』にも描かれるし、平安神宮には応天門が八分の五サイズで復原されている。平城宮の大極門もこの絵巻を参考にして復元研究がすすめられた。伴善男の見た目は「深眼長鬢。身躰矬細《ざさい》。」とあるように、深い眼をして長い鬢《びん》を持ち、体は小さく細かった。善男の見た目について、佐伯有清氏が書くには、罪人であるからマイナスな評価を受けている可能性も指摘しつつも、「一風変わった顔つきをしていたらしく、目はくぼみ、耳もとの髪は長く、身長は低くて、痩せこけていたようで」としている。確かに背も低く細いとなると、小さい人物と見えるだろうが、「深」には色の深いという意味もあるので、瞳孔《どうこう》が黒かったともとれるし、彫りが深かったともとれる。また鬢《びん》を伸ばしているのは完全に彼の趣味であろう。黒目で頭の良く回る利発な稚児《ちご》のような格好を想像するのは行きすぎであろうか。若くして校書殿《こうしょでん》という蔵人《くろうど》や武官の置かれた役所に配属され、蔵人として仁明天皇の「知寵」を蒙《こうむ》った。善男の才能と頭の回転の良さ、弁舌が寵愛の理由だろう。卒伝には、「性格は忍酷《にんこく》であったが、弁が立ち、与えられた職務の要点を察して機敏に判断した。政務に良く通じ、朝廷の制度の多くを詳しく究めていた。問われること全てに答えたが、心は寛《くつろ》がなかった。行き違いをはっきりさせ、人の短所を恐れるところなく指摘し、これによって、天皇の愛するところとなった。出仕して八年で参議《さんぎ》（大臣）となり、より高い位を望んだ。皆彼と議論することを忌んだほどであった。」と長文の記述が残される。とにかく頭も要領も良く、言葉も鋭いが、同僚として安心できるタイプではなかったようだ。善男を可愛がった仁明天皇は四十歳で崩御するが、その後も政権の首班として政治を取り続け、十八年後、仁明天皇の孫の清和天皇の時に応天門の変で失脚することになる。応天門の変のあらましも書いておこう。善男は、嵯峨天皇の皇子の源信《まこと》（源常《ときわ》や源明《あきら》と同時に源氏賜姓された長男）と仲が悪く、謀反を企てたと言い立てて排斥しようとしたという。応天門が燃えた際も当初は源信《まこと》が犯人として邸を囲むまでした。長屋王はこの状態で自刃した訳だが、源信《まこと》は無実でもあり、藤原基経・藤原良房らによって留められた。五カ月後に、備中権史生大宅鷹取《びっちゅうごんのししょうおおやけのたかとり》が、応天門に放火したのは伴善男とその子中庸《ちゅうよう》であると訴え、四日後に善男は拘禁《こうきん》され、南淵年名《みなみぶちのとしな》・藤原良縄《よしただ》らから尋問された。善男は一貫して否定し続けたが、その間に中庸（もしくは善男）の僕従が大宅鷹取の娘を殺す事件を起こし、拷問された善男は応天門放火の首謀者とされた。斬刑《ざんけい》にあたるところ、仁明天皇との関係によって、一等を減じて遠流に処されて伊豆国《いずのくに》へ流され、二年後に配所で死去した。『伴大納言絵巻』では子供の喧嘩が善男逮捕のきっかけの訴えになったと描く。東大寺大仏の修理と開眼供養《かいげんくよう》にも関わったらしい。他にも嘉祥寺《かしょうじ》など仁明天皇ゆかりの寺を建てるなど、寺へも寄進していたが、配流によって寺も廃絶させられるなどしており、痕跡《こんせき》を消された感がある。

③特殊技能系：空海・大村直福吉《おおむらあたいふくよし》・小野篁《おののたかむら》・藤原嗣宗《つぐむね》・藤原岳守《おかもり》・紀安雄《きのやすお》・実敏《じつびん》

空海は言わずと知れた、真言宗の祖である。彼が亡くなった際に、仁明天皇は「嗟呼哀哉《ああかなしきかな》」という表現を含んだ詔を出している。父である嵯峨天皇との縁が深かったこともあり、息子の仁明天皇もまた直接に話を聞く機会もあっただろう。空海については、甥の智泉《ちせん》の逸話でも取り上げたが、空海が智泉に何度も哀しいと呼びかけた話を仁明天皇もどこかで知っていたための「嗟呼哀哉」なのかもしれない。

大村福吉《ふくよし》は、右近衛付きの医師だった。近衛専属の医者がいたのだ。瘡病《そうびょう》の治療が巧みで、仁明天皇の寵愛を受けて、居宅を賜わり、勅命で口伝を『治瘡記《ちそうき》』という書物（現存せず）にまとめたという。承和二年十月に親族五人と共に、紀宿祢《きのすくね》と賜姓されたらしいから、それ以降は紀福吉を名乗っていたことになる。

小野篁は、百人一首の十一番「わたの原　八十島かけて　漕《こ》ぎ出でぬと　人にはつげよ　あまの釣り船」を詠んだ人物でもある。ちなみに、花札の傘を差した人物の札の人物は彼の孫の小野東風《おののとうふう》とされる。この百人一首を詠んだのは、隠岐《おき》の島に流罪となる道すがらのこととされる。貴族で文武に秀でた篁が流罪となったのは、遣唐副使として選ばれていたのに、病などを理由に乗船拒否したからだとされる。この乗船拒否には訳があり、大使藤原常嗣が乗る第一船が破損していた（実は最初の出航は数日で失敗した）ために、副使篁が乗る第二船と、二度目の出航の前に交換させられたからとされる。遣唐使船の渡航成功率は意外と高かったとされるが、破損が明らかな船に乗って難破《なんぱ》して命を落とすのは避けたいと誰しもが思うだろう。その抗議から乗船拒否をし、篁を乗せずに遣唐使船は唐に向かった。この経緯を知ると、自分が同じ立場になったら、やはり乗船拒否するのではないかと感じてしまう。この回の遣唐使は、後に菅原道真が遣唐使船の廃止を上奏して認められる一つ前の遣唐使にあたる。この時に作った恨みの歌が嵯峨天皇の逆鱗《げきりん》に触れ、官位剥奪《はくだつ》の上、流罪《るざい》となったのだ。…しかし、流罪の道すがら作った漢詩が大変素晴らしかったため、一年後に赦免されて帰京し、官位も天皇が「文才を愛す」ことを理由とした詔が出されて元に戻された。皇太子恒貞《つねさだ》親王の師匠（東宮学士）も任じられたほどの人物なのだから、恒貞親王からのとりなしもあったのだろうか。その後、承和の変を経て皇太子が道康親王（後の文徳天皇）に変化しても、変わらず東宮学士に任じられている。その後も昇進を続け、仁明天皇の蔵人頭《くろうどのとう》を経て、参議《さんぎ》という大臣相当の立場にまで出世した。文徳天皇が即位してすぐに病となった際には、深く憐れんで病気の原因を調べさせたり、銭や穀《こく》を賜ったりしたという。文才に身を救われた篁だが、元々は父の陸奥守《むつのかみ》赴任に従って陸奥（東北地方）で育ったため、弓馬《きゅうば》は得意だったが、学問が苦手だったという。父の岑守《みねもり》は学問に秀でていたので、嵯峨天皇がこれを嘆いたところ、懺悔《ざんげ》して学問を志すようになったとか。『江談抄《ごうだんしょう》』・『今昔物語集《こんじゃくものがたりしゅう》』、『元亨釈書《げんこうしゃくしょ》』などでは、小野篁が昼は朝廷、夜は冥府《めいふ》に仕え、貴族の蘇生《そせい》に一役買ったなんて逸話もあるが、史実の篁は結構天皇のお気に入りとしての人生を送ったようだ。毎夜篁が冥府に通った伝説の井戸がある六道珍皇寺《ろくどうちんこうじ》では、篁グッズが売られているが、アニメっぽいクリアファイルや絵馬まである。伊藤遊の『鬼の橋』や、漫画『鬼灯《ほおずき》の冷徹』などの主人公としても取り扱われるそうで、住職さんは「最近、若い女の子の間で篁がアツいんだよ！」と教えてくれた。

篁の野相公《やしょうこう》や野宰相《やさいしょう》という別名は小野の二文字目のみを抜き出したものになる。唐風の名前として苗字を一文字だけ抜き出すという例は結構あり、例えば吉備真備なども唐で墓誌の文面を考えるアルバイトをしていた時に、「備」と一文字を記しているとか。大阪の葛井寺《ふじいでら》は、葛井《ふじい》氏の氏寺とされ、二〇〇四年に墓誌《ぼし》が見つかった井真成《いのまなり》という人物の出身地とされる。井真成は遣唐留学生として唐で学んでいたが三十六歳で急死した。葬られた際に作られた墓誌が、葛井寺近くのアイセイシュラホールという展示施設で展示されている。彼も葛井の二文字目から「井」と名乗っていたと考えられている。

篁が仁明天皇の一周忌で作った漢詩には、「恋恩涙《めぐみをこうるなみだ》」なんて表現まである。天皇の徳を思う心は後世まで続くだろう…と。一周忌なので、この後は皆喪服を脱ぐタイミングである。篁はそんなことも漢詩に表している。ただ、これに対応するような歌を、前述の良岑宗貞が詠んだとされる。自分の喪服は涙で乾くことがない！と。

藤原嗣宗《つぐむね》は、暑さ寒さを避けず、早朝から夜まで勤務したため、天皇はその忠勤によって特に優寵を垂れたという。

卒伝には、嗣宗が従四位下と従四位上に叙せられたときの逸話を載せる。一つ目は、承和五年正月七日に嗣宗に位記を書かせたことで、踏印《とういん》（＝捺印《なついん》）の際に、一時的に嗣宗が印を預かった。嗣宗は感激で不覚にも涙した。二つ目は、越前守《えちぜんのかみ》を終えて帰京した後、自分の出世もここに極まったと語っていた時分に、突然従四位上に叙せられたこととしている。この二回の栄進を肝に銘じて忘れず、ことあるごとに話したという。嗣宗は聖武天皇お気に入りの藤原真楯《またて》の子孫（曾孫《ひまご》）とはいえ、祖父は正六位上、父も従五位下で亡くなっているので、四位にまで出世できたのはすごいことである。幼い頃より、学館で学んで出世したとあるので、橘氏の勧学館《かんがくかん》で学んだことになり、承和の変で没落した橘氏との関りも嗣宗の出世に一役買ったのかもしれない。

紀安雄は、儒学者として大学博士（大学教授）となり、仁明天皇からその経術を深く崇められたという。律令の施行細則である「貞観格式《じょうがんきゃくしき》」の編集にも参加したとか。

実敏は、西大寺の僧侶で、承和七年に太極殿で最勝王経について、仁明天皇と問答し、その回答の見事さに感歎《かんたん》されたとされる。

④親族関係：皇太子恒貞《つねさだ》親王・橘清友《たちばなのきよとも》・淳和《じゅんな》後太上天皇・正道《まさみち》王・嵯峨《さが》太政天皇・常康《つねやす》親王・成康《なりやす》親王・素然《そぜん》（源明《あきら》）・正行《まさゆき》王・藤原有貞《ありさだ》

皇太子恒貞《つねさだ》親王は、仁明天皇の最初の皇太子だ。仁明天皇の治世で起きた承和の変で、廃太子とされることになった。しかし、即位直後に皇太子に選ばれた際には、仁明天皇に厚い恩を蒙っての皇太子選定で感謝していますと述べている。ちなみに、人選は嵯峨太上天皇の意思によるものと考えられている。承和の変は、嵯峨太上天皇の崩御直後に起きた政変で、結局、恒貞親王から道康《みちやす》親王（後に文徳天皇として即位、藤原良房の孫でもある）に皇太子が変化した。

橘清友《きよとも》は仁明天皇の母方のおじいちゃんだ。天皇は即位すると、詔を出して、その先祖を顕彰するのが通例だ。その中の表現として「寵贈（寵を贈る）」というものがある。仁明天皇も即位してすぐに母方の祖父の清友に対して、顕彰のための追贈（死後に位階を贈ること）を行っている。仁明天皇の母は橘嘉智子という女性だ。元々、皇族出身の正妻（高津内親王）がいたが、産んだ皇子が精神異常とされ、ついに皇后を廃されて、橘嘉智子が皇后となった。美しく嵯峨天皇に寵愛されたとされる。その父親が橘清友にあたるが、彼の人生は娘の嘉智子の薨伝に詳しい。清友が結婚する前に高麗大使を接待したことがあり、その際に、大使に器があると言われ人相を見てもらったという。その際、子孫が「大貴」になるとか、三十二歳で厄があるとか言われたのだとか。驚いたことに、清友は三十二歳の若さで病死し、また娘の嘉智子は皇后という貴人となった。人相占い大当たりだった訳だが、…そんなことまで書いてあるのが面白い。清友が追贈されたために、清友宿祢《すくね》氏は笠品宿祢に改姓されるなんてこともあったが、これは貴人の名前と同じ名は恐れ多いという理由で改姓されている。姓を変えなければいけなかった清友宿祢氏にとっては、面倒なことだっただろうが、天皇の祖父になってしまったのだから仕方ない。清友は京都の梅宮《うめみや》大社という橘氏の神社にも祀られている。橘氏の神社なのに橘でなく、梅で有名な神社だが、橘氏の繁栄の基礎となった人物として神様扱いなのだ。清友の墓は相楽《さがら》郡山墓説と、井手寺《いででら》付近とする説がある。井手寺は近年巨大な塔跡が発掘されたところで、橘氏の勢力範囲だったとされている。

淳和天皇は、仁明天皇の叔父にあたる。仁明天皇に譲位した人物だが、とても仲が良かったらしい。承和七年五月に淳和天皇が亡くなった時には、仁明天皇は「哀泣殊甚」と殊更に甚しく哀しみ泣いたとされる。なんと仁明天皇は周囲が分からない位、淳和天皇とそっくりな文字を書くことができたというから、その親しさが窺《うかが》い知れるだろう。そっくりに書くのはなかなか難しい。写し紙のように紙を重ねて練習したのだろうか…。周囲の者に見せて見分けられない様子を楽しむ情景を思い浮かべるのも、一興だ。淳和天皇と仁明天皇は、年の差二十四歳と親子程度も年が離れているが、叔父の死に対して天皇が哀しみ泣くという表現はかなり稀だろう。

正道王は前項の淳和天皇でも取り上げた。仁明天皇も正道王を寵愛したという記述がある。血筋としては淳和天皇孫だが、父の早世で子として育てられ、その後仁明天皇も子として愛したものの、二十歳で亡くなった。

藤原岳守《おかもり》は、仁明天皇のホモソーシャル好みを理解し、それを活かして出世した。仁明天皇の東宮に侍り、立ち居振る舞いが雅《みやび》やかであったので、その器を重んじられていた。仁明天皇の即位後には右近衛将監《このえのしょうげん》や内蔵助《くらのすけ》となり、左小弁《さしょうべん》も務めているが、耳の不調で辞職し、太宰大弐《だざいのだいに》となった。その時、唐の人の貨物から得た「元白の詩筆」を奏上したことで、仁明天皇が大変悦び、従五位上を授けたのだ。「元白の詩筆」とは、元稹《げんしん》と白居易《はくきょい》の詩筆のことであるが、この二人は親友であったとされる。親友の二人の詩人の詩筆を献上されて悦び、位まで上げてしまうあたり、仁明天皇も絆大好きだったのだろう。岳守《おかもり》は、大学で学び、史伝を網羅し、草書《そうしょ》と隷書《れいしょ》を熱心に学んだというから、歴史と書道に秀でていたということだろう。父は三成《みつなり》という人物で、やはり仁明天皇の東宮に仕えていたが、即位前に亡くなってしまったという。その際の岳守は体調を崩して休職するレベルであったとか。孝行息子として書かれるが、ファザコン気味であったのかなんて読みもしたくなる。ちなみに、平城天皇の項で紹介した藤原真夏の孫（母が真夏の娘）にもあたる。

常康《つねやす》親王は、仁明天皇の第七皇子で、母は紀名虎《きのなとら》の娘種子《たねこ》である。幼くして沈敏《ちんびん》であり、風情《ふぜい》を察したため、皇子の中で特に鍾愛されたらしい。父の死を追慕し悲しみにくれ、ついに翌年出家してしまう。宗派は遍照と同じ天台宗で、今も大徳寺の南にある雲林院《うりんいん》に住んで、雲林院宮と号した。仁明天皇の寵臣の良岑宗貞（遍昭）とも交流があり、住まいの雲林院を遍昭の寺である元慶寺《がんぎょうじ》の別院として管理を任せることを希望したとか。父の死を悼んでの出家というのは少しびっくりするが、即位の意志がないことを表明するためだったのかもしれない。

成康親王は、仁明天皇の第八皇子で、母は嵯峨天皇の寵臣の藤原三守の娘の藤原貞子である。彼も幼くして、成人の志があるとして、父の仁明天皇に殊更に「奇愛」された。仁明天皇の崩御後すぐに疱瘡《ほうそう》を患って薨去した。

素然《そぜん》は、源明《あきら》のことだ。嵯峨天皇の皇子で、幼くして源信《まこと》などの兄弟と共に、源氏姓を与えられ、臣籍降下して左京一条一坊（内裏のすぐそば）に住まわされた。兄弟の内でも頭が良い方だったらしく、賢明で理解が早いことから、父嵯峨天皇は特別に対策という官吏採用のための論文試験を受けるように勧め、勉学に励んで、諸子百家をほぼ閲覧《えつらん》した。

嵯峨天皇の崩御の後に哀慕を感じて恨んで、「誰のためにこれを成せばよいのか」と言って、学問の道を遂げることはなかったが、官人として勤務は続け、参議まで勤めている。しかし、兄の仁明天皇が崩御すると、仏道に帰心し沙門となり、名を素然として、仁寿二年十二月に山中で生涯を終えた。仁明天皇の崩御と共に出家する面々がこれで三人目だ。

正行王《まさゆき》は、桓武天皇の孫で、父は万多《まんだ》親王である。子孫は、高蹈《こうとう》王・高居《こうきょ》王・高平《こうへい》王がおり、平朝臣を賜姓されて、平家の祖となった。若い頃は兄正躬《まさみ》王とともに大学に学び、嵯峨太上天皇に徴されて嵯峨院に仕えた。天長十年に侍従となってからは仁明天皇に甚だ寵遇されたという。常に文学と飲酒にふけり、日夕怠ることなく、鷹と馬を愛玩《あいがん》することと甚だしかったという。これと関係してか、左馬頭《さまのかみ》をつとめている。

藤原有貞《ありさだ》は、嵯峨天皇に寵遇された藤原三守《ただもり》の子だ。姉貞子が仁明天皇の女御となった関係で童の頃から仁明天皇に侍した。後宮の寵姫と私通したとして常陸権介《ひたちのごんのすけ》として左遷されるなどの不祥事も起こしている。このため出世は余りしていない。性格は、権貴《ごんき》を重んじず、自分の意に逆らう者がいても、嫌って用いないことがなかったという。おおらかな印象の書かれ方だ。

これだけ多くの人物が仁明天皇との絆を記されているとは。仁明天皇はおそらく六国史の中で一番臣下との（ホモソーシャルな）絆が記された人数が多い。紹介した中でも一番の萌えは、仁明天皇が淳和天皇とそっくりな字を書くことができた点だろうか。それとも、幼い頃から仕えた藩邸の旧臣たち（橘岑継・橘真直）だろうか…。もしくは崩御後に出家してしまった良岑宗貞だろうか？仁明天皇治世で最も大きく出世した藤原良房の薨卒伝《こうしゅつでん》が残らない事が心の底から残念だ。

読みたい史料

①藩邸の旧臣ズ：藤原富士麻呂・良岑宗貞・橘岑継・橘真直・佐伯雄勝

・『続日本後紀《しょくにほんこうき》』嘉祥《かしょう》三年二月乙丑《いっちゅう》条（十六日）：藤原富士麻呂

・『日本文徳天皇実録《にほんもんとくてんのうじつろく》』嘉祥《かしょう》三年三月丙午《へいご》条（二十八日）：良岑宗貞

・『日本三代実録』貞観《じょうがん》二年十月二十九日条：橘岑継

・『日本文徳天皇実録』・仁寿《にんじゅ》二年六月乙卯《いつぼう》条（二十日）：橘真直

・『日本文徳天皇実録』・天安《てんあん》二年三月乙酉《いつゆう》条（二十四日）：佐伯雄勝

②大臣ズ：藤原緒嗣・藤原長良・藤原良房・藤原良相・伴善男

・『続日本後紀』承和《じょうわ》十年七月庚戌《こうじゅつ》条（二十三日）：藤原緒嗣

・『日本文徳天皇実録』・斉衡《さいこう》三年七月辛丑　朔《しんちゅうついたち》条（一日）：藤原長良

・『日本三代実録』貞観十三年四月十日：藤原良房

・『日本三代実録』貞観九年十月十日：藤原良相

・『日本三代実録』貞観四年八月：伴善男

・『日本三代実録』貞観八年九月二十二日：伴善男

③特殊技能系：空海・大村直福吉・小野篁・藤原嗣宗・藤原岳守・紀安雄・実敏

・『続日本後紀』承和二年三月庚戌《こうじゅつ》条（二十一日）：空海

・『続日本後紀』承和二年十月乙亥《いつがい》条（四日）：大村直福

・『続日本後紀』承和八年閏九月乙卯《いつぼう》条（十九日）：小野篁

読みたい史料

- 『続日本後紀』嘉祥《かしょう》二年十一月己卯《きぼう》条（二十九日）：藤原嗣宗
- 『日本文徳天皇実録』仁寿《にんじゅ》元年九月乙未《いつび》条（二十六日）：藤原岳守
- 『日本三代実録』仁和《にんな》二年五月二十八日条：紀安雄
- 『日本三代実録』斉衡三年九月三日条：実敏

④親族関係：皇太子恒貞親王・橘清友・淳和後太上天皇・正道王・嵯峨太政天皇・常康親王・成康親王・素然（源明）・正行王・藤原有貞

- 『続日本後紀』天長《てんちょう》十年二月丁亥《ていがい》条（三十日）：皇太子恒貞親王
- 『続日本後紀』天長十年三月乙卯《いつぼう》条（二十八日）：橘清友
- 『続日本後紀』承和七年五月癸未《きび》条（八日）・甲申《こうしん》条（九日）・戊子《ぼし》条（十三日）・戊戌《ぼじゅつ》条（二十三日）：淳和後太上天皇
- 『続日本後紀』承和八年六月庚戌《こうじゅつ》条（十一日）：正道王
- 『続日本後紀』承和九年八月癸亥《きがい》条（二日）：嵯峨太政天皇
- 『日本文徳天皇実録』・仁寿元年二月丙寅《へいいん》条（二十三日）：常康親王
- 『日本文徳天皇実録』・仁寿二年十二月辛巳《しんし》条（二十日）：素然（源明）
- 『日本文徳天皇実録』・仁寿三年四月戊寅《ぼいん》条（十八日）：成康親王
- 『日本文徳天皇実録』・天安二年七月己巳《きし》条（十日）：正行王
- 『日本三代実録』貞観十五年三月二十六日条：藤原有貞

３・内裏に住まなかった!?　文徳《もんとく》天皇

✿絆を築いた人物：
①藩邸の旧臣ズ：紀夏井《きのなつい》・藤原良縄《よしただ》・藤原良尚《よしひさ》
②大臣ズ：藤原冬嗣《ふゆつぐ》・藤原氏宗《うじむね》・藤原良房《よしふさ》・藤原良相《よしみ》・藤原基経《もとつね》
③特殊技能系：光定《こうじょう》
④親族関係：雄風《おかぜ》王・惟喬《これたか》親王

文徳天皇は、仁明天皇の第一皇子で、承和の変で恒貞親王に代わって皇太子となり、二十三歳で父の仁明天皇が崩御したために即位して、十年後三十二歳で急に亡くなっている。なんと発病後四日ということだから、父の仁明天皇よりも急かつ若くして亡くなったことになる。

皇太子となった時に、父の仁明天皇の近くに侍ったというような記録がある。仁明天皇の長子ではあったものの、それまでは従兄弟の恒貞親王が後を継ぐことになっていた訳だから、承和の変で人生が大きく変化した一人でもある。文徳天皇の皇太子となったのは、右大臣藤原良房の女《むすめ》明子の所生で生後九ヵ月の第四皇子、惟仁《これひと》皇子（後の清和天皇）だ。生きているうちに、皇太子の祖父ともなった藤原良房は、政治を主導する立場となり、日本初の太政大臣となった。文徳天皇自身は第一皇子の惟喬《これたか》皇子を皇太子としたかったらしいが、藤原良房の権力を慮《おもんぱか》って惟仁皇子を立太子した。やはり、皇太子のバックアップは大きい方が良いということだ。バックアップなしでは即位後に苦労する…そんなことも考えての立太子だろうか。『今昔物語』はあくまで物語なので、信憑性は下がるが、清和天皇を産んだ后の明子（染殿后、超美人だったらしい）が物の怪に悩まされ、その調伏に関わった僧侶と性交をしていたという逸話がある天皇でもある。性的に乱れた（といっても、女性側のポリアモリーの事例というだけかもしれない）母から出生した子供を後継にしたくないという思いがあったのだろうか。清和天皇の子の陽成天皇も奇行で有名であるので、性質が隔世遺伝してしまったのだろうか。

文徳天皇は、終生内裏（父の仁明天皇が崩御した清涼殿）に居住することはなく、内裏の東側を中心に居所を遷《うつ》した。即位当初は東宮雅院《とうぐうがいん》（内裏の東南東に東雅院がある）に住み、仁寿《にんじゅ》三年（八五三）には梨下院（梨本《なしもと》のことで、大内裏の内、内裏の北東部）、更に斉衡元年（八五四）には大内裏外の冷然院に移り、天安二年（八五八）に冷然院で崩御した。内裏に住まわなかったことは、藤原良房の意見が通されたとされるが、一応でも義理の父（后の一人、順子の父）である。もしかしたら、文徳天皇自身が父仁明天皇の亡くなった場所を避けていたとか、そんな理由かもしれない。仁明天皇の崩御する二日前に即位しているので、おそらく父の最期を見届け、自分もいつかあのようになるというイメージを持ったことは想像に難くない。仁明天皇の崩御した清涼殿の建物は、文徳天皇によって嘉祥寺に移築までされたという。

冷然院は嵯峨天皇の最初の隠居所だが、その後は橘嘉智子（嵯峨皇后）が住み、仁明天皇も度々訪れ、内裏修復の間は御所としたこともあったらしい（承和の変が起きた時、仁明天皇は皇太子恒貞親王と冷然院に住んでいた）。その後、後述する陽成天皇も退位後何十年も経ってからであるが、冷然院で亡くなっている。もちろん、儀式などで一時的に滞在することはあったが、遠出は余りせず、大極殿《だいごくでん》や豊楽殿《ぶらくでん》での儀式に行くことも「行幸《ぎょうこう》（天皇のお出かけ）」と表現される。運動不足が早死にの原因だろうか。

文徳天皇陵は、山城国葛野郡田邑《たむら》郷真原岳（今の京都市右京区太秦三尾）にある田邑陵《たむらのみささぎ》という円丘とされている。古墳の南側に拝所があり、拝所までの道の左側だけに池がある。住宅街の中で迷いやすいが、入り口は東から西に進む形だ。拝所入口の手前にある急坂を登ると、保田與重郎《やすだよじゅうろう》邸の「身余堂《しんよどう》」前に出る。天皇陵と比定された古墳を見下ろす立地ゆえの命名だろうか。

文徳天皇と絆を築いた人物も分類してから紹介したい。仁明天皇に比して人数は大分少ないが、それは治世の短さもあるだろう。①藩邸の旧臣ズ、②大臣ズ、③特殊技能系、④親族関係に分けて紹介していく。

①藩邸の旧臣ズ：紀夏井《きのなつい》・藤原良縄《よしただ》・藤原良尚《よしひさ》

紀夏井は、整った目鼻立ち（イケメン）で、文徳天皇から殊更《ことさら》の寵を得たとされる。また、優れて恩寵を受けたとされる。身長は一八九cm（六尺三寸）、性格は安康で、雅で才能があった。小野篁を感動させる位、隷書《れいしょ》を良くした。文徳天皇の即位で呼び出された時に、余りに衣服がみすぼらしく周りの人々に失笑されるほどだったが、文徳天皇がかばい、ついに殊更の寵を得た。清貧で邸もなかったので、邸を与えられもしている。元々聡《さと》いタイプというか、地頭が良かったらしく、仕事が滞ることがなかったため、恩寵を独り占めして重んじられ、内外の諸事の利益が増した。藩邸の旧臣は、仕えた天皇が亡くなるとそれまでの職は与えられない例が多いが、夏井もその例で、文徳天皇が崩御すると讃岐守《さぬきのかみ》となった。ただ讃岐の民に気に入られ、普通国司は四年任期のところを特別に二年任期が延ばされたとか。国司は税収の一部で私腹を肥やすのが常だが、夏井は一切受け取らなかったとされる。異母の弟豊城《とよき》が伴善男に仕えていたため、応天門の変で失脚した伴善男に連座する形で、国司として赴任していた肥後から土佐に遠流《おんる》となった。肥後の人はみな路を遮《さえぎ》って悲しみ泣いた…というレベルで民から愛されていたらしい。夏井は雑芸を色々持っていて、碁を得意として、ついに師匠を超えてしまったり、射覆《せきふ》という、易占《えきうらない》を使い、箱・袋・布などで覆われたものが何かを当てるゲームをした逸話《エピソード》や、医薬の道もたしなみ、土佐では中風（脳卒中とされる）の男に山で採取した薬草を与えて癒《いや》したりすることもできたらしい。善男も犯行は否認し続けた訳だし、夏井自身は何も罪を犯していないのに、こんな才能に満ちた人物を遠流にしてしまうとは大変もったいない。そう思ったのは『日本三代実録』の編者も同じなのだろう。普通は亡くなった場合に記される薨卒伝がこの二人については、遠流記事と同時に記される。罪人とされたのに、削除されなかったという意味では大変貴重な記述と言える。

藤原良縄《よしただ》は、参議という大臣クラスにまでなっているのだが、文徳天皇の東宮に仕えた経歴があり、最も親しみ寵されたとか、特別に愛されたとか記録が残る。仁明天皇の四歳下、文徳天皇の十三歳上にあたる。二十三歳で十歳の道康《みちやす》親王（後の文徳天皇）の東宮に仕えたことになる。両親の家柄が抜きん出て良かったのではなく、中務省《なかつかさしょう》の見立てによる配属だったとされる。文徳天皇の即位後に蔵人《くろうど》、翌年に蔵人頭《くろうどのとう》に抜擢《ばってき》される。興福寺の僧侶の円一《えんいつ》の顔相占いでは必ず大臣となり比類なく寵を受けるだろうとされた。また、本人には伝えられなかったようだが、同僚に「命を惜しむべきタイプ」と伝えたらしい。「風容閑雅。挙止詳審」とあるので、雅やかな要望で立ち居振る舞いが細やかだったことも占い結果に影響したかもしれない。この占いは大当たりで、文徳天皇に気に入られて内外のことを多く取り仕切っていたし、参議《さんぎ》という大臣相当の政治を執る職務や左近衛中将《さこのえちゅうじょう》という武官の要職も任じられていた。しかし、頑張りすぎてしまう性質でもあったらしい。文徳天皇が三十二歳の若さで急死し、清和天皇が即位するとすぐ、良縄《よしただ》の父が病に倒れたのだが、この時看病に行くことを仕えていた清和天皇に禁止され、その際には吐血《とけつ》して気絶し、数時間後に蘇《よみがえ》ったとか。（正直、父の病による吐血と失神は驚きでもある。）母や病の際には帯を解くこともまともに睡眠をとることもせずに尋常でないほど悲しんでもいる。一旦《いったん》職を辞すが、やはりお気に入りということで、翌月に呼び戻されてもいる。法令遵守《ほうれいじゅんしゅ》タイプでもあり、内舎人《うどねり》だった時に、周囲の豪奢《ごうしゃ》さに流されなかったところ、周囲が飾り過ぎない良縄《よしただ》を見習うようになったとか。紀夏井といい、藤原良縄といい、文徳天皇は華美な臣下を好まなかった風がある。また、良縄は自分より上を立てるところがあったらしい。左大弁《さだいべん》になった時は、自分より年長だが出自が低いため部下となった人々に仕事を任せるように、病と称して仕事をしないとか、藤原良房の養子となった基経が天皇のお気に入りであった時にその出世コースをあけるために中将の職を辞任するとか、そんなことまでしたようだ。その成果もあってか、自らを寵愛してくれた文徳天皇が急死した後も失脚などすることなく、大臣であり続けている。但し、文徳天皇との絆は特別だったらしく、崩御後十二年間、良縄が亡くなるまで、毎年法華経《ほけきょう》の講読《こうどく》を行い、忠孝を尽くす人とされたという。

藤原良尚《よしひさ》は、容姿が美しく、武芸を好み、ひとよりも筋力と胆力があったとか。蔵人や左近衛少将《さこのえしょうしょう》をつとめたことで、文徳天皇の近習《きんじゅう》であったが、上総介《かずさのすけ》や相模守《さがみのかみ》など、地方の国司もつとめている。母が亡くなって喪に服していた期間に特別に詔《みことのり》があって、仕事を再開した。左近衛中将《さこのえちゅうじょう》や右兵衛督《うひょうえのかみ》もつとめ、六十歳で亡くなった。長子の菅根《すがね》は、武官として出世を遂げた義尚《よしひさ》とは対照的に勉強家で歴史に強く、公務員試験に合格したとか。意外と教育熱心な一面もあったのかもしれない。

②大臣ズ：藤原冬嗣《ふゆつぐ》・藤原氏宗《うじむね》・藤原良房《よしふさ》・藤原良相《よしみ》・藤原基経《もとつね》

文徳天皇との絆が分かる大臣ズとしたが、実は彼らについては、それほど萌え要素がないのも事実だ。彼らが亡くなった年代が、『日本三代実録《にほんさんだいじつろく》』の省略が大変多い部分になっており、亡くなった事実は分かるものの、逸話系は「云々」で省略されてしまうことが多いのだ。具体的には、貞観十年（八六八）と貞観十三年（八七一）一月から仁和元年（八八五）十二月となる。ただ、この時期、貴族が天皇にした奏上の内容は、後世の参考とするためにきちんと記録されているものもある。奏上には、「私は天皇から寵を受けて、勿体なくも今の位にいます！」という表現が多い。上手な表現と考えられたために奏上の内容が残っているともいえる。そのため、ここでの大臣ズはこれらの奏上内で、自称する形で「寵」を使っている人々を集めた。

藤原冬嗣は、嵯峨天皇の項でも扱ったが、文徳天皇のおじいちゃんにあたるために、即位にあたって追贈《ついぞう》の詔を贈られており、そこで文徳天皇との絆が分かる。ただ、文章も定型化されはじめており、「宜崇寵贈」というような記述で、エピソードも少なく、少しワクワク感に欠ける。この詔で故冬嗣は太政大臣とされ、祖母の美都子《みつこ》は正一位《しょういちい》とされている。おばあちゃんも位が与えられている！のは良いことだ。美都子自身の嵯峨天皇・淳和天皇の後宮に仕える女官でもあったし、娘の順子が仁明天皇に嫁いで後に文徳天皇となる皇子を産んだからこそ、死後の追贈となった訳だ。が、単純に喜んでもいられない。研究面では、平安初期の女性の地位の変化を「女帝から女后へ」と表現したりしている。結婚と出産を経なければ、一定以上の地位を得られない変化があったということで、独身のまま女性が活躍することが難しくなった…ということだ。現代とは逆の方向への変化ということになる意味では、本書執筆時点で一人の独身女性であり、経済的不安を抱えている身として大変悲しいと感じる。

藤原氏宗《うじむね》は、仁明天皇の蔵人や、文徳天皇の蔵人頭などを勤めており、左右の衛門権佐《えもんのごんのすけ》、皇太子道康《みちやす》親王の春宮亮《とうぐうのすけ》、右中弁《うちゅうべん》、右近衛中将《うこのえのちゅうじょう》、右大弁《うだいべん》、参議、検非違使別当《けびいしのべっとう》、左大弁、左衛門督《さえもんのかみ》、中納言、大納言、左右近衛大将、右大臣という経歴からは、順調な出世をしたと考えられ、天皇からの信頼も厚かったと考えられる。『貞観格式《じょうがんきゃくしき》』という法律の施行細則を編纂したことも知られている。上記のように、奏上の内で、自らが「寵されています！」と自称している表現も結構ある。しかし、肝心の薨卒伝《こうしゅつでん》の逸話は「云々」と省略されてしまっている。実は氏宗は摂関政治の最初となった藤原基経の異母妹淑子《よしこ》を後室としたために、トップツーに昇りつめたと考えられている。この省略は『日本三代実録』を写した誰かしらによるもの（元々は存在したと思われるため）で、そこには嫉妬の感情を読み取るべきかもしれない。とりあえず、天皇との絆の逸話《エピソード》は遺《のこ》らない。

藤原良房も氏宗と似たように、薨卒伝《こうしゅつでん》が「云々」で省略されている。ただ、良房を語れば、この時代の政治の流れはつかめてしまう位の重要人物であるし、やはり上奏では「天皇から寵されております！」宣言があるので、薨卒伝内の表現も、仕えた天皇との絆を強調するものであったことが想定される。良房の父は藤原冬嗣で、母は藤原美都子《みつこ》という嵯峨《さが》天皇・淳和《じゅんな》天皇と家族ぐるみで親しい家柄だ。嵯峨天皇の娘の潔《きよ》姫を妻とする特別待遇も得ている。淳和天皇の時に蔵人、仁明《にんみょう》天皇の即位と共に蔵人頭《くろうどのとう》となった後も、順調に出世していたが、特に承和《じょうわ》の変の際に、一足飛びに出世して、淳和天皇の皇子、恒貞《つねさだ》親王を廃太子とし、恒貞親王に親しい官人らを遠流や左遷として、事件を収めた。承和の変の後には仁明天皇の息子の道康《みちやす》親王（後の文徳天皇）が皇太子となった。仁明天皇の女御となり、文徳天皇を産んだ順子とは、母も同じ（美都子）だったりする。このため、承和の変の黒幕とされてもきている。更に娘の明子が文徳天皇に嫁いで産んだ惟仁《これひと》親王（清和天皇）を生後九ヵ月で皇太子としたが、文徳天皇自身は長男ではない惟仁の立太子を望んでいなかったともされる。摂政の初めとされるのは、清和天皇が十七歳の時に良房に「天下の政を摂り行え」と勅した（命令を出した）からということになっているが、このあたりも諸説ある。帝の「おじいちゃん」として、万全の地位を築いたこともあり、第一線からは退《ひ》こうとしていた向きもあるとか。ただ、伴善男が失脚した応天門の変では、隠居の準備をしているような状態から復帰して、源信《まこと》を排除しようとした伴善男を断罪するなどの動きもしている。良房からすれば、せっかく引退しようとしたのに、ゴタゴタを起こしてくれて困ったものだといったところだったかもしれない。この藤原良房の邸は、複数ある。父の冬嗣から受け継いだ東三条殿《ひがしさんじょうどの》と閑院《かんいん》の一帯と染殿《そめどの》は、残された文献や古地図などから確かとされる。東三条殿と閑院の一帯は現在の二条城の東に位置する。東から、東三条殿・閑院・堀河院という並びだ（第七章の表紙裏地図参照）。現在の堀河御池交差点から御池通りを東に進むと、これらの邸の南端をなぞる感じになる。また、現在の京都御苑（丸太町通りの北側、西は烏丸《からすま》通りから、東は寺町通り、北は今出川通りまで）の内、宗像《むなかた》神社という神社のあたりは小一条殿と呼ばれる邸だったといわれ、なんと清和天皇はここで産湯《うぶゆ》を使ったとされる。またもう少し北西に位置する染殿《そめどの》は、現在の京都迎賓館とその東側付近だ。梨木《なしのき》神社という神社が御所の敷地内にあり、そこに染殿の井戸がある。なんと清和天皇はここに桜見物に来たのだとか。また、江戸後期の国学者で『雨月物語《うげつものがたり》』の著者である上田秋成《うえだあきなり》の碑もこの神社にある。『雨月物語』の中、菊花の契りという話はプラトニックな男色ものを扱った内容だから、本書の趣旨にも関係するだろうか。高校生の頃、初めてあらすじを知り、古典のＢＬもあることを知った時には（同性愛はタブーと思い込んでいたのもあって）大変驚いた。梨木神社の井戸の水は現在でも飲用可能のようだ。下御霊神社から南かつ鴨川の西は、こういう湧水が飲める寺社が結構あって、近所の人が汲みに来ていたりもする。

　藤原良相は、前述のとおり、仁明天皇と同い年で、仁明天皇が趣味で調合した薬を一気飲みした人物だ。絆に関する逸話としては仁明天皇とのものだが、政治を動かすようになったのは仁明天皇崩御後だ。このため、天皇への奏上として「寵されてきました！」宣言は文徳天皇や清和天皇へのものが多く残る。仁明天皇の治世をまとめた『続日本後紀』

や、法律の施行細則をまとめた『貞観格《じょうがんきゃく》』『貞観式《じょうがんしき》』の編纂にも携わった。

藤原基経は、藤原良房の養子で、実の父親は藤原長良だ。双方とも、仁明天皇の項でも紹介した。妹高子《たかこ》は清和天皇の女御だが、在原業平《ありわらのなりひら》と浮名を流した逸話が『伊勢物語《いせものがたり》』等にも記される有名人である。「ちはやふる　神代《かみよ》も聞かず　竜田川　唐紅《からくれない》に　水くくるとは」という百人一首の歌は、昔を思い出して業平が高子に贈った歌とされる。基経は良房の養子となったことで、急出世を遂げ、長期にわたって、政治を動かしていく。文徳天皇の項で紹介した藤原良縄《よしただ》は、天皇が基経を気に入っている様子を察し、基経のために中将の職を辞任し、基経が着任したなんていうエピソードもある。基経も他の大臣ズと同じく上表内で「寵されています！」と表現を使っている。清和天皇の子である陽成天皇の摂政となるが、辞任の奏上を繰り返し、最終的に陽成天皇が乳兄弟《めのとご》を殺害してしまう事件を起こしたことで退位させた。後継として光孝天皇をたてているが、元々臣籍降下していた立場でもあり、光孝天皇は基経に気を遣っていたようで、皇太子を定めないまま、重態に陥り、朝議で光孝天皇の息子の源定省《さだみ》を後継とした。しかし、源定省が宇多《うだ》天皇として即位すると、基経への勅書の表現を不服として、政治からボイコットしてしまう。このボイコットを阿衡《あこう》事件と呼ぶが…なんとなく基経による新人いびりという感じもしてしまうのも事実だ。基経は「堀河太政大臣」と号しているので、内裏の東南（二条城の東南東）の堀河院のあたりに住んでいたと考えられる。『今昔物語《こんじゃくものがたり》』巻二十二第六話「堀河太政大臣基経語」には、基経の邸の使い方の描写がある。閑院は物忌みや、親しい人のみを招く静かな場所として使い、堀河院は宴会などに使っていたらしい。大臣大饗《だいじんだいきょう》という大臣主催の大宴会が行われる時には、正客の牛車を堀河より東に立て、牛を橋柱につなぎ、他の公卿の車は西に立て並べたらしい。現在の堀河はこの堀河院のあたりまで流れが地表に出ており（以南は暗渠《あんきょ》）、柳や桜などが植えられているため、ここに牛車を並べた様もそれなりには想像できるかもしれない。

大臣ズは萌えの少ない話になってしまったが…年齢と共に、恋愛感情も低下していく傾向もあるし、政治権力を持つようになるのは、どうしてもオジサンになってからが多く、オジサンになってからの逸話は絆系が少ない感じも受ける。

③特殊技能系：光定《こうじょう》

光定は、内供奉十禅師《ないぐぶじゅうぜんじ》という宮中に仕える立場となったお坊さんだ。最澄と空海がまだ仲が良かった頃、最澄の弟子として、空海の灌頂《かんじょう》を受けたとか。その後、最澄最愛の泰範は空海の弟子となったが、光定は最澄と共に比叡山に帰ってきた一人だ。最澄は晩年に大乗戒《だいじょうかい》を授ける戒壇《かいだん》の許可を得ることを望んでいた。結局死後十日程度で認められたのだが、その戒壇認可にも光定は奔走《ほんそう》したとされる。こんな風に最澄や空海とも関係があったことから、嵯峨天皇から文徳天皇までの各天皇とつながりを持っていた。特に文徳天皇は光定が飾ることを好まず、質素であったことを喜んで八十歳のバースデープレゼントとして布綿銭米などを八十セットずつ贈っている。

④親族関係：雄風王《おかぜ》・惟喬親王《これたか》

雄風王は、仁明天皇から寵愛された正行王《まさゆき》の兄弟だ。祖父は桓武天皇で、父は万多親王《まんだ》だ。子は平氏に臣籍降下した。文徳天皇の東宮時代に侍者となり、鷹と馬の技術を高めていたらしい。文徳天皇の即位と同時に、三十七歳で従四位下に叙されたが、五年後に亡くなった。性格は落ち着いており、雅やかな振舞いだったとされる。雄風王の死を文徳天皇は甚だ悼んだとか。

惟喬親王は、文徳天皇の第一皇子であり、文徳天皇が鍾愛していた。しかし、母が紀名虎《きのなとら》の娘の静子《しずこ》であったため、藤原良房の娘の明子に惟仁親王が生まれるとすぐに立太子されたことで、皇太子となることはなかった。『江談抄《ごうだんしょう》』という説話集では、文徳天皇が惟喬親王の立太子を望んだが、藤原良房の威を憚《はばか》って実現し得なかったとの話もあるが、…権力のない後ろ盾は苦労するという考えだったのかもしれない。天皇の長男なのに即位できなかった境遇を不遇として、惟喬親王の御霊《ごりょう》を慰めるために祀った神社を玄武《げんぶ》神社という。船岡山の東、堀川通の西の猪熊通沿いにある。王城北面の鎮護《ちんご》とこの地の守護神として、紀名虎の蔵《ぞう》していた御剣で、惟喬親王が「寵愛」していた剣を御霊代《みたましろ》として奉祀したとされ、明治中期まで名虎の子孫が代々神職として奉仕したとか。小さめな神社だが、看板には「寵愛」と明記されている。…もっとも寵愛したのは剣とのことだが。惟喬親王は、在原業平や、伯父紀有常《きのありつね》、僧正遍照《へんじょう》（仁明天皇の寵臣、良岑宗貞）とやり取りした和歌も残る。「雪を踏み分けて惟喬親王にお会いすることになるとは思いませんでした」と詠みかけた在原業平に「夢かとも　なにか思はむ　憂き世をば　そむかざりけむ　程ぞくやしき（どうして夢と思うだろうか。出家する前の方が後悔され、残念な事でした）」などと返歌したものが『伊勢物語』や『新古今和歌集』に残っている。政権の中央から外れた者同士の親交が分かるが、政治への心を感じさせない歌だ。もちろん、本心は分からないが、下手に謀反など言い立てられて殺害されないための身の処し方とも言える。（冤罪とされた甘南備高直の一件から）親王任国となった常陸太守もつとめたが、病を理由に三十歳で出家して素覚《そかく》と名乗った。五十四歳で亡くなるまで小野に住んでいたため、小野宮《おののみや》と称される。惟喬親王の墓と伝承される五輪塔は、大原三千院最寄りの大原バス停から京都駅方面のバスに乗って三つ目の野村別《のむらわか》れのバス停で降り、そこから東へ十分程登った所にある。山道なのでハイキングできるような運動靴が必要な道だ。

文徳天皇陵

読みたい史料

①藩邸の旧臣ズ：紀夏井・藤原良縄勝・藤原朝臣良尚
・『日本三代実録』貞観《じょうがん》八年九月二十二日条：紀夏井
・『日本三代実録』貞観十年二月十八日条：藤原良縄
・『日本三代実録』元慶《がんぎょう》元年三月十日条：藤原良尚

②大臣ズ：藤原冬嗣（再）・藤原氏宗・藤原良房・藤原良相・藤原基経
・『日本文徳天皇実録』嘉祥《かしょう》三年七月壬申《じんしん》条（十七日）：藤原冬嗣
・『日本三代実録』貞観十二年五月九日条：藤原氏宗
・『日本三代実録』貞観八年十一月二十九日条：藤原良房
・『日本三代実録』貞観十三年四月十日条：藤原良房
・『日本三代実録』貞観八年十二月十一日条：藤原良相
・『日本三代実録』貞観九年二月二十三日条：藤原良相
・『日本三代実録』貞観十年二月十八日条：藤原基経

③特殊技能系：光定
・『日本文徳天皇実録』天安《てんあん》二年八月戊戌《ぼじゅつ》条（十日）：光定

読みたい史料

④親族関係：雄風王・惟喬親王

・『日本文徳天皇実録』斉衡《さいこう》二年六月己卯《きぼう》条（二十六日）：雄風王

・『日本三代実録』貞観十六年九月二十一日条：惟喬親王

4・初の幼帝は仏教フェチ！　清和《せいわ》天皇

✿絆を築いた人物：
①藩邸の旧臣ズ：藤原山陰《やまかげ》・藤原冬緒《ふゆお》
②大臣ズ：該当なし
③特殊技能系：大春日雄継《おおかすがのおつぐ》・真雅《しんが》・宗叡《しゅえい》・道昌《どうしょう》
④親族関係：陽成天皇《ようぜい》
⑤その他：橘茂生《たちばなのしげお》・源舒《みなもとののぶる》

清和《せいわ》天皇は、初の幼帝とされ、九歳で即位したことで有名だろうか。七章冒頭の通り、天皇ではなく藤原良房《よしふさ》が実権を握ったとか、それが可能なほど、律令政治の整備が進んだともされる。

清和天皇の血統は、嵯峨天皇と藤原冬嗣の絆の結晶とも言えるかもしれない。おじいちゃんが嵯峨天皇と藤原冬嗣の二人という共通点を持つ両親（文徳天皇と藤原明子）の間に生まれているのだから。ちなみに京都の新京極通と四条通の北西に染殿地蔵尊という安産祈願の地蔵堂があるが、これは染殿に住んだ明子が安産祈願をしたことが名前の由来であるらしい。また、ＪＲ帯解《おびとけ》駅の北百ｍに帯解寺という寺があるが、これは藤原明子が後の清和天皇を産むときに安産祈願したのが始まりとされる。七月の地蔵会式では、三十ｍもある紅白の岩田帯を、練り歩きの後に堂内に供えて、求子・安産を祈願する祭りも行われている。

清和天皇は、天皇になったのも早かったが、息子の陽成天皇に譲位したのも二十七歳と早い。政治を執ろうとしたことはあるものの、既に成人になるまでの間に体制が整備されてしまっていて、自分は実務で必要とされていないと悟り、儀式や国家の安寧の祈りに専念するようになった感じも受ける。その儀式を目的とする大極殿が焼失して半年後に、病気がちであることと、災害（火災含む）を理由として、息子の陽成天皇に譲位するのだ。なお、大極殿焼失の一年半前に冷然院も焼失していたため、その後は清和院という染殿（生まれた場所）を寺にした場所に住んでいたが、仏教にハマり、息子の退位と同じ頃に出家して修行の旅（半年ほどで京都・奈良の諸寺を巡ったもので仏教の師匠宗叡《しゅえい》の五台山巡礼に准《なぞら》えたものとされる）に出た。お坊さんとしての名前は素真《そしん》という。そして修行の厳しさの影響で、三十一歳で亡くなっている。それまでの栄養満点の食事から一転、肉を絶って菜食となっただけでなく、食事そのものも二三日に一回昼飯のみで、捨てようとすることもあったなど、自傷行為に近いような「修行」だったらしい。京都の西北に水尾という場所（JR保津峡駅から北に四㎞）があり、水尾山寺という寺（現在の名は円覚寺）を造り、そこを最期の地と考えていたようだ。ひらすら天皇である「御身を厭」うた結果の絶食修行だ。亡くなった時は西をむいて結跏趺坐《けっかふざ》（あぐら）し、手は印を結んでいたとか。崩御の夜は五六度もの地震があったという。宮内庁の比定した陵は水尾にあり、最寄りのバス停からでも徒歩五㎞あるが、『日本三代実録』元慶四年（八八〇）十二月四日癸未条には中野で火葬し、山陵は起こさなかった（土葬にはしなかった）とある。

①藩邸の旧臣ズ：藤原山陰《やまかげ》・藤原冬緒《ふゆお》

清和天皇には藩邸の旧臣ズと言える存在は少ない。九歳で即位したのだから、思春期に深い絆を築く時間的余裕もないからだ。それでも少しはおり、退位する時にはつき従いたいという臣下もいたため、彼らを紹介する。

藤原山陰は、清和天皇の春宮にも仕え、蔵人《くろうど》をつとめ、譲位した時に蔵人頭《くろうどのとう》だった。退位後もつき従いたいという申し出を何度もしている。結局、清和院と朝廷の双方に仕えることで落ち着いたが、譲位後四年で陽成天皇も天皇ではなくなってしまうし、清和院《せいわいん》も苦行が原因で亡くなってしまう。結局その後に即位した光孝《こうこう》天皇に仕え続け、兄弟の中では破格の出世を遂げて参議（大臣）にまでなっている。実は平城天皇の項で紹介した藤原真夏の孫にもあたる。

藤原冬緒は、清和の春宮亮であったため、天皇が講義を聞く席に特別に呼ばれたとか。清和天皇の藩邸の旧臣の一人にあたることになるが、亡くなった年が既に六国史には記載されないため、卒伝の記述がない。八十三歳で亡くなるが、八十歳まで朝廷に出仕していた。七十歳過ぎで抗表《こうひょう》という辞職願を何度も出していて、そこに「収龍章之妄寵」と「私が寵を得たのは妄《みだ》りに得た寵に過ぎないので罷免してほしい！」と申し出た記載が残る。認められず、更に出世し、十年後にようやく引退することができたらしい。今でも八十歳まで仕事を続けるのはなかなか大変そうだ。長い間お疲れ様でした、といいたくなる。

②大臣ズ：該当なし

（同時代史料にないため）該当なしとしたが、祖父でもある藤原良房や良相の家に桜を観《み》に行っているし、退位後に藤原基経が清和天皇からもらった衣を今日着ていて、上皇が修行の旅で近くにいないと思うと涙が出てくるなんて漢詩を作ってもいると、二百年位後に成立した『江談抄《ごうだんしょう》』という大江匡房《おおえのまさふさ》の談話を筆録した説話集にある。

他にも、清和天皇と伴善男は前世からの因縁があったという話が、これも『江談抄《ごうだんしょう》』にある。そこでは、清和天皇の前世が僧だったということになっている。内供奉十禅師《ないぐぶじゅうぜんじ》を望み、補任《ぶにん》（任命）されようとしたのに、伴善男の奏によって停められた僧が伴善男を恨んで呪い、生まれ変わって清和天皇になった…という説話だ。伴善男は仏教に熱心な一面もあったので、如意輪法《にょいりんほう》を修め、清和天皇にも寵されたが、宿業《しゅくごう》によって、罪に坐した…とされている。伴善男は祖父が流罪《るざい》という出自の割には急出世したのは確かだし、清和天皇が死ぬ直前に形式的に出家したのではなく、仏道を志して出家するほど、仏教に傾倒していたのも確かだろう。それでこのような話も創られたと思われる。ただ、仁明天皇の項で紹介したように、伴善男は仁明天皇の時に「寵」されて出世の糸口をつかんだ。清和天皇の時には政治家として円熟期でもあり、政敵とみなした源信《まこと》を追い落とそうとまでして、結局、応天門の変で自身が失脚して遠流となった訳だ。二百年後にもこんな風に意識されていたということはある意味すごいことでもある。…決して同僚にはしたくないタイプだが。

③特殊技能系：大春日雄継《おおかすがおつぐ》・真雅《しんが》・宗叡《しゅえい》・道昌《どうしょう》

特殊技能系はほとんど僧侶だ。清和天皇自身が退位後に出家するだけはある。

例外としての大春日雄継は、「御筆書告身以寵レ之」とあるので、字が美しく、官職の任命を清書する際に、清和天皇が大春日雄継に任せることが多かった。大学博士なので、大学教授でもあった。孝経《こうきょう》という漢籍（孔子《こうし》の言動を記したとされる）の内容を解説したことが、その後の宴で正五位下という位を授けた理由として挙げられている。

真雅は、あの空海の実の弟にあたる。空海の弟子でもあり、真言宗の僧侶となった。美声の持ち主で、勅によって内裏で真言三十七尊《さんじゅうしちそん》（金剛界曼荼羅《こんごうかいまんだら》の中心の成身会《じょうじんね》の仏）の梵号《ぼんごう》を唱誦《しょうじゅ》した時に、真雅の珠を貫くような声に、淳和天皇が感動したとか。その後、弘福寺《ぐふくじ》（奈良の飛鳥の川原寺《かわはらでら》）の別当《べっとう》を経て、律師《りっし》→小僧都《しょうそうず》→大僧都《だいそうず》→僧正《そうじょう》と公務員僧侶として順調に出世すると共に、嘉祥三年の清和天皇の誕生に近侍して、清和付きの僧侶となった。このため、清和天皇は真雅を非常に親しみ重んじた。老齢によるものでもあろうが、勅によって輦車《てぐるま》に乗ったまま公門《こうもん》（御所や役所の門）を出入りすることを許されたほどとか。清和天皇付のホームドクター（カウンセラー）のような存在だったのかもしれない。

宗叡《しゅえい》は、元々、幼い頃から音律《おんりつ》（音楽）を習い、十四歳で出家して延暦寺（天台宗）・興福寺（法相宗）・東寺（真言宗）といくつもの宗派の寺で学び、清和天皇が東宮となった時に、特別に選ばれて東宮に侍ることになった。諸宗を学ぶあたりに、学者としての俯瞰《ふかん》的な視点を感じる。元公務員の僧侶ということで、藩邸の旧臣ズのような立場として選ばれたのかもしれない。天皇の教育係としては適任だろう。清和天皇は祖父の藤原良房と共に、菩薩戒《ぼさつかい》を受けてもおり、仏教に関心が深い幼少期を過ごしたと思われるが、宗叡の影響もあったのかもしれない。譲位の翌年の出家の時にも、清和天皇に授戒しているから、ずっと信頼されていたことになる。しかし、それにとどまらず、学び続けた。実は平城太上天皇の皇子の高丘親王《たかおかしんのう》（真如《しんにょ》）と共に入唐《にっとう》して五台山巡りもしたらしい。高丘親王（真如）は天竺《てんじく》を目指して消息を絶ったが、宗叡《しゅえい》は帰国し、権律師《ごんのりっし》や権小僧都《ごんのしょうそうず》を経て、僧正にまで任じられた。一生学び続ける姿勢は、やはり学者的な何かを感じる。

道昌は、清和天皇からの質問に優れた答えをしたことで、法会の講師《こうじ》を勤めるようなり、御所の仏名懺悔導師《ぶつみょうさんげどうし》を勤めた時の評判が大変良かったため、「帝深歓喜」と清和天皇が大変喜んだという。当初の質問は「帝王と臣下ではどちらが殺生の罪が重いか」というもので、それに対して「帝王」と年少なのに答えたことから周囲をヒヤヒヤとさせたが、理由が帝王は殺生を禁止する権力があるからというもので、清和天皇が納得したという。清和天皇が譲位する前年に亡くなっている。

④親族関係：陽成天皇

陽成天皇は、清和天皇の息子として、即位した後に、退位後の清和天皇が引っ越した先の粟田院《あわたのいん》を訪ねて、清和太上天皇に会っている。朝覲行幸《ちょうきんぎょうこう》という天皇が正月に親を訪ねることが慣習になりつつある時期なので、その一例だ。粟田院は現在、京都市左京区嵯峨水尾宮ノ脇町にある、円覚寺ということになっている。ＪＲ保津峡から四㎞北で、清和院から藤原基経の別荘に引っ越して仏教に専念するつもりだったらしい。京都市でも内裏のあるあたりと異なり、北部の山は雪が積もる日も多い。修行には向きそうだが、清和天皇は水尾山寺（円覚寺）に入る前に崩御してしまった。

⑤その他：橘茂生・源舒

橘茂生《たちばなのしげお》は、仁明天皇の項で紹介した橘峯継《みねつぐ》の息子だ。橘氏だけあって、橘氏の氏社とされる梅宮大社（嵐山の東南、桂川の東）への使者もつとめている。桓武天皇陵（京都の丹波橋駅から東へ八百m程度）などへの拝礼する使いを任じられたが、荷前《のざき》という天皇陵などにその年の初物《はつもの》を供える儀式を欠いてしまい、少納言《しょうなごん》兼侍従《じじゅう》を解任されてしまった。しかし、清和天皇から特別に罪を許す勅があって許され、元の少納言兼侍従に戻ったという記述がある。超例外の特別待遇として記されたものと考えられる。

源舒《のぶる》は、法律によって領地減となった清和上皇に、領地献上を申し出た。却下されたが、上皇のお財布事情は厳しくなりつつあった時期でもあり、清和天皇は感謝したはずだ。嵯峨天皇の皇子の源明の息子にあたり、清和天皇が譲位する直前に参議となった。

読みたい史料

- 『日本三代実録』貞観《じょうがん》十八年十二月八日条：藤原山陰
- 『日本三代実録』貞観十七年四月二十八日条：藤原冬緒
- 『日本三代実録』貞観二年十二月二十日条：大春日雄継
- 『日本三代実録』元慶《がんぎょう》三年正月三日条：真雅
- 『日本三代実録』元慶八年三月二十六日条：宗叡
- 『日本三代実録』貞観十七年二月九日条：道昌
- 『日本三代実録』元慶三年五月九日条：陽成天皇
- 『日本三代実録』貞観十六年二月十日条：橘茂生
- 『日本三代実録』元慶三年二月二十九日条：源舒

5・乳母子《めのとご》を殺してしまった？　陽成《ようぜい》天皇

✿絆を築いた人物：
藤原長良《ながら》・小野清如《きよゆき》&
紀正直《まさなお》・藤原良世《つきよ》・源　多《みなもとのまさる》

陽成天皇は有名でない上に人気もない。名前は良い漢字を使っているのだが、乱暴者ゆえに退位させられた経緯が、イメージを悪くしている。乱暴者の暴君とされるのは、乳母子と呼ばれる、乳兄弟　源　益《みなもとのすすむ》を撲殺してしまったと考えられているからだ。しかし、年を考えると驚いたことに、九歳で即位し十五歳で元服した直後に退位している。十五歳で殺人とは、現代なら少年院行が確実だろうし、その後の人生の選択権も大いに狭まる。天皇の徳に欠けるということで、退位させられるのも納得だ。…表向きには病気を理由に退位したことになっているが。

誕生したのも、即位したのも、染殿と呼ばれる、今の京都迎賓館にあった藤原良房の邸宅とされる。退位したのは二条院（陽成院）、しかし、その後八十一歳まで長生きして、亡くなったのは冷然院（神泉苑の近く）だ。父も祖父も曽祖父も四十歳以下で崩御しているのは、天皇としての仕事が大変忙しくストレスが多いことも一因かもしれない。それを免れた陽成上皇は長生きできたということになる。馬好きだったというので、運動習慣があったのかもしれないが。

陽成天皇の墓は、今の京都大学の裏の吉田山（神楽岡）の東の真如堂《しんにょどう》の門前の小丘を陵所に擬したもの（住所は京都市左京区浄土寺真如町）が陽成天皇の　神　楽　岡　東　陵《かぐらがおかのひがしのみささぎ》　とされる。

陽成天皇と絆を築いた？と読み取れる人物は少ない。基本的に辞職の奏上の中で、「寵されています！」と自称するタイプが三人だ。しかも、ひいおじいちゃん（曽祖父）の仁明天皇とか、おじいちゃん（祖父）の文徳天皇との絆が強調されるような、年齢高めの官人たちである。

小野清如《きよゆき》・紀正直の二人は、度々近くに召喚《しょうかん》されてお仕えしたとあるので、彼はお気に入りだった…らしい。というよりも、実は陽成天皇は馬を愛好していて、馬の世話係（右馬少允《うまのしょういん》）や、馬術に優れた者を呼んでいた。小野清如が馬の世話係で、紀正直は馬術に優れていたという。そして、内裏の中で馬を飼っていたのだとか。ちゃんと馬小屋（馬寮）はあるのに…。小野清如は法令を守らず、不法が多かったらしい。内裏内で人が死んだため、新嘗祭《にいなめさい》を中止して建礼門院《けんれいもんいん》前で大祓《おおはらえ》をすることになったが、その原因が小野清如の不法が多かったことらしい。結局、太政大臣だった藤原基経が内裏に出向いて、諸事を解決することになったとか…。なお、小野清如はマイナー過ぎて一般的な読みが伝わらないが、「きよゆき」か「きよなお」の可能性が高い。

陽成天皇は、清和天皇と藤原高子の子供にあたるが、「後先考えない行動」を優先してしまう点では、藤原高子の若い頃に似たようなものも感じる。『伊勢物語』にもあるように、在原業平と駆け落ち未遂をした行動と、乳母子を殴り殺してしまうような行動とに共通するものといえば良いだろうか…。ちなみに、藤原高子は藤原基経の同母兄弟なので、基経は陽成天皇の伯父にあたる。

藤原長良は陽成天皇の血筋上のおじいちゃん（祖父）にあたる。このために陽成天皇の即位に伴って追贈《ついぞう》が行われている。深い絆は、やはり東宮時代に仕え、死後は肉食を辞めたというほどの仁明天皇とのものだろう。

藤原良世は、「よしよ」ではなく、「つきよ」「つぎよ」とも読むらしい。「月夜」をイメージさせる素敵な音の響きである。藤原冬嗣と大庭《おおば》王の娘の間に生まれたということで、藤原良房の異母弟にもあたる。陽成天皇には辞職の奏上をしていて、その際に「こんなに寵してくださった恩がありますが、辞職したい」という表現をしている。蔵人をつとめたのは文徳天皇の時、蔵人頭や参議となったのは清和天皇の時だから、陽成天皇の時には既に重臣にあたる大納言だ。その後も出世は順調で右大臣や左大臣、一時は藤原氏の中で一番位が高い氏長者《うじのちょうじゃ》という立場になっている。

源多《まさる》も同じように、出世の恩を述べつつ、蝦夷《えみし》征討将軍にあたる「陸奥出羽按察使《むつでわあぜち》」の辞職を願い出ている。東北地方を合わせた県知事のような役職にあたるが、嵯峨天皇の時に、藤原冬嗣が任じられた頃位から、かなり高位の貴族が兼任するようになり、遙任《ようにん》といって、実際に東北地方には赴かないことが一般的となったとされる。都で政治を執るのが主な任務ということだから、赴任だけでふた月かかるとなると現実的ではないのは事実だろう。奈良時代、元正天皇の時には陸奥出羽按察使の上毛野広人《かみつけののひろひと》が蝦夷に殺されたなんていう事件も起きているが、桓武天皇の治世を中心として、三十八年戦争とも呼ばれる征討（きっかけは伊治公呰麻呂《いじのきみあざまろ》の反乱）が行われてからは、蝦夷は律令国家の一部に取り込まれた。とは言え、辞職理由として挙げられているのは、蝦夷がちゃんということを聞かないから手に余るといった内容だ。更にいうと、この奏上は認められず、源多《まさる》は辞職できなかったと考えられる。この源多は仁明天皇の皇子で、仁明天皇が崩御直前に出家した時に、一緒に出家している（常康親王や良岑宗貞などと同じだ）。ただ、まもなく復任して大納言や右大臣にまでなっている。

読みたい史料

- 『日本三代実録』元慶《がんぎょう》三年二月二十九日条：藤原長良
- 『日本三代実録』元慶七年十一月十六日条：紀正直
- 『日本三代実録』元慶二年三月十三日条：藤原良世
- 『日本三代実録』元慶二年六月八日条：源多

6・僧正遍照とお友達☆　光孝《こうこう》天皇

✿絆を築いた人物：
延最・僧正遍昭《そうじょうへんじょう》・在原行平《ありわらのゆきひら》

光孝天皇は、百人一首の「君がため　春の野に出でて　若菜つむ　我が衣手に　雪は降りつつ」を詠んだ天皇である。片思いの相手に伝えるには、恩着せがましい歌というか、こんなこと自分で言ってしまってはモテるものもモテなくなるのでは？という印象を受ける歌でもあるが、やはり天皇であるステイタスに恋することもありえる。…というか、後ろに控える富につい気がいってしまうのは、口説かれる人間とその家族にとっては死活問題かもしれないので、こんな歌でもありがたいことになる。（天皇である）この僕が雪の中で君のために若菜を摘んだんだよ！という歌の意味からは、何とも言えず、子供っぽい印象も受けるが…。

臣下として一生を終えるはずであったが、陽成天皇が十代半ばで退位した際に、藤原基経から突然適任とされて、即位した。それまでの三代が連続して四十歳以下での崩御であることを気にしてかはともかくも、陽成天皇の退位後は五十四歳と大分年齢の高い光孝《こうこう》天皇となった。しかし、やはりストレスフルだったのか、三年半の在位となった。基経に気を遣い、後継者を定めないまま重態となり、崩御したとか。息子の一人の源定省《みなもとのさだみ》が急遽《きゅうきょ》親王となって、宇多《うだ》天皇として即位することになる。

延最《えんさい》は、清和天皇が即位する前に、延暦寺に鎮護国家《ちんごこっか》を祈って仏殿を造ったので、その功績として、五人の僧を公務員として認めてほしいという申し出をしている。その表現の中で「恩と慈しみを受けました！」と自称している。

遍昭《へんじょう》は、仁明天皇の項でも紹介した、良岑宗貞の出家後の名前だ。実は光孝天皇ともなかなか仲良しだったようで、誕生日などを理由として、夜通し語り明かしたなんていう記述もあるのだ。もちろん、六歌仙《ろっかせん》・三十六歌仙の一人でもある有名人で「遍昭集」という家集を作ったりもしている。

在原行平は、在原業平の兄だ。業平のダメっぷりと比してしまうと、超真面目に公務員として勤めた感じの人生だ。武官が多いが、歌も業平ほどではないが上手だったようで、百人一首の「立ちわかれ　因幡の山の　峰におふる　松とし聞かば　今帰りこむ」は行平の歌とされている。『うた恋い』という百人一首の紹介漫画でも、詳しめに扱われている。「両想い」となった後に、関係を良好に保つための歌としては大切な言動と言える。

読みたい史料

- 『日本三代実録』仁和《にんな》二年七月五日条：延最
- 『日本三代実録』仁和元年二月十三日条：僧正遍昭
- 『日本三代実録』仁和三年正月十四日条：在原行平

7・衣に涙がハラハラと… 宇《う》多《だ》天皇

✿絆を築いた人物：菅原道真《すがわらのみちざね》

宇多天皇は、突然天皇になってしまった。父の光孝天皇は皇太子を定めないままに重態となってしまい、その後に、藤原基経らによって開かれた朝議《ちょうぎ》（朝廷の評議）で、突然皇太子とされ、父の死によって、天皇となったのだ。

その治世は、藤原基経の出仕ボイコット、阿衡《あこう》の変によって始まった。結局四年後に基経が亡くなるまで、宇多天皇は思い通りに政治をすることができなかったらしい。基経亡きあとは寛平《かんぴょう》の治と呼ばれる理想的な政治を行った。遣唐使の停止、諸国への問民苦使《もみくし》の派遣、昇殿制《しょうでんせい》の開始、『日本三代実録《にほんさんだいじつろく》』・『類聚国史《るいじゅうこくし》』の編纂などなどで、多くに菅原道真も関与している。六年後に息子の醍醐《だいご》天皇に譲位し、出家して、仏道に入れ込むようになった。御室桜《おむろざくら》で有名な仁和寺《にんなじ》を創建したのも宇多天皇だ。

菅原道真は、天満宮《てんまんぐう》と名がつく神社には大抵祀られている。本家本元は京都の北野天満宮だが、東京の湯島天満宮（湯島天神）や、大阪天満宮、太宰府天満宮をはじめとして、多くの神社の祭神だ。学問の神様とされるし、牛の像がある神社は大抵「道真サマ」を祀っている。私も実家のあった東京の湯島天満宮には、毎年初詣に行っていた。小さな神社でも「道真サマ」を祀る所は多い。私は歴史を勉強するようになって、「道真サマ」を本気で尊敬するようになった。理由は『類聚国史』という書物も編纂しているからだ。この『類聚国史』は六国史の中から事項ごとに抜き出した便利事典のようなものだ。例えば、「天皇が行幸した」のはいつかを天皇ごとに抜き書きしてくれている。完璧ではないが、ここにしかない記事から、六国史の欠けてしまった部分が分かることもある。六国史は『日本書紀《にほんしょき》』・『続日本紀《しょくにほんぎ》』・『日本後紀《にほんこうき》』・『続日本後紀《しょくにほんこうき》』・『日本文徳天皇実録《にほんもんとくてんのうじつろく》』・『日本三代実録《にほんさんだいじつろく》』の六つの歴史書を合わせて呼ぶ言葉だが、それぞれが四十巻とか五十巻とかの漢文で構成される。もちろん明治時代以降の研究者がつくった書き下し文なんてものも存在しているが、それであってもかなり意味を理解しにくいのも事実だ。日本の大学の日本古代史ゼミでは素材としてこれらの史料を使い、読解することも多い。大学の卒業論文を書くときに初めて『続日本紀』を通覧したが、それだけでひと月は必要で、作業量の多さに目が回ったものだ。（徐々に慣れると、もっと早く読めるようにはなる）。「道真サマ」は（『日本三代実録』の編纂にも関わっているのだが、）その六国史を何度も見て、便利事典を作成したことになる。…学問の神様になる訳だ。ちなみにお父さんの菅原是善も大学教授相当の立場だったので、学ぶ環境は整っていたと思われる。「菅家廊下《かんけろうか》」と呼ばれる学問所のような施設があったのだとか。ちなみに、公卿らの上奏文の雛型《ひながた》をまとめたものが『菅家文章《かんけぶんそう》』という形で残されている。そこには、公卿が天皇にむけて「寵されています！」と宣言する例文もいくつもある。これだけの学問漬けの「道真サマ」は、なんと弓も嗜んだという伝説もある。但し、琴は苦手で、上達は諦めたらしい。

八九四年に「白紙に戻す遣唐使」なんて覚えさせられたように、遣唐使を廃止したのも「道真サマ」の意見が取り入れた結果である。派遣先の唐の滅亡は十五年後であるし、学ぶことがもうないというのも納得できることで、政治家としてもかなりのやり手だった。宇多天皇の側近に抜擢《ばってき》されてからの昇進の仕方は異常なほどで、「道真サマ」自身が「他人のやっかみを買いますので辞退したい」と申し出ても認められない位だった。最終的に「道真サマ」は、抜擢してくれた宇多《うだ》天皇の子の醍醐《だいご》天皇の時に失脚し、大宰府に左遷《させん》されてしまう。天皇に藤原基経の息子の藤原時平の讒言《ざんげん》があり、醍醐天皇を留めようとする宇多天皇のとりなしも間に合わなかったとか。失意のうちに翌年亡くなってしまうのだが、大宰府で読んだ歌の中に男同士の絆が分かる漢詩がある。

「九月十日
去年今夜侍㆓清涼㆒　　去年の今夜　清涼《せいりょう》に侍す

秋思詩篇独断腸
恩賜御衣今在レ此
捧持毎日拝二余香一

秋思《しゅうし》の詩篇　独り断腸《だんちょう》
恩賜の御衣　今此に在り
捧持《ほうじ》して毎日　余香《よこう》を拝す」

去年の今夜（九月十日）は清涼殿に侍っていたなぁ…天皇の寵愛が薄れた詩を読んでは一人で腸が断ち切れるほどの悔しい思いを抱えている。以前に天皇から頂いた衣は、いまここにあるが、毎日捧げ持って、衣に焚き染められた香を感じている…という意味あいだ。詩吟等の素材にもなっている逸話《エピソード》だが、これの萌えポイントを語ろう。

まず、タイトルがただの日付なのだ。九月十日といえば、分かってくれるよね、といった読みができそうな感じだ。重陽《ちょうよう》の節句の翌日にあたる。秋思《しゅうし》とは、君主からの寵愛が薄れた「秋（飽き）」を思うという意味になるが、それを読んでは自分の身に重ねて悔しい思いがこみ上げるのだろう。褒美として天皇から衣が下賜されるということは、かなり事例のあることなのだが、それを毎日捧げ持って香りをかぐとは…なんというホモソーシャル！というか、愛なのだろう！この衣を下賜したのが、宇多天皇か醍醐天皇かは分からない。しかし、醍醐天皇は結局左遷を決定したので、宇多天皇と読んでおきたい。「道真サマ」の恨みは深かったのだろう、六年後に讒言した藤原時平が三十九歳で亡くなるし、二十三年後に「道真サマ」の九州での生活を監視した官人が落雷死しているのも、「道真サマ」の怨霊《おんりょう》の仕業とされた。「道真サマ」は雷様《かみなりさま》になったのだ。『北野天神縁起絵巻《きたのてんじんえんぎえまき》』には、落雷の様が描かれている。これをきっかけに「道真サマ」は神格化され、ついには太政大臣の追贈まで行われる。こんな悔しい晩年を経て、「道真サマ」は天神様になったのだと思うと、天満宮での参拝も感慨深くなる。京都市内には、「道真サマ」ゆかりの場所が数か所ある。邸の跡地だった場所には、菅大臣神社がある（ここに菅家廊下があった）。今は仏光寺通と新町通の交差点の西側一帯で、「主なしとて春な忘れそ（主人がいなくとも、春を忘れてはいけない）」と詠んだ飛梅もここにある。京都御苑の西に菅原院天満宮神社という神社があり、ここも「道真サマ」が生まれた神社とされる（他にも南区の吉祥院天満宮や、奈良の菅原神社もだ）。父の是善を含め、「道真サマ」の先祖三代がここに住んでいた菅原院の跡地とされる。

『応天の門』は若き日の「道真サマ」を主人公とした、平安時代初期の探偵漫画だ。日本中世史の専門家が解説をしており、当時の風俗などの描写がかなり正確で歴史学を学ぶ人にもファンが多いかもしれない。できるなら、日本古代史の学者が解説をしたほうが良いのではないかと思いもするのだが…。ともあれ、今後ストーリーのどこかできっと源定省《みなもとのさだみ》（宇多天皇）と出会って、その人に惚れ込んで一生涯をかける!と誓うシーンも描かれるのではないか…と期待している。

宇多天皇との絆なくして、「道真サマ」の人生は語れない。

読みたい史料

- 『北野天神縁起絵巻』
- 『類聚国史』
- 『菅家文草』

おわりに

神話の時代から平安初期まで、史料を基準に、天皇と絆を築いた人々の概要を紹介したのが本書になる。副題でLGBTQという言葉を掲げたが、実際に性愛関係が明示される例は皆無ともいえる（もちろん、実際には性愛関係を伴う絆もあっただろう。）。二〇二三年現在の日本では「LGBT理解増進法」が初めて施行されたが、LGBTQを恐ろしいものとして捉える誤解が根強いことも、（残念ながら）明らかになった。自分がLGBTQ当事者であると見なされることで不利益を蒙るのではないかという恐れも、大学教員（歴史系の男性教員）達の態度から察してきた。それでも彼らはホモソーシャル（男同士の絆）には、大いに興味があるのだ。日本古代史の研究者でも、本書で紹介した人物や、武官、蔵人、年官、律令階統制の破れ、乳母子などのテーマで研究している人は、皆ホモソーシャルが何であるか気になっているのは間違いないだろう。本書でも見てきたように、天皇との絆の形成は官人の出世に直結する例も多い。でも、直接的に取り組むことは憚られてきたと言える。…論文の査読などでもホモソーシャルの概念を理解していないと思われるコメントを残念ながら何度見てきたことか。西洋の歴史学会においてもLGBTQの研究はタブーとされてきた時代が長かったらしいが（ゲイを理由とした死刑まであった）、江戸時代までは男色も一般的だったはずの日本は周回遅れ以上の状態だった。それを今年（二〇二三年）、なんとか一歩進もうとし始めた段階と言えるだろう。

さて、私が最初に奈良（とその歴史）にハマったのは、朝香祥《あさかしょう》という作家さんの『明日香幻想』という小説を読んでのことだ。中学二年生だった。天武《てんむ》天皇の若かりし日、大海人皇子《おおあまのみこ》として過ごした時期を扱い、更に十代後半ごろの精神的な不安定さや、臣下との絆の形成過程を題材としたライトノベルで、未だに私の原点といっていいかもしれない。あの小説を読まなければ、天武天皇について、調べはしなかっただろうし、京都奈良への修学旅行にもあれほどワクワクはせず、大学で日本史を勉強したいと思いもしなかっただろう。

大学がまさかの国立大学だったことが、夢を大きくした。また、指導してもらいたい先生が女性であったのだ。大学教員が女性という「意外性」は当時の私にはとても大きく、私も大学教員になりたいという夢をそこはかとなく持つようになった。学びたいと思ったのが日本古代史であったので、学部時代はとにかく日本古代史に浸かっていた。もちろん、大学院の学費のための結構なアルバイトはこなしていたが…。

修士一年で奈良文化財研究所での木簡《もっかん》の水替えと水洗いのアルバイトを経験させてもらった。その時に、人生で初めて一人暮らしを体験し、ぜひ奈良に住みたいと思うようになった。更に五年後、いつか京都に住みたいと、研究費をもらって、京都で藤原良房《よしふさ》などの邸宅を巡っている時に思った。

実家が東京であったため、早稲田大学大学院で勉強を続けたが、指導教員から（就職するよりも）結婚しないの？という問いを受け、一体誰と結婚すれば良いのだろう？というところから悩み始めた。私とジェンダーの問題の始まりだった。

仕事をきちんと持ってからの結婚を想定していたが、大学教員や学芸員などの研究職はどうやら大変女性が就きにくいらしい。これはジェンダーの観点では進んでいるとされる北欧でもまだ同じらしい。（意外なまでにロシアなどの共産圏ではほぼ半々なのだとか。）

そんなことを、大学院に在籍しながら、学部の授業に潜って学んだ。そうこうしているうちにも、男性の後輩ばかり就職が決まっていったり、どんどん業績をあげていったりして、大変に悔しい思いもしてきた。どうして私は有名誌への投稿《とうこう》すら、嫌がる指導教員に当たってしまったのだろうか…と残念に思ったことも数知れない。

数年に及ぶ苦しみの中、ふと目に留まった「日本文化論」の大学非常勤講師の公募に採用されて（今もこの経験はとても貴重だと思っており、採用してくれた先生には大変感謝している）、その半年後に奈良文化財研究所に来ることになった。当初は出稼ぎのつもりであったが、まさかの二年半以上を過ごすことになった。

それまでのお先真っ暗感から、お金がもらえる立場となって、大変幸せな日々を過ごせた。コロナ禍もあって、旅行はしにくかったのもあり、土日のたびに奈良や京都や大阪の史跡を歩き回ってきた。本書ではその成果をできる限り取り込んだつもりである。

なお、奈文研は常勤職の女性職員は十数年前にはじめて採用されたという、どうしても男性優位な職場である。採用当初に感じたカルチャーショックは計り知れない。「女性は任期なしの職なんか得ないでも良いじゃない」と、所長じきじきに言われたことさえある。正直、時代が三十年程前なのではないかと思った。そんなこんなで、奈文研での仕事は、悔しい思いの連続でもあってきたし、ジェンダーは今も私が直面している課題の一つでもある。奈文研を退職した理由も、「ジェンダーなんてない！」と誤った認識を持つ上司の根回し（パワハラ）によるものだと感じている。他にも突然男性の同僚に抱きつかれたりする、訴えたらセクハラとして成立してしまうような事実が、二〇二〇年時点であったし、在籍中に室長まで出世した研究員のセクハラ逮捕なんて事実もあった。…ちなみに歴史の世界は、他の学問よりもジェンダー差が大きい。今も大学だけでなく、高校までの歴史や社会の先生は男性の方が多いという統計もある。博士後期課程を学んだ早稲田での同級生（男性ばかり）は既に大学教員の職を得た。

そのような歴史をジェンダーという視点でみたらどうなるか、ＬＧＢＴＱという視点でみたらどうなるか、も執筆の際に心がけた点である。社会学などのＬＧＢＴＱを扱う学問は基本的に前近代を扱わないが、歴史とそれらの視点の組合せは、きっと興味のある人も多いと思う。

本書は論文集ではないが、研究書ではあるかもしれない。日本古代史において、ＬＧＢＴＱはほぼ研究されてきておらず、誰と誰がどのような絆を持ったのかさえ、明らかにされてきていない（本書が初《はつ》！）ためだ。それでも専門家以外に日本古代にはこんな絆の記述があるのだということを知ってもらいたかった。どうしても難しい用語も混じってしまうと思うが、なるべく解説やフリガナを付したつもりで、筆者としては、楽しんで読んでもらえたらと思っている。ただ、少しだけ歴史的な解説を加えるなら、日本の古代史（四〜十二世紀）は、その流れの中で、男性優位が少しずつ強化されていったように理解するのが良いと思う。天照大神もいるが、考古学的にも、元々日本は双系制《そうけいせい》（男女が同等）継承だったものが、父系制《ふけいせい》（男性優位）継承に変化していったとされる。特に奈良時代は女帝が数代も即位している点で、男女差は比較的薄めだった。それが平安初期になると、江戸時代までの長期間、女帝が皆無となってしまう。平城京（奈良時代）から平安京（平安時代）への変化は、実は男性優位の強化といった意味もあるのではないかと考え続けている。本書で扱った平安初期以降、特に嵯峨天皇や仁明天皇はやたらと絆を築いた人物（男性）が多いが、それも平安初期の男性優位の強化と関係するのではと思っている。「信頼できるのは男だけ！」という（ハブられ（除外され）てしまう側には困りものの）価値観である。そもそもは、史料に見られる（主に天皇と臣下の）親しい関係を、BLとして楽しむ！という立場が、私の研究の原点でもあった。ただ、BL漫画の研究では、これらを楽しむ女性の底辺には、どうしても社会的（経済的）に男として認められない悔しさが存在したなんて分析をされることもあり、私自身にそういう側面があるのではないかとドキリともする。前述のとおり、私の生きてきた歴史学の世界はジェンダー差が大きい。

近代の歴史学者は基本的にジェンダーバイアスを持って論文を書く。また、LGBTQへの偏見やホモフォビアも論文の中に含まれるものが結構ある様に感じる。近年は近代史からそういった論への批判も出始めているが、日本古代史ではまだまだだ。奈良以外では、奈良時代の女帝は中継ぎだったとする論文を女性研究者が書く。LGBTQを取り扱う回の学会で、招聘《しょうへい》された講師が「同性愛なんて気持ち悪い」という発言するなんて場面を聞いたこともある。（筆者はそういう人もいたって良いじゃないかと思っているため、）流石にそこまでの差別発言は問題と感じた。それらの意識は日常生活の中から育まれ、人によっては「常識」とすることもあるだろう。本書ではそれらの差別をうみかねない「常識」の打破も、底の底で意図している。

歴史学も常識も「変わっていくべき」という思いが伝わってくれれば、幸いである。

二〇二三年　花残月の京都にて　　難波美緒

主要参考文献

ＬＧＢＴＱ関連書籍（除・日本古代史）

風間孝・河口和也『同性愛と異性愛』岩波書店、二〇一〇
Ｅ・セジウィック『男同士の絆』名古屋大学出版会、二〇〇一
ルイ・ジョルジュ・タン『同性愛嫌悪を知る事典』明石書店、二〇一三
三成美保『同性愛をめぐる歴史と法：尊厳としてのセクシュアリティ』明石書店、二〇一五
佐伯順子『美少年尽くし　江戸男色談義』平凡社、二〇一五（初出一九九二）
佐伯順子『男の絆の比較文化史』岩波現代全書、二〇一五
岩田準一『本朝男色考　男色文献書志』原書房、二〇〇二（初出一九三〇〜一〇三一）
松原國師『図説　ホモセクシャルの世界史』作品社、二〇一五
前川直哉著『男の絆―明治の学生からボーイズ・ラブまで―』筑摩書房、二〇一一
須永朝彦『美少年日本史』国書刊行会、二〇〇二
ゲイリー・Ｐ・リュープ『男色の日本史』二〇一五
武光誠『日本男色物語』カンゼン、二〇一五
丹尾安典『男色の景色―いはねばこそあれ』新潮社、二〇〇八
平塚良宣『日本における男色の研究』人間の科学社出版事業部、一九八三
礫川全次編『男色の民俗学』批評社、二〇〇三
氏家幹人『武士道とエロス』講談社現代新書、一九九五
堀五朗『ＢＬ新日本史』幻冬舎、二〇〇六

山口志穂『オカマの日本史』ビジネス社、二〇二一
かみゆ歴史編集部『友愛の日本史』淡交社、二〇二三
北原みのり『日本のフェミニズム』河出書房新社、二〇一七
歴史学研究会編『アカデミズムとジェンダー―歴史学の現状と課題―』績文堂出版、二〇二二
村田晶子・森脇健介・矢内琴江・弓削尚子著『ジェンダーのとびらを開こう―自分らしく生きるために』大和書房、二〇二二

史料

六国史（『日本書紀』『続日本紀』『日本後紀』『続日本後紀』『日本文徳天皇実録』『日本三代実録』）
・『類聚国史』・『類聚三代格』・『延喜式』・『公卿補任』・『扶桑略記』『日本高僧伝要文集』・『今昔物語集』
・『万葉集』・『日本霊異記』・『文華秀麗集』・『古今和歌集』

事典・図録

『再現イラストでよみがえる　日本史の現場』朝日新聞出版、二〇二二
八條忠基『日本の装束解剖図鑑』ｘ－ｋｎｏｗｌｅｄｇｅ、二〇二一
奈良文化財研究所五十周年記念『飛鳥・藤原京展―古代律令国家の創造―』朝日新聞社、二〇〇二
奈良文化財研究所編『平城京事典』柊風舎、二〇一〇
古代学協会・古代学研究所編『平安京提要』角川書店、一九九四
京都市生涯学習振興財団『平安京図会』
西川幸次・高橋徹『新装版　京都千二百年（上）』草思社、二〇一四

児玉義隆『梵字必携』朱鷺書房、一九九一
倉田実編『平安大事典』朝日新聞出版、二〇一五
誂間直樹『新皇居行幸年表』八木書店、二〇二二
山本博文『地図でスッと頭に入る日本史』昭文社、二〇二〇
らくたび『京暦365日』コトコト、二〇〇七

研究書・論文（日本古代史）

坂本太郎『史書を読む』中央公論社、一九八七
新古代史の会編『人物で学ぶ日本古代史』吉川弘文館、二〇二二〜
遠藤慶太・河内春人・関根淳・細井浩志編『日本書紀の誕生―編纂と受容の歴史―』八木書店、二〇一八
寺崎保広『藤原京の形成』山川出版社、二〇〇二
竹田政敬『都城藤原京の研究』同成社、二〇二二
舘野和己『古代史都市平城京の世界』山川出版社、二〇〇一
渡辺晃宏『日本古代国家建設の舞台　平城宮』新泉社、二〇二〇
虎雄達哉『律令官人社会の研究』塙書房、二〇〇六
林陸朗『奈良朝人物列伝』思文閣出版、二〇一〇
吉川真司『律令官僚制の研究』塙書房、一九九八
十川陽一『人事の古代史』ちくま新書、二〇二〇
十川陽一『天皇側近たちの奈良時代』吉川弘文館、二〇一七
岸俊男『藤原仲麻呂』吉川弘文館、一九七五

仁藤敦『藤原仲麻呂』中央公論新社、二〇二一
田中禎昭『日本古代の年齢集団と地域社会』吉川弘文館、二〇一五
石上英一・鎌田元一・栄原永遠男監修『古代の人物四　平安の新京』清文堂出版、二〇一五
樋口健太郎・栗山圭子『平安時代天皇列伝』戎光洋出版、二〇二三
吉川真司編『日本の時代史五　平安京』吉川弘文館、二〇〇二
金田章裕『平安京―京都　都市図と都市構造』京都大学学術出版会、二〇〇七
古瀬奈津子『日本古代王権と儀式』吉川弘文館、一九九八
井上辰雄『平安初期の文人官僚』塙書房、二〇一三
井上辰雄『嵯峨天皇と文人官僚』塙書房、二〇一一
虎雄達哉『藤原冬嗣』吉川弘文館、二〇二〇
渡里恒信『日本古代の伝承と歴史』思文閣出版、二〇一九
角田文衛監修『仁明朝史の研究』思文閣出版、二〇一一
遠藤慶太『仁明天皇』吉川弘文館、二〇二二
今正秀『藤原良房』山川出版社、二〇一二
佐伯有清『伴善男』吉川弘文館、一九八六
神谷正昌『清和天皇』吉川弘文館、二〇二〇
坂本太郎『菅原道真』吉川弘文館、一九六二
藤原克己『菅原道真』ウェッジ、二〇〇二
滝川幸司『菅原道真』中央公論新社、二〇一九
佐藤全敏『平安時代の天皇と官僚制』東京大学出版会、二〇〇八

遠藤みどり『日本古代の女帝と譲位』塙書房、二〇一五
本郷真紹『律令国家仏教の研究』法藏館、二〇〇五
佐野真人『古代天皇祭祀・儀礼の史的研究』思文閣出版、二〇一九
安田政彦『平安時代皇親の研究』吉川弘文館、一九九九
元木泰雄『院政期政治史研究』思文閣出版、二〇〇〇
東野治之「日記にみる藤原頼長の男色関係―王朝貴族のウィタ・セクスアリス」『ヒストリア』八四、一九七九
五味文彦「院政期政治史断章」『院政期社会の研究』山川出版社、一九八四
大石幹人「院政期貴族社会の男色意識に関する一考察―藤原頼長にみる男色関係の性格―」『福島県立博物館紀要』十四、一九九九
『日本歴史』編集委員会編『恋する日本史』吉川弘文館、二〇二一
総合女性史学会編『女性官僚の歴史』吉川弘文館、二〇一三
三橋順子『歴史の中の多様な性』岩波書店、二〇二二

文学・漫画作品

山岸涼子『日出処天子』白泉社、一九八〇～一九八四
里中満智子『天上の虹』講談社、一九八三～二〇一五
氷室冴子『なんて素敵にジャパネスク』集英社、一九八四～一九九一
荻原規子『空色勾玉』福武書店、一九八八
荻原規子『白鳥異伝』福武書店、一九九一
荻原規子『薄紅天女』福武書店、一九九六

山内直美『ざ・ちぇんじ』白泉社文庫、一九九九
朝香祥『明日香幻想』集英社、一九九九～
伊藤遊『えんの松原』福音館書店、二〇〇一
伊藤遊『鬼の橋』福音館書店、二〇一二
長野まゆみ『よろず春夏冬中』文芸春秋、二〇〇七
杉田圭『うた恋い。』メディアファクトリー、二〇一〇
灰原薬『応天の門』新潮社、二〇一三～
おかざき麻里『阿・吽』小学館、二〇一四～二〇二一

図版出典一覧

※写真は著者撮影加工を基本とし、例外のみ記載

第一章

・飛鳥周辺の宮と遺跡図：ジェイ・マップ原図を元に著者作成
・復元された今城塚古墳の空撮：今城塚古代歴史館提供写真を著者加工

第二章

・飛鳥周辺の宮と遺跡図（拡大）：ジェイ・マップ原図を元に著者作成

第三章

・藤原京の図：奈良文化財研究所編『飛鳥・藤原京展―古代律令国家の創造―』を元に著者作成
・藤原宮の図：奈良文化財研究所パンフレットを元に著者作成
・八世紀の遷都：奈良文化財研究所パンフレット

第四章

・平城京の条坊図：奈良文化財研究所パンフレットを元に著者作成
・平城宮　奈良時代前期後期の変遷図：奈良文化財研究所パンフレット
・復原大極殿の写真・東院庭園の写真：奈良文化財研究所パンフレット

第五章

・条坊の数え方：『平安京提要』を元に著者作成
・平城京の藤原氏・大伴氏邸宅図：奈良文化財研究所パンフレット等を元に著者作成
・梵字諸尊種子一覧：児玉義隆『梵字必携』を元に著者作成

第六章

・平安京条坊図：倉田実編『平安大事典』を元に著者作成
・京都の通りの名前（現代）：著者作成
・大学寮平面図：倉田実編『平安大事典』を元に著者作成
・久隔状の写真：奈良国立博物館『奈良博三昧―至高の仏教美術コレクション―』展図録等を元に著者調整

第七章

・公的建造物の位置：倉田実編『平安大事典』を元に著者作成
・大内裏平面図：『平安京提要』・『平安大事典』を元に著者作成
・平安宮内裏・朝堂院・豊楽院：『平安京提要』

難波美緒（なんば・みお）
普連土学園高等学校卒業
お茶の水女子大学卒業、同大学院修士課程修了
早稲田大学大学院博士後期課程単位取得満期退学
東京家政学院大学非常勤講師（日本文化論）
奈良文化財研究所 准研究員（AF）
歴史× WEB コンテンツ制作会社を経て、
現在、日本歴史文化ジェンダー研究所代表

天皇との絆で訪ねる古代史 ―日本古代の LGBTQ！？―
2024 年 4 月 16 日　第 1 刷発行

著　者――― 難波美緒
発　行――― 日本橋出版
〒 103-0023　東京都中央区日本橋本町 2-3-15
https://nihonbashi-pub.co.jp/
電話／ 03-6273-2638
発　売――― 星雲社（共同出版社・流通責任出版社）
〒 112-0005　東京都文京区水道 1-3-30
電話／ 03-3868-3275
印　刷――― モリモト印刷

ISBN 978-4-434-33152-7